普通高等教育规划教材

Yunshu Zuzhixue
运输组织学

周骞 柳伍生 叶鸿 编

人民交通出版社股份有限公司
China Communications Press Co., Ltd.

内 容 提 要

本书立足于工程教育课程教学要求，以公路运输为主，兼顾综合运输体系的完整性，系统地阐述了运输组织学的理论与实务。全书共分9章，包括绪论、运输生产过程及服务环境、运输计划工作组织、货物运输组织形式、货物运输组织优化与决策、特殊货物运输组织、城市公共交通运营组织、运输组织绩效评价、运输组织信息化。

本书可作为高等院校交通运输、物流工程及相关专业的教学用书，也可供从事运输组织相关工程技术人员、管理人员参考，同时可作为相关行业的运输组织培训用书。

图书在版编目(CIP)数据

运输组织学/周骞，柳伍生，叶鸿编. —北京：人民交通出版社股份有限公司，2015.9
ISBN 978-7-114-12494-5

Ⅰ.①运⋯ Ⅱ.①周⋯ ②柳⋯ ③叶⋯ Ⅲ.①交通运输管理 Ⅳ.①F502

中国版本图书馆 CIP 数据核字(2015)第 218463 号

书　　名：	运输组织学
著 作 者：	周骞 柳伍生 叶鸿
责任编辑：	时　旭
出版发行：	人民交通出版社股份有限公司
地　　址：	(100011)北京市朝阳区安定门外外馆斜街3号
网　　址：	http://www.ccpcl.com.cn
销售电话：	(010)59757973
总 经 销：	人民交通出版社股份有限公司发行部
经　　销：	各地新华书店
印　　刷：	北京虎彩文化传播有限公司
开　　本：	787×1092　1/16
印　　张：	13.75
字　　数：	333 千
版　　次：	2015年9月　第1版
印　　次：	2023年8月　第2次印刷
书　　号：	ISBN 978-7-114-12494-5
定　　价：	32.00 元

(有印刷、装订质量问题的图书，由本公司负责调换)

前言
Qianyan

本书立足于工程教育课程教学要求,为满足我国高等院校交通运输与物流专业本科生的专业学习和工程教育培养要求而编写。

运输是国民经济的重要组成部分,是社会再生产得以顺利进行的必要条件,是连接产销、沟通城乡的纽带。运输组织是运输生产的重要内容。众所周知,运输生产任务的完成,是依靠运输系统的运转而实现的,而运输组织是实现运输系统诸要素的最优结合和各环节、各工序的紧密配合,充分发挥运输系统内各个要素的最大功效,形成有序、协调、均衡、连续整体运动,实现资源投入最小化和运输生产效率最大化的重要基础。运输组织学系统地研究运输组织理论、形式、方法、手段,以实现运输生产要素的最优结合和各环节、各工序的紧密配合,对科学、合理地组织运输生产,提高运输生产效率与效益具有重要的意义。

作为国民经济的命脉,在新形势、新常态下,运输业正面临重大的战略需求。随着国民经济的快速发展,交通运输行业需要大量的懂得运输组织理论、有工程实践经验的高级技术人才与管理人才,他们是运输业快速、高效、可持续发展的希望。基于专业学习和工程教育的培养要求,我们组织编写了这本运输组织学。本书具有以下特点:

(1) 以公路运输为主,兼顾综合运输组织。由于现代运输业涉及铁路、公路、水路、航空、城市公交等多种运输方式,虽然不同运输方式的运输组织理论原理相同,但具体内容仍存在一定的差异。基于运输业的综合运输发展趋势,本教材在编写过程中以公路运输为主,同时兼顾综合运输组织。

(2) 满足教育部工程教育专业认证培养目标、课程教学要求,实践性和应用性较强。工程教育专业培养的目标之一是具有综合运用所学科学理论和技术手段分析并解决工程问题的基本能力。这要求学生掌握必要的工程基础知识以及本专业的基本理论、基本知识;接受本专业工程实践、科学研究与工程设计方法的基本训练。本书既强调课程的理论学习,又强调工程应用能力的培养。

(3) 包含运输组织的若干热点问题,让读者了解运输组织的前沿发展现状和趋势,如城乡公交一体化、公交区域调度、大客流组织、节能减排(低碳运输)、运输组织信息化等。

(4)重点突出,内容简单、明了。本书概念界定清楚,重点突出,内容简练,结构顺畅。书中设置了"学习目标"和"思考与练习",使读者在学习的过程中能明确学习重点,巩固、运用所学知识。

本书由周骞负责全书结构设计、组织编写和统稿工作。各章具体编写分工如下:第1章、第3章、第7章、第9章由周骞编写,第4章、第5章由柳伍生编写,第2章、第6章、第8章由叶鸿编写。研究生谢婷、刘聪娜等积极参与了本书的编写工作。本书在编写的过程中,参考了大量的文献资料,吸收了众多专家、学者的研究成果,在此谨向他们表示衷心的感谢。同时,感谢人民交通出版社股份有限公司和长沙理工大学对本书出版的大力支持。

本书涉及的内容较为广泛,由于编写人员学识水平和实践知识的局限,书中错误和不足之处在所难免,敬请广大读者批评指正。

编　者

2015 年 7 月

目 录

第1章 绪论 ·················· 1
1.1 运输的概念及基本效用 ·················· 1
1.2 运输业的形成及分类 ·················· 2
1.3 运输系统结构形式 ·················· 3
1.4 运输生产的特点 ·················· 4
1.5 运输组织的内涵及重要性 ·················· 5
1.6 运输组织的基本原则及发展趋势 ·················· 7
思考与练习 ·················· 10

第2章 运输生产过程及服务环境 ·················· 11
2.1 运输生产过程 ·················· 11
2.2 基本运输生产过程作业流程 ·················· 12
2.3 运输生产要素 ·················· 15
2.4 运输方式技术经济特征及其评价 ·················· 16
2.5 运输生产服务环境分析 ·················· 18
思考与练习 ·················· 23

第3章 运输计划工作组织 ·················· 24
3.1 运输调查与运输量预测 ·················· 24
3.2 公路货物运输计划及编制 ·················· 32
3.3 公路旅客运输计划及编制 ·················· 47
3.4 其他运输方式相关运输计划及编制 ·················· 53
思考与练习 ·················· 60

第4章 货物运输组织形式 ·················· 62
4.1 运输合理化 ·················· 62
4.2 多班运输组织 ·················· 67
4.3 定时运输与定点运输 ·················· 69
4.4 甩挂运输组织 ·················· 70
4.5 零担货物运输组织 ·················· 72
4.6 集装箱运输组织 ·················· 77
4.7 多式联运组织 ·················· 83
思考与练习 ·················· 87

第5章 货物运输组织优化与决策 ... 88
5.1 运输车辆的选择 ... 88
5.2 货物运输调配决策 ... 91
5.3 运输线路优化 ... 101
5.4 货物配载积载与运能配备决策 ... 105
5.5 装卸优化技术 ... 110
思考与练习 ... 115

第6章 特殊货物运输组织 ... 117
6.1 危险货物运输组织 ... 117
6.2 超限货物运输组织 ... 125
6.3 鲜活易腐货物运输组织 ... 129
6.4 贵重货物运输组织 ... 131
思考与练习 ... 132

第7章 城市公共交通运营组织 ... 133
7.1 城市公共交通概述 ... 133
7.2 城市公共汽车运营组织 ... 139
7.3 城市轨道交通运营组织 ... 162
7.4 城乡公交一体化 ... 173
思考与练习 ... 176

第8章 运输组织绩效评价 ... 177
8.1 运输组织绩效评价概述 ... 177
8.2 运输组织绩效评价指标体系构建 ... 179
8.3 运输组织绩效评价方法 ... 182
8.4 低碳运输 ... 190
思考与练习 ... 193

第9章 运输组织信息化 ... 194
9.1 运输组织信息化的技术基础 ... 194
9.2 道路客运管理信息系统 ... 200
9.3 道路车辆定位监控管理系统 ... 203
9.4 国家交通物流运输信息共享平台 ... 207
思考与练习 ... 211

参考文献 ... 212

第1章 绪 论

学习目标

1. 理解运输的概念及基本效用；
2. 了解运输业的形成及分类；
3. 掌握运输系统结构形式；
4. 熟悉运输生产的特点；
5. 掌握运输组织的概念、运输组织的重要性；
6. 了解运输组织的基本原则及发展趋势。

1.1 运输的概念及基本效用

1.1.1 运输的概念

运输就是人和物的载运和输送。从专业角度来定义，运输就是借助公共交通网络及其设施和载运工具，通过一定的组织管理技术，实现人和物有目的的空间位移的一种社会经济活动。运输与人类的生产和生活息息相关，随着商品生产和商品交换而产生。当人类的祖先发现水可载舟、畜会驮物、轮能行车；当懂得用一头猎物去换取一袋食物、一件饰品时，也就有了运输。但真正意义上规模、高效和系统化的现代运输则是伴随着工业革命而发展起来的。18世纪蒸汽机的发明及其在运输领域的应用，以机械动力为主要牵引力的变革是现代运输的重要标志。

1.1.2 运输的基本效用

运输最基本的效用是能够克服产品的生产与需求之间存在的空间和时间上的差异，产生空间效用和时间效用。在运输活动中，无论产品处于何种形式，是材料、零部件、配件、在制品或产成品，或是流通中的商品，当产品从一个地方转移到另一个地方，由于位置的改变而价值增加时，运输就创造了空间效应。例如：南方的荔枝运往北方，北方的苹果运往南方，钢厂的钢材从集中生产场所运往分散需求场所等。运输的时间效应则是指由于快速及时的运输所产生的时间节约和产品时效性所带来的效率和作用。例如：沙果从农村运到城市，运输时间长了就会变质，通过快速的运输缩短从供给者到需求者之间的时间差，就可以实现货物的价值；在旅客运输中，不仅要将旅客运达到指定的地点，而且要按旅客要求的时间内运达,均体现了运输的时间效用。运输的价值是运输的空间效应和时间效应的统一。

1.2 运输业的形成及分类

1.2.1 运输业的形成

运输业是以运输设备和运输工具为手段,专门实现人和物空间位移的行业。运输业依赖于运输活动而存在。与运输的产生一样,运输业是商品经济发展的必然产物,运输业的形成与商品生产、商品流通密切相关。

在商品经济中生产出来的产品,只有通过流通领域,依靠运输才能到达消费者的手中。随着商品经济的发展,商品交换的范围和规模越来越大,商品流通的时间越来越短,在客观上要求运输劳动从生产中分离出来,实现运输的专门化和社会化。然而,从整个人类社会发展的进程来看,运输劳动从生产过程中分离而独立,形成一个独立的产业部门,经历了漫长的历史过程。运输业和工农业一样,在其发展中经历了手工业生产、工场手工业生产和机器生产几个阶段;近代新式的机械运输工具的出现,并且以它们为主要运输手段,才真正确立了运输业作为一个独立的物质生产部门在国民经济中的地位。

运输业成为独立的生产部门,使运输劳动专门化、社会化,是社会进步的标志,它极大地推动了社会生产的发展,提高了运输生产的效率,降低了产品成本,缩短了商品流通时间,减少了商品流通费用,扩大了商品销售范围,促进了国民经济的发展。

1.2.2 运输业的分类

现代运输业既是社会的基础设施,又是国民经济中的基础产业;既是独立的物质生产部门,又是国民经济的生产服务部门。按照不同的角度或标准,现代运输业可以划分为不同的类型。

(1) 按运输对象分。

①旅客运输。它以人为运输对象,简称客运。旅客运输反映了人们的生产、生活和文化的交往与联系。

②货物运输。它以物为运输对象,简称货运。货物运输是实现部门间、企业间、地区间、城乡间,乃至国际间经济联系的物质条件。

(2) 按服务性质分。

①公用运输。它是为社会性需求提供服务,发生各种方式费用结算并承担纳税义务的运输。公用运输属于营业性运输,是运输业的发展方向。

②自用运输。它是以自有运输工具为本单位工作、生产、生活服务,不发生费用结算的运输,具有非营业性质。

(3) 按服务区域分。

①城市运输。其服务区域为城市的市区之间以及市区与郊区之间的运输,如城市公共交通运输,城市货物配送运输等。

②城间运输。其服务区域为城市到城市,城市到乡村广大地区的运输,如公路班车客运、城际铁路运输等。

(4) 按运输工具分。

①公路运输。它是以城间公路及城市道路为移动通路,以汽车为主要移动工具的运输方式。公路运输的主要优点是灵活性高,可以实现"门到门"运输。

②铁路运输。它是以铁路(轨道)为移动通路,以铁路列车运送客货的一种运输方式。铁路运输的主要优点是速度快,运量大,运输受自然条件限制较小,运输成本较低。

③水路运输。它是以江河、湖泊、海洋等天然或人工水道为移动通路,以船舶为主要运输工具的一种运输方式。水路运输的优点是运量大,运输成本低,但运输速度慢,受港口、水位、气候影响较大。水运有沿海运输、近海运输、远洋运输和内河运输四种基本形式。

④航空运输。它是以天空(空路)为移动通路,以飞机或其他航空器进行客货运输的一种运输方式。航空运输速度快,但运量小,运输成本高。

⑤管道运输。它是以管道为移动通路,输送气体、液体和粉状固体的一种运输方式。优点是运量大,运输连续性好,在运输过程中可避免散失、丢失,也不存在其他运输方式中经常存在的无效运输问题。

除上述主要分类外,还可按运输目的分为通勤运输、通学运输、旅游运输、生产运输、生活运输;按运输距离分为长途运输、中途运输和短途运输;按运输协作程度分为一般运输和联合联运;按是否中转换载(乘)分为直达运输和中转运输;按运输的作用分为干线运输、支线运输和集散运输等。

作为一个行业和领域,运输活动已经渗透到人类社会生活的各个方面,成为最受关注的社会经济活动。进行上述分类的目的是为了便于研究与管理运输服务,使之更好地为社会生产与消费服务。

1.3 运输系统结构形式

系统结构是指系统内部各组成要素之间的相互联系、相互作用的方式或秩序,即各要素在时间或空间上排列和组合的具体形式。现代运输包括铁路、公路、水路、航空和管道五种基本运输方式,视基本运输方式为运输系统构成要素,运输系统主要有以下几种结构形式。

1.3.1 并联结构

并联结构表现为各运输方式为单一的并联关系,运输任务可由多种运输方式来完成,如图 1-1 所示。一般在区域面积大,经济发达的国家或地区可能出现这种结构。根据需要,可能是两种或几种运输方式之间的选择。

图 1-1 运输系统并联结构图

1.3.2 串联结构

串联结构表现为各运输方式间的串联关系,又称多式联运,如图 1-2 所示。根据运输需求不同,串联的运输方式可能是其中的两种或几种,串联的顺序亦可不同,可分为公铁联运、公水联运、铁水公联运等多种形式。

图 1-2　运输系统串联结构图

1.3.3　混联结构

混联结构是一个国家和地区最常见的运输系统组成结构,表现为运输任务的完成是多种运输方式平行协作和衔接配合的结果,如图 1-3 所示。根据要素的组合排列不同,混联结构有多种不同的组合形式。

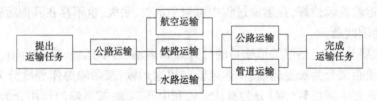

图 1-3　运输系统混联结构图

现代五种基本运输方式在运载工具、线路设备和运营方式等方面各不相同,并且各有其不同的技术经济特征,因而也各有其适用的范围。根据运输方式的合理分工和社会经济对运输的需要,采用合理的运输结构形式,科学组织运输生产,对提高运输生产效率和效益具有重要的意义。

1.4　运输生产的特点

运输生产是指向运输需求者提供运输服务的过程。运输生产与其他物质生产比较,除具有一般共同点外,还具有自己的特殊性,主要表现在运输生产活动场所、运输生产过程和运输产品等方面的特点。

1.4.1　运输生产的派生性

在经济生活中,如果一种商品或劳务的需求是由另一种或几种商品或劳务需求派生出来的,则称该商品或劳务的需求为派生性需求。引起派生性需求的商品或劳务需求称为本源性需求。显然,运输生产并不是为了生产而生产,而是为了满足其他的生产和生活的需要;货主和旅客所提出的运输需求,是为了实现生产、生活中的本源性需求。例如,旅客乘车,位移本身不是目的,而是为了通过位移的改变满足其乘车上班、出门购物、探亲访友的目的。由此可见,运输生产是被动的,是随着与其相关的本源性需求产生而产生的。

1.4.2　运输生产过程与消费过程的同一性

工农业产品的生产和消费,表现为在空间上和时间上相分离的两种行为;产品作为成品离开生产过程之后,作为和生产过程分离的商品转入流通,最后进入消费。而运输产品的生产和消费却是同时进行的,在空间上和时间上是结合在一起的,运输所生产的使用价值与运输过程同始同终。

1.4.3 运输生产的开放性

运输生产过程是一个点多、线长、面广、流动、分散、多环节的联合作业过程，决定了运输生产活动不可能局限在某一地点，而是渗透到社会经济的各个方面。此外，运输生产的开放性还表现在运输生产要与外部环境不断地发生物质、能量和信息的交换。

1.4.4 运输产品的无形性

运输业生产的产品是旅客和货物的空间位移，位移是没有实物形态的。从经济学角度看，具有无形性特征的运输产品实质是一种运输劳务，无法用触摸或肉眼感知它的存在，同其他类型服务企业提供的服务在本质上是一致的。

1.4.5 运输产品的同一性

各种运输方式具有不同的技术经济特征，使用不同的运输工具承载运输对象，在不同的运输线路上运行，进行生产活动，不论运输对象是人还是物，也不论货物种类如何众多繁杂，但是各种运输方式生产的都是空间位移，它对社会具有同样的效用；而工农业生产部门则不同，其产品多种多样，千差万别，具有不同的效用。运输产品的同一性使得各种运输方式之间可以相互补充、协调、替代，形成一个有效的综合运输系统。

运输生产除了具有上述特殊性外，还具有运输产品的非储存性，运输对象的非选择性等特点。

1.5 运输组织的内涵及重要性

1.5.1 现代运输的运营目标

运输是实现人和物空间位移的一种社会经济活动。在运输生产过程中，现代运输的运营目标就是通过对运输资源的科学、经济、合理配置与利用以及运输环节、运输工序与运输流程的优化，实现人和物的位移这一运输经济活动的高效化，即通过运输资源、运输环节、运输工序、运输流程等的最优化实现运输系统效益的最大化。

众所周知，运输生产任务的完成，是依靠运输系统的运转而实现的。而运输系统的运转，必须依靠各种运输方式的相互配合、各个运输环节的相互协调以及各生产工序的紧密衔接来实现。因此，运输资源的科学、经济、合理配置与利用，运输环节、运输工序与运输流程优化的最终落脚点，是在运输体系中合理地组织运输生产，完善运输组织工作。也就是说，运输组织工作的合理与优化是实现运输系统诸要素的最优结合和各环节、各工序的紧密配合，充分发挥运输系统内各个要素的最大功效，形成有序、协调、均衡、连续整体运动，实现资源投入最小化和运输生产效率最大化的重要基础。

1.5.2 运输组织的内涵

什么是运输组织呢？从现代运输营运目标的实现过程来看，运输组织是在运输企业的生产和经营实践中发展起来的关于运输资源科学、经济、合理配置和优化利用，运输环节、运输工序、运输流程科学、合理与优化组织，以实现运输生产高效运转、各运输环节协调运作和客货流合理流动的一系列的运输生产组织和管理过程。

运输组织属于企业生产组织和管理的范畴,运输组织的概念包括以下几个方面的涵义。

(1)从运输组织工作的层次上看。一是运输工作的宏观组织,即根据当地的社会经济环境,对一定时期内的运输工作做出总体安排,制订运输计划。例如:运输资源如何配置和利用、运输环节、运输工序与运输流程如何安排与优化等;二是运输工作微观组织,即对某一具体运输任务的组织实施。前者为后者提供指导,后者是前者的具体化。

(2)从运输组织工作的对象看。一是对运输企业内部运输工具、装卸机具等的作业组织,以提高运输企业的生产效率,涉及运输资源的配置和利用问题;二是对客货流的流向、流量方面组织,以实现客货流的合理化,避免不合理运输,涉及运输环节、运输工序、运输流程的优化问题;三是建立起一个科学、合理的运行机制。

(3)从运输组织工作的内容看。运输组织工作的内容涉及运输组织全过程,主要包括运输调查与运输发展环境分析、运输需求分析与运输量预测、运输生产计划编制、运输站场(枢纽)客货作业组织、运输车辆作业组织、车货配载与运输设备综合利用、运输线路优化、运输调度与监控、特殊货物运输条件的确定和安全运输、运输组织绩效评价及运输组织信息化等运输生产组织与优化问题。

1.5.3 运输组织的重要性

运输组织是运输生产力发展到一定阶段的产物。随着社会的不断进步,经济的日益增长,运输需求的不断增加以及生产要素全球范围内的流动、生产资源全球范围内的配置、跨国性国际企业和经济联合体迅速扩张所呈现的运输生产的社会化趋势,要求运输生产组织者在一个完整的货物与旅客运输过程中,必须充分利用现有的运输资源,把不同的运输方式、不同的运输环节组织起来,并进行优化设计,形成一个统一的运输过程,从而获得最佳经济效益、社会效益和环境效益。

因此,如何进行运输组织,合理配置运输资源,充分发挥各种运输方式的技术经济优势和功能,满足社会运输需求,实现最佳运输效益,促进社会经济和交通运输的持续发展显得尤为重要。具体地说,运输组织的重要性可以归纳为以下几个方面。

(1)运输组织系统内各运输方式的内部特点决定了必须搞好运输组织。运输过程各组成部分的划分是相对的,它们之间既有区别又有联系。为了适应采用多种高效率的运输工具、装卸机械等设备以及进行细致的劳动分工的需要,运输过程划分为不同的生产环节和作业工序,而这些相互的作业又分别在不同的工地,由不同的人员平行地或顺序地完成。这种情况必然要求对运输过程进行严密的组织,合理配置生产设备,科学组织作业流程,以保证各生产环节、各生产工序之间的紧密配合与协调,从而实现运输生产过程的连续性、流水性、节奏性以及高效性。

在运输组织体系中,各运输方式的合理配合、各运输环节的有效协作、各生产工序的有序衔接,是建立在良好的运输组织工作基础之上的。如果各种运输方式之间缺乏互相配合、各运输环节不协调、各生产工序脱节,运输生产就无法进行。

(2)客货流的特点决定了必须搞好运输组织。旅客和货物分布于社会各个角落,具有点多、面广、分散以及时空分布的不均衡性特点。不同的客货源,其运输需求也各不相同,具有不同的流量、流向、流时、流距以及结构。运输企业的车辆如何选择、行车作业如何组织、运输流程如何优化、运输环节如何协调,都离不开科学合理的运输组织。因此,要使运输部门能够有效地为人们和国民经济服务,必须有效地搞好运输组织工作。

(3)运输体系的发展需求决定了必须搞好运输组织。当代运输业的发展呈现两大趋势:一是随着世界新技术革命的发展,交通运输广泛采用新技术,运输工具和运输设备的现代化不断提高;二是随着运输方式的多样化,运输过程的统一化,各种运输方式朝着分工、协作、协调配合的方向发展。在经济区域化和全球化的背景下,把这两种趋势结合起来,已成为当代运输业发展的新方向。交通运输是一个大系统,各种运输方式、各条运输路线、各个运输环节如果出现不协调,都不能充分发挥有效的运输生产力。运输业的建设从单一的、孤立的发展模式向综合的、协调的模式转变,是交通运输发展的一个巨大进步。综合运用各种运输方式,要求人们也必须搞好运输组织工作。

1.6 运输组织的基本原则及发展趋势

1.6.1 运输组织的基本原则

运输组织的基本原则主要体现在以下四个方面。

(1)连续性。运输组织的连续性是指在运输生产组织过程中各生产环节、各项作业工序之间,在时间上能够紧密地衔接和连续地进行,不发生各种不合理中断现象。也就是说,旅客或货物在运输过程中,经常保持相对的运动状态,没有或者很少有不必要的停留和等待现象。

连续性是获得较高劳动生产率的重要因素。它可以缩短客货的在途时间,提高运送速度;可以有效地利用车辆、设备和站房,提高运输效率;可以提高经营管理水平,改善运输服务质量等。为了提高运输组织的连续性,应尽量采用先进的运输组织方式与组织技术,努力提高运输过程自动化、机械化水平。但是,在一定的生产技术水平条件下,必须谋求组织工作的科学性和合理性,优越的技术条件与先进的组织方法相配合,才能获得理想的效果。

(2)平行性。平行性是指各个生产环节、各项作业工序之间,在时间上尽可能平行进行。平行性是运输过程连续性的必然要求。运输组织的平行性,能保证在同一时间内更有效率地进行生产活动,从而大大提高旅客或货物的运送速度,加速车辆的周转,并为连续生产创造有利条件。

平行性能减少运输所需要的延续时间。在确定有关生产活动平行作业之前,应对各生产环节或作业工序进行专门的调查研究,分析各项作业的具体内容和完成作业所需要的时间,选定可以平行作业的项目并加以合理组织。当然,不合理地过分追求平行性,会使运输组织工作复杂化。因此,谋求运输组织工作的平行性,应从实际出发,具体对待。

(3)协调性。协调性是指通过运输组织使各个生产环节、各项作业工序之间,在生产能力上要保持适当的比例关系。如货运企业的车辆数及其吨位数与机械设备的生产能力,客运企业的车辆数及其(座)位数与线路开行数量、发车密度等必须互相协调,不发生不配套、不平衡、相互脱节的现象。运输组织的协调性高,可以提高车辆、机械、设备的利用率和劳动生产率,保证运输的连续性。

在日常生产活动中,由于客货流的变化、运输组织工作的改善等因素的变化,都会使各生产环节、作业工序之间生产能力的比例发生相应变化。因此,在一定的技术条件下,运输组织的协调性在很大程度上取决于运输组织的工作水平。抓好各个生产环节和各项作业工序间的平衡工作,及时调整各种比例失调现象,保证运输组织的协调性,是运输组织工作的一项重要内容。

(4)均衡性。均衡性是指在运输组织中要注意各个生产环节、各项作业工序之间,在相同的单位时间内,完成大致相同的工作量或实现工作量稳步递增,不出现时松时紧、前松后紧的不正常现象。运输均衡,有利于企业保证正常的生产秩序;有利于充分利用车辆、机械、设备等运输资源的生产能力;有利于运输部门和物资部门进行均衡生产,如期完成规定的生产任务。

1.6.2 运输组织的发展趋势

随着社会经济的快速发展,运输技术的不断进步以及人们对运输要求的不断提高,同时也基于运输企业自身的经济效益和运输行业的可持续发展,从运输生产经营方式、运输管理模式、运输组织形式等方面看,运输组织正面临着深刻的变革。现代运输组织主要表现出以下发展趋势。

(1)货物运输业已进入综合物流时代。运输业经历了各种运输方式各自相对独立、先后发展的时期和综合运输阶段,其中货物运输正在进入综合物流阶段。运输业进入综合物流时代标志着运输业摆脱了孤立的、从系统经济效益考虑问题的传统观念和运作方式,真正成为以市场为导向、以客户服务为宗旨,集约化经营、寻求系统总体效益最大化、适应未来社会经济发展需要的新服务。

(2)信息技术得到广泛应用。交通运输业一直与信息业联系密切,计算机技术、通信网络技术、GIS/GPS技术、传感器技术、EDI技术等最新信息技术的应用,进一步提升了运输体系的现代通信、监控管理、组织指挥和数据交换与处理系统的功能。

例如,最先进的全球定位系统(GPS)的出现,为载运工具的移动提供了全新的定位和导航方法,大大提高了载运工具的安全性和可靠性;高速铁路自动闭塞系统,可以控制同一条铁路上多列动车组安全间隔时间,防止列车追尾事故的发生,提高通过频率;基于互联网的运输公共信息平台的广泛应用可以将不同地区的若干家运输企业连接在一起,有利于行业内的信息发布和业务数据传输,更好地实现运输资源的统一调控,有效地组织货源,有利于提高行程利用率,有利于合并运输、共同配送等新的组织方式的实施。

美国面向21世纪一体化交通运输建设目标:国际通达,多式联运,智能运输,全面服务,创新视野。因此,交通运输业必须根据这种变化去更新和调整内部的运力结构和组织方式,以适应时代的需要。

(3)采用先进的运输组织形式。先进的运输组织形式主要包括联合运输、甩挂运输、集装箱运输等。采用先进的运输组织形式,对于提高运输效率、降低运输成本、促进节能减排,起着十分重要的作用。

联合运输是综合运输思想在运输组织领域的体现,是综合性的运输组织工作。这种综合组织是指在一个完整的货物、旅客运输过程中,不同运输企业、不同运输区段、不同运输方式和不同运输环节之间的衔接和协调组织。联合运输的产生打破了传统的不同运输方式、不同运输企业独立经营,独立组织的运输局面,把不同运输方式的运输线路、运输枢纽,各种运输企业及运输服务企业连成了一个不可分割的整体。作为一种先进的运输组织形式,以其便捷、灵活、稳定等优越性充分发挥了联运链条上不同运输方式、不同运输企业的内在优势,实现了运输产品的完整性和高效率。

甩挂运输是指汽车列车按照预定的计划，在各装卸作业点甩下并挂上指定的挂车后，继续运行的一种组织方式。甩挂运输可使原来整个汽车列车的装卸作业时间缩短为汽车装卸作业时间和甩挂作业时间，加速了车辆的周转，提高了运输效率。甩挂运输在发达国家已经普遍实行，其大型货运企业几乎无一例外地采用了甩挂运输。在一些发展中国家如菲律宾、韩国、巴西等，甩挂运输也得到了广泛的应用。汽车甩挂运输适宜于运量规模较大、网络化经营的货物运输企业。随着我国促进甩挂运输相关政策和实施设施设备等各方面条件的具备，甩挂运输将会得到长足的发展。我国开展的一些甩挂试点项目实践表明，甩挂运输平均运输成本可降低30%以上。

集装箱运输是指以集装箱为载体，将货物集合组装成集装单元，以便在现代流通领域内运用大型装卸机械和大型载运车辆进行装卸、搬运作业和完成运输任务，从而更好地实现货物"门到门"运输的一种新型、高效率和高效益的运输组织方式。集装箱运输是对传统的以单件货物进行装卸运输工艺的一次重要革命，是当代世界最先进的运输工艺和运输组织形式。由于集装箱运输在不同运输方式之间换装时，勿需搬运箱内货物而只需换装集装箱，这就提高了换装作业效率，特别适于不同运输方式之间的联合运输。

(4) 快速运输和直达运输越来越受欢迎。快速运输和直达运输是近半个世纪以来运输组织发展的一个重要趋势。快速运输就是通过提高运输工具的运行速度，同时缩短运输过程中各环节的作业时间，从而缩短客货在途时间，提升运输的时间效益。

就公路运输而言，随着高速公路网的建立，我国公路快运发展迅速，使得人们的出行变得更加方便、快捷和舒适，货物运输变得更加顺畅。公路快速客运800km当日到达，400km当日往返已成为现实；在保证货物从发货人运到收货人的前提下，公路快速货物运输干线距离在1600km以内的，48h能送达；在3000km以内的72h能完成全过程。国外公路快速货物运输已经相对成熟和稳定，具有很高的水平，形成了一些以Fedex(美国联邦快递有限公司)、UPS(美国联合包裹速递服务公司)、TNT(澳大利亚天地快件有限公司)、日本的宅急便为代表的品牌企业，公路快速货物运输以其快速、经济、安全、便利的运输服务，已成为发达国家道路货运的主要方式。

铁路作为一种经济的、大运量的交通工具，在许多国家的经济生活中占有非常重要的地位，并为本国经济和社会的发展做出了重大的贡献。随着高速铁路技术的不断发展，高速铁路在世界范围内正呈现出蓬勃发展的强劲势头。法国TGV在线路上曾创造574.8km/h试验速度。

直达运输是指把商品从发运地直接运达接收地，中途不需要换装和在储存场所停滞，而且力求运输距离最短的一种运输方式。直达运输可以减少商品的周转环节，取消商品的迂回、对流等不合理运输，从而提高送达速度，减少商品的损耗，节俭运输费用。例如，重庆至欧洲国际铁路直达运输全程所需时间约13天，而原来重庆货物借助中转编组采用铁路运输则要39天，时间节约了2/3。直达运输的水平是一个国家运输组织水平的重要标志。

(5) 积极开展绿色运输。运输业的发展促进了经济的发展，但运输业发展的同时也给社会带来了负面影响，如车辆噪声、污染排放。绿色运输是指在运输组织过程中，抑制运输对环境造成的危害的同时，实现对运输环境的净化，并使运输资源得到充分的利用，以保证运输与社会经济和资源环境之间的和谐发展。

为了减少运输活动对环境的污染和节约运输资源，在运输组织过程中，可通过集约现有资源、优化资源配置，合理选择运输方式、运输工具和运输路线，改善运力结构，改进内燃机技术和使用清洁燃料,使用先进运输组织形式等措施来实现。

除上述新趋势外,运输组织的集约化、标准化,运输工具的重载化、专门化也属于运输组织的发展趋势。集约化是现代企业提高效率与效益的基本取向,集约化的"集"就是指集中,集合人力、物力、财力、管理等生产要素,进行统一配置,集约化的"约"是指在集中、统一配置生产要素的过程中,以节俭、约束、高效为价值取向,从而达到降低成本、高效管理,进而使企业集中核心力量,获得可持续竞争的优势。集约化经营的优势之一是规模效益,是一种"高投入、高产出、高效益"的经营组织方式。

标准化在行业发展中具有基础性、战略性和系统性的作用和特点,对运输行业提质增效升级起重要作用。在经济全球化条件下,标准作为创新技术产业化、市场化的关键环节,成为经济、科技竞争的制高点。运输组织的标准化主要涉及三个方面:基础性标准化、现场作业标准化、信息标准化。

思考与练习

1. 简述运输的概念及基本效用。
2. 简述运输业的形成及分类。
3. 运输系统结构主要形式有哪几种?
4. 运输生产的主要特点有哪些?
5. 简述运输组织的概念及其内涵。
6. 简述运输组织的基本原则。
7. 查找资料和实地调查,简述运输组织新趋势。

第2章 运输生产过程及服务环境

 学习目标

1. 了解运输生产的概念及运输生产过程构成；
2. 掌握客货运输生产作业基本流程；
3. 理解运输生产的要素；
4. 掌握各种运输方式的技术经济特征；
5. 了解运输生产的服务环境；
6. 能进行运输生产服务环境分析。

运输生产过程是客货运输对象的运输过程，也是运输企业实现运输服务的过程。运输服务环境是实现运输生产的影响因素，也是运输生产活动开展的重要条件。客货运输对象不同，其运输生产过程也不相同，掌握客货运输生产过程的作业流程，了解运输生产的要素，熟悉运输生产的服务环境，是科学、规范化地开展运输生产活动，实施高效运输组织的基础。

2.1 运输生产过程

2.1.1 运输生产的概念

运输生产是社会生产的一种特殊形式和重要组成部分。社会生产是指人们在一定的生产关系中，利用生产工具改变劳动对象，创造出新的物质财富的过程。是人类社会生存和发展的基础。

运输生产是指运输劳动者利用运输工具，改变运输对象的空间位置，实现运输需求者对其位移和时间要求的全过程。运输生产是社会生产在流通领域内的继续，贯穿于社会再生产活动的各个领域，如生产领域、流通领域、消费领域等，在社会进步、经济发展中发挥着保障、促进和先行作用。

2.1.2 运输生产过程的构成

运输生产过程，泛指客货运输对象的运输过程。运输生产过程有狭义和广义之分。狭义的运输生产过程是指劳动者直接运用运输工具，完成旅客上车（船、飞机）入座或货物装载，运输工具承载后运行，将旅客和货物运送目的地下车（船、飞机）或卸货的运行过程，也称基本运输生产过程。广义的运输过程(运输全过程)是指从准备运输旅客、货物开始,直到将客货送达目的地下车(船、飞机)、卸货,并完成一切商务手续的全部运输活动。

运输生产过程需要经过许多作业环节才能完成,不同运输方式的作业环节有所差异。但从总体上看,根据各作业环节在运输生产中的作用不同,运输生产过程通常可划分为运输生产准备过程、基本运输生产过程和辅助运输生产过程。

(1)运输生产准备过程。运输生产准备过程,指运输客货之前所需进行的全部准备工作过程,主要包括运输经济调查与运输工作量预测、运营线路开辟、营运作业站点设置、客货运输对象组织、运力配置、运输生产作业计划安排以及制订有关运输组织管理制度、规章等。其中有些准备工作需要在运输生产作业前进行较长时间的准备,如运输经济调查、线路开辟、站点设置、客货运输生产作业计划安排等;有些准备工作属于日常持续进行的、经常性不间断地进行的准备工作,如客货源组织与落实、办理承运业务等。

(2)基本运输生产过程。基本运输生产过程是指直接实现客货空间场所位移的运输工作过程,主要包括旅客上下车及货物装卸车、客货车辆运送作业(载运工具在途作业)以及必需的车辆调空作业等。基本运输生产过程是运输生产活动的主体过程。

(3)运输生产辅助过程。运输生产辅助过程是指为保证基本运输生产过程顺利进行所做的各种辅助性工作,如运输工具和装卸机具的维护、修理,各种运行材料的供应,各种商务事故和行车事故的预防与处理,营业收入的结算与收取等。

运输生产过程各个组成部分的划分是相对的,它们之间既有区别又有联系。其中基本运输生产过程是运输生产过程的主要组成部分,通常讲的运输生产过程,就是指基本运输生产过程。运输组织工作研究,主要是围绕它而进行的。

2.2 基本运输生产过程作业流程

2.2.1 旅客基本运输生产过程作业流程

客运站(港、机场)是旅客运输的起讫点,客运站(港、机场)的作业组织是旅客运输的核心。旅客基本运输生产作业主要是在客运站(港、机场)完成。从基本运输生产的过程看,旅客基本运输生产过程作业流程主要包括发售客票、行包受理、安全检查、候车服务、调度车(船、机)、检票、车(船、机)准备、组织乘车(船、机)、车(船、机)运行、车(船、机)到达、旅客下车(船、机)、交付行李、旅客出站等一般作业流程,如图2-1所示。

(1)发售客票。售票是出售有效乘坐权工作的总称,主要包括售票、退票、客票变更等。售票的形式,按售票员的身份可以分为自动(售票机)售票和人工售票;按售票的场所可以分为窗口售票、预约售票、流动售票和车(船)上售票。互联网售票、电话订票、电子支付票款等新的售票方式正日益流行。售票工作的基本要求是:方便、准确、迅速、及时。

(2)行李受理和到达交付。行李受理作业包括行李承接、保管、装车(船、机)等;行李到达作业包括行李卸车(船、机)、保管、交付等。根据与旅客经济利益关系的差别,行李通常分为3类。

①随身携带物品:持有客票的旅客可随身携带体积和质量不超过规定标准,并在限额件数之内的物品,这类行李在各种运输方式中都存在。

②免费行李:在有些运输方式中,比如民航客运中,持有客票(婴儿票除外)的旅客,可

将限额内的行李交付承运人免费运输。

③付费行李:旅客交付承运人运输的超过免费部分的行李需要按一定标准支付费用的行李(公路、铁路和水路不设置付费行李)。

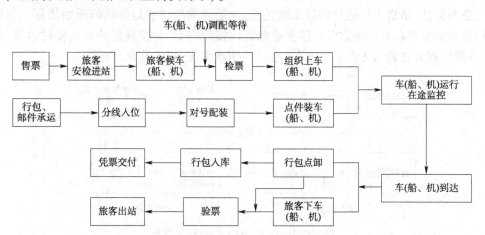

图2-1 旅客基本运输生产过程作业流程

(3)候车(船、机)服务。候车(船、机)服务工作是旅客运输中的重要环节,它是衡量运输服务水平的重要标志。候车(船、机)服务主要包括以下内容:

①保持候车(船、机)室清洁卫生,为旅客提供必需的饮水、候车(船、机)座椅及有关旅行所需资料(客运班次表、客运线路分布图、票价表、中转换乘其他交通工具时刻表等)。

②维护候车(船、机)室的正常秩序,及时向旅客通告客运信息,正确解答旅客的咨询,协助旅客解决面临的疑难问题。

③设立小件物品寄存处和问讯处等辅助服务窗口。

(4)检票、组织旅客上下车(船、机)。检票是对客票核查并进行记录的过程。检票具有两大作用:一是对承运人与旅客之间旅行运输合同开始或结束的确认;二是对旅客所持客票与其所要开始的旅程是否相符的确认。在发车(船、机)前,站务人员要组织并引导旅客按顺序检票上车(船、机),检查是否有误乘的旅客等,在车(船、机)到达后,接站人员组织并引导旅客下车(船、机),提取行李并核查票据是否有误。除人工检票方式外,在铁路旅客运输中持磁性车票的人员可以通过轧机检票进出站,在支持二代身份证进出站的车站可以凭二代身份证直接刷身份证进出站,这种情况下不用取纸质车票。

(5)车(船、机)途中运行。车(船、机)途中运行是客货位移实现的过程。驾乘服务人员在途中应为乘客创造一个安全、舒适的运行环境,并为乘客提供周到的服务,如餐饮、休息、影视娱乐等,并做好安全应急工作。为保证运行安全,调度部门对车(船、机)的运行状态实行实时监控。

2.2.2 货物基本运输生产过程作业流程

货物运输组织过程包括组织货源、办理货物承运手续、货物保管、装车(船、机)、途中运送、到达卸车(船、机)、货物保管与交付、运输统计与结算等环节。从基本运输生产的过程看,货物基本运输生产过程作业流程总体包括发送作业、途中作业和到达作业三个部分,其中发送作业和途中作业由港站人员计划、安排与实施;到达作业则由承运人的生产管理部门计划、安排,由驾乘人员具体实施。货物基本运输生产过程作业流程如图2-2所示。

(1) 发送作业。货物在始发港站的各项货运工作统称为发送作业。在货物发送前,货主向货运企业或货运代理人提出货运申请并填写货物托运单,托运单是货主与运输企业或货代之间就货物运输所签订的契约,它规定了承运人、发货人和收货人在运输过程中的权力、义务和责任,是货主托运货物的原始凭证,也是运输单位承运货物的原始依据。根据托运单,货主负责将备好的货物向运输企业或货代按时提交,并按规定的方式支付运费,运输企业或其代理人在确认无误后根据车(船、机)班次情况,指定装车日期。

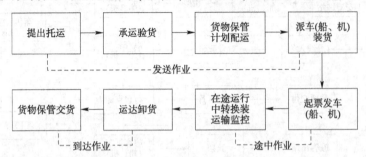

图 2-2 货物基本运输生产过程作业流程

对进入货场的货物,港站应按规定进行验收:检查货物品名、数量、质量是否与托运单相符,货物包装和标记是否符合规定的要求,无误后将货物安放在堆场或仓库,并编制车辆(船舶、货机)积载图,完成计划配运,安排车(船、机)装货。

货物在装运前,必须对运输工具的装载能力进行技术检查和货运检查。装货时要充分利用载运工具的装载能力,并防止偏载、超载等;装载完毕,要严格检查货物的装载情况是否符合规定的技术要求,然后按规定对车辆和货舱施封。业务人员应根据货物托运单及发货清单填制运输货票。运输货票是承运的主要凭证,是一种具有财务性质的票据,它在起票点是向托运人核收运费、缴纳税款的依据;在运达站点则是与收货人办理货物交付的凭证;而在运输企业内部又是清算运输费用、统计有关运输指标的依据。

(2) 途中作业。货物在运送途中发生的各项作业统称为途中作业。货物在运送过程中,不同运输方式之间或同一运输方式内部往往存在各种形式的内部交接,才能到达目的地港站交付收货人。若不同运输方式之间需换装,以及需要中转的货物在中转站的作业都是途中作业。为了保证货物的安全与完整,便于划清企业内部的运输责任,货物在运输途中如发生装卸、换装、保管等作业,交接时应按规定办理交接手续。车辆在途中运行过程中,如技术条件成熟,承运人的生产管理部门应对车辆实施在途监控,特别是危险货物等特种货物的运输。

(3) 到达作业。货物在到达站发生的各项货运作业统称为到达作业,主要包括运输票据的交接、货物卸车、保管和交付等内容。港站接到载运工具到达及卸货计划通知后,做好卸货准备,载运工具到达港站界域外时应及时安排进港进站,并将载运工具引至卸货作业线。

卸货前,港站需认真核查载运工具、集装箱和货物的状态是否完好,如发现异状或有异议,要及时会同车(船、机)运行负责人做好卸货记录。卸货时,应根据货物积载图将货物准确地卸下,并清点货物件数和衡量货物的质量或体积,核对货物标志和货物状态,编制货运记录。货运记录是分析事故责任和处理事故赔偿的重要依据。卸下的货物应按方便提取的原则,合理有序堆放。收货人或其代理人在港站领取货物时,必须出具领货凭证(提货单、货票等)或有效的证明文件(包括保函),并据此提取货物。

对已完成的运输任务(代理业务)应依据行车路单(货运单)及运输货票进行有关运输工作指标的汇总统计工作,生成有关统计报表,供运输管理与决策使用。

2.3 运输生产要素

运输生产活动的开展,必须具备各种条件和因素。运输生产要素是指运输生产所必须具备的基本因素,主要包括载运工具、运输线路、运输场站和运输对象以及运输劳动者。

(1)载运工具。载运工具是运输生产的手段,运输方式不同,其载运工具也不同。常见的载运工具有汽车、火车、船舶、飞机等。其中有的载运工具与动力完全分离,如铁路的货车、海上的驳船、集装箱拖车等;有的则与动力同体,如汽车、飞机、轮船等。理想的载运工具应具备结构简便、安全、轻巧、易于操作、造价低、能耗小、容量大、污染少等特征。道路运输中的载运工具是由各种类型的汽车、挂车、半挂车和装卸设备、机具组成,如客车、载货汽车、牵引车、挂车、特种车等。在道路运输企业管理中,通过对车辆设备在选择、使用、维修、改造、更新等方面的管理工作,不断提高其使用效率。

(2)运输线路。运输线路是供运输工具定向移动的通道,是运输工具赖以运行的物质基础。运输线路有些是自然形成的,如水路运输的江河湖泊;有些是人工修建的专门设施,如铁路、公路、运河、管道等。铁路线路由路基、轨道和桥隧三部分组成;公路线路与铁路线路相似,由路基、路面和桥隧三部分组成;水路航线由航道、航标和灯塔构成;民航航线是地球表面的两个点间的连线相对应的空中航行线路,它规定了飞机飞行的具体方向、高度、起讫与经停地点;管道是一种相对特殊的运输线路,由于其严密的封闭性,在实际使用中部分地承担了运输工具的功能。

良好的运输线路应具备安全可靠、建造与维护费用低、便于迅速通行及运转、不受自然气候及地理条件影响等特点。运输线路具有社会公益性的特性,其建设的规模、品质、结构以及管理水平都直接影响着运输生产效率和运输服务水平。

(3)运输场站。运输场站,又称交通港站,是位于运输线路上的结点,是旅客和货物的集散地、各种运输工具的衔接点、办理客货运输业务和运输工具(包括车船机和装卸搬运设备)作业的场所。运输场站是交通运输网络的重要组成部分,在运输生产中发挥着基地、桥梁和枢纽作用。运输场站主要有车站、港口、机场。理想的场站应具备地理位置适中、设备优良齐全、交通便利、自然气候条件良好、场地宽广等条件。

我国公路运输(汽车)客运站按其站务工作量并结合所在地政治、经济及文化等因素分为四级,如按旅客日发送量考虑,大体上以7000人、3000人、1500人及500人分别划分为一、二、三、四级客运站。公路整车货运站,我国尚无站级划分统一标准。公路零担货运站按年工作量(即零担站年货物吞吐量)划分为3级,年货物吞吐量在6×10^4t及以上者为一级站;年货物吞吐量在2×10^4t及以上,在6×10^4t以下者为二级站;年货物吞吐量在2×10^4t以下者为三级站。

(4)运输对象。运输对象是指各种不同类型的旅客和货物。按旅行目的、性质的不同,旅客可分为生产性旅行需要旅客、商业性旅行需要旅客、公务性旅行需要旅客、旅游性旅行需要旅客和生活性旅行需要旅客五大类。不同类型的旅客对运输有着不同的要求,例如旅游性旅客不仅有行的要求,而且对观光购物、住宿饮食有特殊的要求;生活性旅客根据其收入条件不同,对运输的舒适性、经济性有着不同的要求。

货物是指运输企业承运的各种原料、材料、商品以及其他产品或物品的统称,按物理属性可分为固体货物、液体货物、气体货物;按装卸方法可分为计件货物、堆积货物、灌装货物;按照运输和保管条件可分为普通货物和特殊货物;按货物密度不同可分为轻泡货物、重泡货物和纯重货物(重货)。轻泡货物是指每立方米质量不足333kg的货物,即质量1t而体积大于3m³的货物;质量1t体积小于2m³的货物为纯重货物;介于轻泡货物与纯重货物之间的货物为重泡货物。但目前陆运与海运对重泡货物与轻泡货物的划分标准暂未统一。

由于运输对象对运输距离、时间、质量的要求不同,从而形成了各种类型的运输生产,如旅客运输的班车客运、包车客运、旅游客运;货物运输的普通货物运输、零担货物运输、快件运输、大件运输等。根据运输对象的要求组织运输生产,合理安排运输方式与载运工具,满足社会各种运输需求是运输企业运输生产组织的重要任务。

(5)运输生产者。运输生产者是运输生产的主体,在运输生产活动中发挥着决定性作用。它由运输工人、技术人员和管理人员组成。在企业管理中,通过录用、培训、教育、考核、激励和开发等管理工作,不断提高劳动者的素质和劳动积极性、创造性,有利于提高运输劳动生产率,从而提高运输企业运输生产效率和效益。

除上述要素外,运输生产要素还包括资本、技术、信息等。随着科技的发展和知识产权制度的建立,技术、信息也作为相对独立的要素投入生产,运输生产要素的内容随着时代的发展也在不断发展变化。

2.4 运输方式技术经济特征及其评价

现代交通运输系统由铁路、水路、公路、航空和管道五种基本运输方式组成。它们的"产品"虽然是同一的,但其技术性能(速度、质量、连续性、保证货物的完整和旅客的安全、舒适程度等)、对地理环境的适应程度和经济指标(如能耗、投资、运费、劳动生产率等)是不同的。各种运输方式的技术经济特征可从以下七方面进行考察。

(1)运送速度。运送速度是指旅客、货物在运输过程中平均每小时被运送的距离,是客货运输距离与客货在途时间之比。客运在途时间是指旅客自检票开始,经上车(船、机)运行至到达目的地下车(船、机)完毕所耗的时间;货运在途时间是指自装货开始,经运行至到达目的地卸完货为止所需要的时间,其中也包括了车(船、机等)在途中货物换装时间和必要的作业时间。

运送速度是衡量各种运输方式经济效果的重要指标之一。在远距离运输时,运送速度最快的是飞机,以下依次是火车、汽车、轮船;而短距离运输时,汽车的运送速度最快。

(2)运输成本。运输成本是指运输生产部门在完成一定运输任务时费用的支出(包括始发、运行、中转、到达等各个环节的费用的支出)。运输成本是运输业的一项综合性经济指标。影响运输成本的主要因素有:运输工具类型及其利用程度、运输工具的载质量、运输距离、货运密度、货物种类及运输方向均衡度等。

常用单位运输成本衡量运输成本高低。单位运输成本是指平均每一单位运输工作量支出的费用,单位为元/千吨公里或元/千人公里。单位运输成本反映了运输方式在运输生产过程中劳动生产率的高低、燃料的节约与浪费、运输设备利用率的高低以及运输组织工作的改进与否等状况。

综合比较，铁路运输运送能力大，大宗货物单位运输成本低；水路运输工具载质量大，单位运输成本较低；汽车载质量小，单位运输成本较高；航空运输单位运输成本最高。

(3) 始建投资。始建投资是指运输设施设备的初始建造价值，包括线路、车站、码头、港口、机场等建筑物，运输工具、装卸设备及它们的维护修理设备和建筑物；通信设备以及其他固定资产的全部投资。

比较各种运输方式始建投资时，首先是比较建设线路投资和运输工具投资，因为这两项投资占始建投资的绝大部分。在各种运输方式的线路建设投资中，铁路运输投资较高；水路运输投资较少；汽车运输介于铁路和水路之间，但高速公路的投资很大；管道运输的始建投资大；航空运输线路投资最少。在各种运输方式的运输工具投资上，船舶尤其是海船的单船造价昂贵，铁路机车车辆的单车造价比船舶低得多，汽车的单车造价最低，飞机最贵。比较各种运输方式的投资时，还应从经济学的效率角度考虑，即不但要看投资额，更要看单位投资产生效益的大小。此外，还需要考虑运输密度和运载工具利用率等因素。

(4) 运输能力。运输能力可以概括为固定设备的通过能力、移动设备的输送能力、线路（通道）的输送能力和系统综合运输能力。运输能力的大小与运输线路的通过能力和运输工具的承载能力成正比。

各种运输方式运输能力的主导环节或限制环节是不同的。例如，港口码头岸线吞吐能力和港口后方集疏运能力，往往成为水上运输的限制环节，而航道通过能力较少限制；对于铁路来说，线路区段的通过能力却常常影响整个铁路线路的运输能力；机车车辆、船舶、汽车、飞机的输送能力一般可以灵活调整。

在五种运输方式中，水路运输、管道运输、铁路运输都是运输能力很大的运输方式，在满足国民经济对运输的大量需求方面有明显优势，特别是大宗物资运输。与水路运输、管道运输、铁路运输相比较，公路运输和航空运输的能力要小得多。航空工具的运输能力一般为200t左右，公路运载工具的容量最小，通常载质量是 5~10t。从运输工具的承载能力看，从大到小依次是水路、铁路、管道、航空和公路。

(5) 能源消耗。运输业是能源消耗的主要行业之一。运输耗能主要包括站场耗能、运输线路耗能和运输工具耗能。站场耗能分为站场建设耗能和站场营运耗能；线路耗能包括线路建设耗能、线路维修耗能和运输工具在线路上运行的能源消耗；运输工具耗能分为运输工具制造耗能和运输工具运行耗能。

能源消耗方面，由于铁路运输可以采用电力牵引，因而具有优势。公路和航空运输则是能源（石油）消耗最大的。管道运输所消耗的能源约为水运的10%，铁路的2.5%。

(6) 环境污染。运输业是环境污染的主要产业部门，运输业产生环境污染的直接原因有以下两个方面：

①空间位置的移动。在空间位置移动过程中，产生噪声、振动、大气污染等。

②交通设施的建设。交通设施建设往往破坏植被，改变自然环境条件，破坏生态环境的平衡。

不同运输方式对环境的破坏方式和程度各不相同，但最为严重的当属公路运输。

(7) 运输的灵活性。运输灵活性是指一种运输方式在任意给定的两点间的服务能力。公路运输有很好的灵活性，它能直接连接起点和终点，不仅可以直接运进或运出货物，而且也是车站、港口和机场集散货物的重要手段。公路运输可以选择不同的行车路线，灵活制订营运时间，实现"门到门"的服务，市场覆盖率高。除此之外，其他运输方式反而会受到站点及线路的限制。

比较各种运输方式的技术经济指标时,还必须考虑到运输劳动生产率、运输连续性等指标。综合各种运输方式的技术经济指标,各运输方式的优缺点和适用范围见表2-1。

运输方式的优缺点和适用范围　　　　　　　　表2-1

运输方式	优 点	缺 点	适用范围
铁路	运输能力大;运行速度快;运输成本低(长距离、大批量);受自然条件影响小;运输经常性好;能耗低;通用性好	机动性差;投资大,建设周期长;占地多	大宗低值货物的中、长距离运输;大批量、时间性强、可靠性要求高的货物运输
公路	点多面广,机动灵活	运输成本高;运输能力小;占地多;劳动生产率低;能耗高;环境污染严重	中、短距离运输
水运	运输能力大;能耗低;运输成本低;建设投资少;土地占用少;劳动生产率高;平均运距长	运输速度慢;受自然条件影响大;可达性差	运距长、运量大、对送达时间要求不高的大宗货物运输,也适合集装箱运输
航空	高速可达性;安全性高	载运量小;运输成本高;易受气候条件限制;机动性差	适宜运送价值高、体积小、送达时效要求高的货物
管道	运输量大、建设周期短、投资费用低;占地少;符合绿色运输要求;能耗小成本低	灵活性差,只适合气体、液体和少量固体浆运输	适合于单向、定点、量大的流体状且连续不断货物的运输

2.5 运输生产服务环境分析

运输生产总是在一定的内部条件和一定的外部环境中进行的。因此,在运输生产过程中,运输企业应当加强对外界环境影响的分析认识,客观地根据自身的条件提高对可变的动态环境的适应能力和反应能力,充分利用有利机会,避开威胁,谋求生存和发展。

运输生产的外部环境是由多因素、多层次构成的整体,根据对运输生产的影响程度不同,运输生产服务的外部环境可分为微观环境、中观环境和宏观环境。运输生产外部环境分析的内容也由这三个层次的内容构成。具体内容如图2-3所示。

2.5.1 微观环境分析

微观环境是直接影响运输生产服务的因素,主要是指运输企业与运输需求者(旅客、货主)、市场竞争者、运输同盟者以及运输生产要素(运输工具、资金、运输生产者等)供应者和其他因素之间的关系,其中最主要的是与运输需求者、竞争者、同盟者之间的关系。

(1)需求者分析。旅客和货主是运输生产所提供运输劳务的需求者,更是企业利润的源泉,直接影响着企业的生存和发展。因此,对旅客和货主的分析是至关重要的,它是企业选择目标市场、制订营销措施和企业发展战略的基础。

需求者分析的主要内容包括:

①运输需求规模、时空分布构成；
②运输需求的结构构成；
③运输需求在不同时间、地域空间范围内,可替代性的强弱；
④运输需求者心理、动机,运输需求行为模式；
⑤运输需求在运价、运输质量要求方面的偏好等。

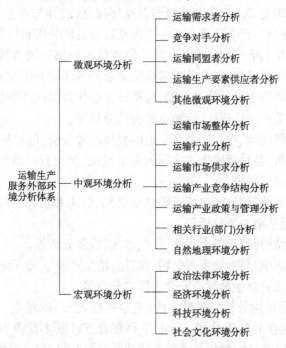

图 2-3　运输生产服务外部环境分析体系

（2）竞争者分析。竞争者是指与本企业竞争运输市场（即争夺旅客和货主）和运输资源的对手。从企业经营角度来看,竞争对手可分为直接竞争对手和间接竞争对手、现实竞争对手和潜在竞争对手。对竞争对手的分析,是企业提高市场占有率,制订市场竞争策略的依据。

竞争者分析的主要内容包括:
①竞争对手的运输规模、财务状况、营销能力；
②竞争对手的运价水平、成本水平；
③竞争对手的经营战略或经营方针及预期发展计划；
④竞争对手的特色及运输服务质量水平；
⑤竞争对手的优势与不足；
⑥竞争对手在运输市场上的基本营销策略等。

（3）同盟者分析。同盟者是指与本企业在运输业务上（如联运、货运集配）和运输生产要素供应等方面具有合作关系的单位。随着内部环境的变化,企业与同盟者的关系具有可变性及复杂性,即同盟者有可能变成竞争对手,而竞争对手也有可能变为同盟者。

同盟者分析的主要内容包括:
①同盟者运输规模、生产规模；
②同盟者所具有的明显有别于本企业的优势及不足之处；
③同盟者在运输市场及社会上的声誉、信誉和影响力大小；

④同盟者主要经营项目现状及未来发展分析;
⑤同盟者的逆变行为及其预防分析;
⑥同盟者的其他社会合作伙伴及相互之间关系分析等。

2.5.2 中观环境分析

运输生产中观环境是指介于宏观环境与微观环境之间,并与企业有着紧密联系的各种客观条件,称为行业环境。行业环境分析一般包括行业总体分析和行业竞争结构分析。

(1)运输行业总体分析。运输行业作为一种直接的外部环境,对运输企业生产经营活动产生着直接影响。因此,运输行业分析是运输企业外部环境分析的重要内容。

①运输业在社会经济中的地位及作用,包括运输业作为国民经济基础产业的特点、运输业与社会经济发展的关系和适应性、运输业的特性分析等。

②运输业总体发展现状、存在问题及今后的发展趋势分析,包括各种运输方式技术经济特征及其可能变化分析,各种运输方式之间的竞争状况、特点及今后的可能变化趋势分析,各种运输方式协作状况分析等。

③运输供求的基本状况分析,包括运输供给规模、静态和动态供给能力分析,供求所处基本性态、运力与运量平衡关系分析等。

④运输行业规模结构、行业集中程度、新技术、新能源分析等。

⑤运输业的社会影响、可持续发展分析,包括运输生产对空气、森林、水源、植被、地貌等自然环境污染和对社会公众生命财产安全的影响分析等。

(2)运输行业竞争结构分析。按照波特(竞争战略之父)的观点,一个行业市场的激烈竞争,其根源在于其内在的经济结构。行业中存在着五种基本竞争力量,即新进入者的威胁、行业中现有企业间的竞争、替代品或服务的威胁、供应者讨价还价的能力、用户讨价还价的能力,如图 2-4 所示。这五种基本竞争力量的现状、增长趋势及其综合强度,决定了行业竞争的激烈程度和行业的获利能力。

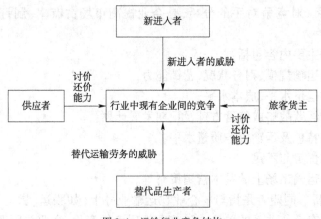

图 2-4 运输行业竞争结构

在竞争激烈的行业中,一般不会出现某个企业获得非常高的收益的状况,在竞争相对缓和的行业中,会出现相当多的企业都可获得较高的收益。这五种基本竞争力量的作用是不同的,问题的关键是在该行业中的企业应当找到能较好地防御这五种竞争力量的位置,甚至对这五种基本竞争力量施加影响,使它们有利于本企业。

①可能的新进入者的威胁。新进入者,可以是一个新办的运输企业或是一个采用多元

化经营战略的原从事其他行业的企业。这个新进入者给运输行业带来了新的运输能力,并要求取得一定的市场份额。这个新进入者对运输行业的威胁的大小取决于该企业进入运输行业需要克服的障碍和付出的代价(又称进入壁垒)以及进入运输行业后原有运输企业反应的强烈程度。

②可替代运输劳务的压力。可替代的运输劳务是指与现有的运输劳务具有相同、相近或更高质量的运输劳务,如目前出现的快速运输服务等。来自可替代运输劳务的压力有三个因素:

A. 可替代运输劳务的盈利能力。若可替代运输劳务具有较大的盈利能力,则会使本行业企业在竞争中处于被动地位。

B. 提供可替代性运输劳务的企业所采取的经营战略。若它采取迅速增长的积极发展的战略,则它会构成对本行业的威胁。

C. 旅客、货主转移运输需求的转变费用。若旅客、货主的转变费用越小,可替代运输劳务对本行业的压力越大。

③旅客、货主的压力。旅客、货主对本行业的竞争压力表现为要求运价更低廉、运输质量更好、运输需求更能方便实现等,他们会利用各运输企业之间的竞争来施加压力。总之,旅客、货主的压力趋向于降低运输行业的盈利能力。

④现有运输企业间的竞争。运输行业内各运输企业都要为增强各自的营销能力而展开竞争,从而使运输市场竞争的激烈程度发生变化。

⑤运输资源供应者的压力。运输资源供应者对运输行业的竞争压力主要表现在要求提高原材料、燃料、配件或其他供应品的价格,减少紧俏资源的供应量或降低供应品的质量等。总之,运输资源供应者希望提高其讨价还价的能力,从运输行业中牟取更多的利润。

通过五种基本竞争力量的分析,可以了解运输行业的基本状况,从中辨认本企业在行业中的竞争地位、优势和劣势,从而确定本企业在各种竞争力量中的基本态度及基本对策。

2.5.3 宏观环境分析

宏观环境是指间接影响运输企业的各种客观因素,主要包括政治法律环境、经济环境、技术环境和社会文化环境等,如图2-5所示。

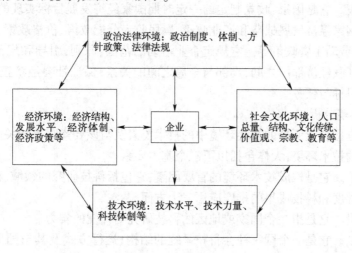

图2-5 宏观环境分析

(1) 政治法律环境分析。

政治法律环境是指一个国家或地区的政治制度、体制、方针政策、法律法规等方面因素。这些因素对企业的影响具有直接性、难以预测性、不可逆转性和强制性。即：

①国家政治法律环境直接影响着企业的经营状况；

②对于企业来说，很难预测国家政治法律环境的变化趋势；

③政治法律环境因素一旦影响到企业，就会使企业发生十分迅速和明显的变化，而这一变化企业是驾驭不了的；

④政治法律环境对企业带有强制性的约束力，只有适应这些环境的需要，企业才能生存和发展。

分析运输企业的政治法律环境可从两方面入手，政治环境主要包括国家的政治制度、体制，政局的稳定性以及政府对企业的态度等因素。法律环境主要包括政府制定的对企业经营具有刚性约束力的法律法规，如公司法、反不正当竞争法、税法、环境保护法以及运输管制等，如美国曾通过《公路运输管制法》、《运输放松管制法》对运输业在不同时期实施运输管制及放松管制。如果运输企业实施国际化战略，则它还需要对国际政治法律环境进行分析。例如，分析国际政治局势、国际关系、目标国的国内政治环境和法律环境。

(2) 经济环境分析。

经济环境是指构成企业生存和发展的社会经济状况及国家经济政策。社会经济状况包括经济要素的性质、水平、结构、变动趋势等多方面的内容，涉及国家、社会、市场等多个领域。企业经济环境是一个多元动态系统，主要由以下几个方面构成：

①社会经济结构。它是指国民经济中不同经济成分、不同产业部门以及社会再生产各个方面的组成国民经济整体时相互质的适应性、量的比例性及排列关联的状况。

②经济发展水平。它是指一个国家经济发展的规模、速度和所达到的水准。它反映一个国家经济发展水平常用的主要指标有国民生产总值、国民收入、人均国民收入、经济发展速度、经济增长速度等。

③经济体制。它是指国家组织经济的形式。经济体制规定了国家与企业、企业与企业、企业与各经济部门的关系，并通过一定的管理手段和方法，调控或影响社会经济流动的范围、内容和方式等。

④经济政策。它是国家、政党制定的一定时期国家经济发展目标实现的战略与策略，它包括综合性的国家经济发展战略和产业政策、国民收入分配政策、价格政策、物资流通政策、金融货币政策、劳动工资政策等。它规定企业活动的范围、原则，引导和规范企业经营的方向，协调企业之间、经济部门之间、局部与全局之间的关系，保证社会经济正常运转，实现国民经济发展的目标与任务。

(3) 技术环境分析。

技术环境是指企业所处的社会环境中的技术要素及与该要素直接相关的各种社会现象的集合。企业的技术环境，大体包括以下三个基本要素：

①技术水平。它是构成技术环境的首要因素，它包括科技研究的领域、科技研究成果门类分布及先进程度和科技成果的推广应用三个方面。

②技术力量。它是指一个国家或地区的科技研究与开发的实力。

③科技体制。它是一个国家社会科技系统的结构、运行方式及其与国民经济其他部门关系的总称，主要包括科技事业与科技人员的社会地位、科技结构的设置原则和运行方式、

科技管理制度、科技成果推广渠道等。

近年来,我国科学技术获得了飞速发展,在信息技术、新材料技术、新能源技术、空间技术、电子计算机技术等许多部门都取得了重大成就。科学技术的发展,极大地促进了我国劳动生产率的提高和生产力的迅速发展。就运输企业而言,应大力推广应用这些现代高新技术,并形成适合企业特色的实用技术,如 EDI 技术、GPS 技术、ITS 技术和移动通信技术等,唯有如此,企业才能在市场竞争中立于不败之地。

(4) 社会文化环境分析。

社会文化环境可分解为人口、文化两个方面,包括人口的地区性流动、人口结构变化、人们生活方式及工作方式的改变以及民族特征、文化传统、价值观念、宗教信仰、教育水平、风俗习惯等,这些方面的变化都必然要反映到运输企业生产中来。例如人口总量直接影响着运输需求的规模;人口的地理分布、人口的年龄结构在一定程度上决定了运输需求结构。运输企业对文化环境分析的目的就是要使企业的一切生产经营活动都符合环境文化的价值检验,满足运输需求者的消费理念和行为的变化。

思考与练习

1. 简述运输生产的概念。
2. 运输生产过程由哪几部分构成?
3. 旅客及货物基本运输生产过程的作业流程有哪些?
4. 运输生产的要素有哪些?
5. 简述货物的主要分类。
6. 简述五种运输方式的优缺点和适用范围。
7. 简述运输生产服务环境分析的主要内容。
8. 进行实地调查,分析某一运输企业的生产服务环境。

第3章 运输计划工作组织

 学习目标

1. 掌握运输调查的内容、调查形式、调查程序及主要调查方法；
2. 掌握客货流的主要影响因素及客货流图的绘制方法；
3. 掌握运输量预测的主要技术与方法；
4. 熟悉公路车辆运用效率指标体系构成，掌握其计算方法；
5. 掌握公路货物运输生产计划的编制方法；
6. 掌握公路客运班次计划编制方法；
7. 熟悉铁路客流计划、航班计划及班轮运输船期表的编制。

运输计划是在运输市场调查、分析与预测的基础上，结合运输企业的内外经营环境，对运输企业在计划期内应完成的运输工作量、运力配置与运用、行车作业等运输生产主要技术经济指标及实现途径的部署和安排。运输计划是运输企业经营计划的重要组成部分，是组织运输生产的重要依据。不同的运输方式由于其运输生产的特点不同，运输计划的具体内容及编制方法也不完全相同。

3.1 运输调查与运输量预测

3.1.1 运输调查

(1)运输调查的内容。

运输调查就是运用一定的调查方法和调查形式，对一定范围(区域)内的运输需求、运输供给以及运输市场环境等有关情况进行系统的、有计划的、有目的的资料搜集、整理与分析，并最终形成调查报告的活动和过程。运输调查主要包括运输需求调查、运输供给调查以及运输市场环境调查。

①运输需求调查的内容主要包括：A.现有客货源的地区分布和规模；B.客货源的类别、数量；C.运输需求者的基本经济情况；D.运输需求者的需求目的、习惯和心理；E.运输需求者对运输企业服务的满意和信赖程度；F.运输需求者的潜在要求。运输需求调查的重点是客货源的相关调查。

②运输供给调查的内容主要包括：A.营运服务区域内各种运输方式的布局、运力供应

情况及发展趋势;B.同类运输方式运输企业的数量、供给能力、产品类型和数量;C.运输企业自身及可替代性竞争企业的运输服务质量、运输价格、运输市场占有率和运输市场经营策略;D.运输总体发展规划。运输供给调查的重点是运力的调查。

③运输市场环境调查的内容主要包括:A.国家对运输业的发展政策以及价格、税收、信贷政策及调整方向;B.地区经济发展水平、产业结构、国民生产总值、工农业总产值、居民人均收入与消费水平;C.本地区的人口总数及增长速度、人口结构、人口流动趋向、人口地理分布;D.本地区的矿产、旅游等资源禀赋及生产力布局等。

运输调查是运输组织活动的基础,是运输经营与管理部门了解运输市场、进行运输工作量预测、作出经营决策和编制运输生产计划、组织客货运输的重要依据。

(2)运输调查的形式。

运输调查的形式一般有综合调查、专题调查、典型调查和日常调查等形式。

①综合调查是对营运区域内客货源的形成及其影响因素进行全面调查。综合调查所得资料比较全面,但人力、物力、财力消耗大,一般是在年度计划开始前两个月进行一年一次的调查。

②专题调查是对某些重点部门、特定任务或在特定时间(如节假日)进行调查,使计划安排适应变化的情况。

③典型调查是选择有代表性的区域或路线进行调查,探讨类似区域或路线的客货流规律。

④日常调查是在站场、港口等旅客和货物运输业务场所,通过组织客货源、业务联系等环节的日常工作,向旅客或货主了解客货流的变化情况以及运输要求,并作出各项记录。

(3)运输调查方法。

运输调查是社会调查的一种形式,其主要调查方法有访问调查法、观察法、实验法和资料研究法。

①访问调查法又称询问法,是指调查人员将所要调查的事项,以当面、电话或者书面等不同的形式,采用访谈询问的方式向被调查者获得所需资料的一种调查方法。访问调查法是市场调查中最常见的一种方法,访问的过程是访问者与被访问者具有双向互动性。运输市场访问调查的具体方法有 OD 调查法、驻站问询法和随车问询法等。

②观察法又称实地观察法,是指调查人员在调查现场对调查对象的情况直接观察和记录,从而获得调查资料的一种调查方法。例如要调整某一公交线路的发车频率,可在始发车站安装仪器,记录不同时间的旅客到达和流动量,根据这些信息对车辆发车频率进行合理安排。观察法可细分为直接观察法(又称顾客动作观察法)、亲身经历法、痕迹观察法、行为记录法等多种具体方法。

③实验法是一种类似实验室求证的调查方法,是运输市场中用途最广泛的调查方法。例如公路运输中客运班线的开辟或延伸、零担运输的开展、公路快运办理以及新型客车的使用等,都可以采用此方法先作小规模的实验,以了解用户和市场反应,在此基础上再决定企业的经营策略。

④资料研究法是间接调查的方法。它是调查人员利用已有的运输市场统计资料,对调查内容进行分析研究,以获得所需要调查资料的一种调查方法。例如根据客货周转量的历史统计资料反映的增长率,就可推测未来客货周转量的增加数量或增长速度;根据货运量与工业产值的关系就可分析工业产值变化对货运量的影响。

运输市场调查是一项复杂细致而且涉及面很广的工作,选择哪种调查方法需要结合调查的内容、目的、时间等要求来决定。选择调查方法时应注意以下两点：一是尽可能以最少的劳动消耗取得能够满足精度要求的资料；二是尽可能以最简单的方法，保证所需资料的及时性和准确性。

(4) 运输调查的基本程序。

一般地，运输调查的基本程序包括三个阶段、八个步骤。

①调查准备阶段。这一阶段的主要工作就是通过对市场的初步分析，掌握运输市场一般情况和问题，明确调查的目的，确定调查主题和范围，并制订调查计划，具体分如下两个步骤：

A. 确定调查的目的和范围；即明确这次调查要解决什么问题，调查范围如何确定。

B. 制订调查计划；即确定调查内容、调查对象、调查地点及调查方法；选定培训调查人员；预算调查费用；安排调查时间和工作进度。

②调查实施阶段。这一阶段主要是按照调查计划，组织调查人员，深入实际，全面系统地搜集有关资料、信息数据，大体分为如下四个步骤：

A. 选择资料搜集方法，如询问法、观察法、实验法等。

B. 设计调查表。调查表也称为询问表或问卷，是市场调查中用来搜集资料的基本工具，要求设计的调查表主题明确，重点突出，问题通俗易懂，同时还要便于计算机的统计汇总和处理。

C. 选择调查方式。运输市场调查方式主要有市场普查、重点调查、典型调查及抽样调查。

D. 实地调查。调查人员按照确定的调查对象、调查方法展开具体的调查工作。

③调查结果处理阶段。调查结果处理阶段是调查全过程的最后一个阶段，又称分析和总结阶段。这一阶段分两个步骤：

A. 整理分析资料。即对调查得到的资料进行分类、校核及分析。

B. 撰写调查报告。它是将调查分析的情况、得到的结论、提出的措施或建议写成书面报告，提供给管理部门和职能部门作为决策参考。调查报告的基本内容一般包括调查地点、时间、对象、范围、目的，采用的主要调查方法，调查结果的描述分析，调查结论与建议。

3.1.2 客货流及影响因素分析

(1) 货流及影响因素分析。

①货流及其分布特征。货流是指在一定的时间和一定的范围内，一定种类和一定数量的货物，沿运输线路一定方向进行有目的位移。货流是一个经济范畴的概念，包含货物的类别、流量、流向、流距、流时五个要素。类别指货物种类、品名；流量是指一定时间内沿线路（路段）某方向通过的货物数量；流向是指货物流动的方向，当线路（路段）两个方向都有货流时，货流量大的方向又称为该线路（路段）的货流顺向，货流量小的方向称为该线路（路段）的货流反向；流距是指货物由起运地至卸货地的流动距离；流时是指货物流动所花费的时间。通常，一定数量的货物被运送一定距离所完成的运输工作量，称为货物周转量，以吨公里表示。但是，货流的概念要比运量、运距和周转量等货运指标更为综合化，含有货物的流向，是货运指标的地理化，其计量单位是向量，即"吨公里方向"。

货流的分布特征表现为货流在方向和时间上的不均衡性。货流方向不均衡性是指货流分布在同一线路相反方向之间的差异，如矿山及其他原材料产地的产品呈明显的单方向流动。货流方向不均衡性可用回运系数来反映。回运系数（r_d）指运量较小方向的货流量Q_{min}与运量较大方向的货流量Q_{max}之比。即：

$$r_d = \frac{Q_{\min}}{Q_{\max}} \tag{3-1}$$

显然,回运系数越大(不超过1),车船的行程利用率越大。货运组织的任务之一就是平衡货运量,为此可采取反向载货的优惠运价,在不耽误生产并征得用户同意的前提下,通过适当提前或延后货运时间等措施来提高回运系数。公路运输还可组织循环运输。

货流时间不均衡性指货流在不同时间的差异,如农产品生产有季节性,其货流量也呈相应的季节性变化。货流时间不均衡性可用运量波动系数来反映。波动系数(r_t)指全年运量最大季度(或月份)的货流量$Q_{\max}$与全年平均季度(或月份)货流量$\overline{Q}$之比。即:

$$r_t = \frac{Q_{\max}}{\overline{Q}} \tag{3-2}$$

显然,波动系数越小,表明货流的时间不均衡程度越小;反之,则表明不均衡程度越大。造成货流时间上不均衡的主要原因是货物生产和消费具有时间上不均衡性,这种不均衡进而增加了方向上不均衡性。组织均衡运输是提高运输效率和经济效益的一个重要途径,也是运输组织管理追求的主要目标和任务。

②货流的影响因素。货流是社会经济活动及发展的派生物。由于社会经济活动的多样化和复杂性,货流形成和增长的影响因素也是多元和复杂的。一般说来,其主要影响因素有:

A. 工农业生产发展水平与速度。工农业生产发展水平与速度是影响货物运输量的决定因素。随着工农业生产的日益发展,地区之间、城乡之间、工农业之间的货物流通的增长,必然引起货物运输量的相应增加。

B. 产品运输系数。当产品数量一定时,运量的大小取决于运输系数的大小。产品运输系数就是产品的运量与生产量之比。运输系数越大,其运量也越大,两者成正比例的关系。

C. 产业结构的调整。产业结构的变化影响产品结构的变化,从而导致货流的结构变化,同时不同的单位价值产品的运量也是不同的。

D. 生产力布局和资源分布状态。生产力布局对运距有决定性意义,生产力布局合理,使生产接近原料、燃料产地和消费地区,货物的流距会缩短,反之,货物运距会延长。

E. 其他影响因素。主要包括国家的经济政策、运输网布局、科学技术的进步、流通体制的改变及对外贸易货物进出口情况等。

③货流图的作用及绘制方法。货流情况可用货流图表示。货流图是用于表示一定时期内沿某运输线路货流特征的图形,它能够清晰地表明各种货物的流量、流向、流距。货流图的作用主要体现在以下几个方面:

A. 清晰地表明各类货物所需运输的情况,可视轻重缓急有计划地组合与安排运输。

B. 便于发现运输组织计划中存在的问题,增强货物流向的合理性。

C. 便于根据货流特点组织运输车辆,进行装卸设备等的配置与调度。

D. 便于编制和检查运输生产计划和车辆运行作业计划,组织合理运输。

E. 便于确定线路的通过能力、装卸站点的作业能力,为线路、站点的新建、扩建提供必要的基础资料。

在货流图上,横坐标表示线路的长度,纵坐标表示货物的流量,货物品种可用不同的标示或颜色表示。货流图上的每个矩形面积表示一定品种货物的运输周转量。由于货流图能明晰、直观地反映各种货物的流量、流向和流距,故被广泛作为编制货物运输计划和车辆运行作业计划的参考。货流图的具体编制方法如下。

A. 编制各货运站点的货流 OD 表。

B. 从货物起运点开始,以运输路线为横坐标,按比例绘出各有关货运点间的距离。

C. 将不同种别构成的货物数量按一定比例,用不同标示(或颜色)标在纵坐标上,将同一方向的货流表示在横坐标的一侧,而将相反方向的货流表示在另一侧。

表 3-1 为某运输线路的货流 OD 表,图 3-1 为依据 OD 表绘制的货流图。

线路货流 OD 表(单位:t)　　　　　　　　　　　表 3-1

发货点＼收货点	A	B	C	共计发送
A		400	400	800
B	400		200	600
C	200	100		300
共计到达	600	500	600	1700

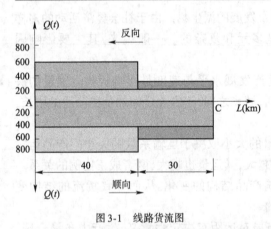

图 3-1　线路货流图

(2)客流及影响因素分析。

①客流及其分布特征。

客流是指一定时间内某一运输路线一定方向的旅(乘)客流动。客流同样包含流量、流向、流距、流时和类别五个基本要素。流向有上行与下行之别。公路运输一般以对应站点的位置来划分,如从重要城镇的站点往外行为上行,反之为下行;铁路规定进京方向或是从支线到干线被称为上行,反之为下行;城市公交线路规定从始发站到末站称为下行,反之为上行。

客流的分布特征表现为客流在空间和时间上的不均衡性,即在地区、方向和时间上的不均衡。客流在地区上分布的不均衡性可用客流分布比来反映。客流分布比是指某一地区客流量占整个区域客流量的比例。

客流沿运输方向的分布,长期和短期分布规律差别很大。从短期看具有较大的不均衡性,且时间跨度越短,表现得越明显。客流沿运输方向的分布的不均衡性可用方向不均衡系数(K_t)来反映,定义为统计期内营运线路高单向客运量 Q_{fmax} 与平均客运量 $\overline{Q}_f$ 之比。即:

$$K_t = \frac{Q_{fmax}}{\overline{Q}_f} \tag{3-3}$$

时间不均衡系数是描述客流在不同时间段内是否均匀分布的指标。一年里有旅游旺季和淡季之分,一天中有客流高峰和低峰之分。因此,可以把时间不均衡系数分为月客流不均衡系数和小时客流均衡系数。时间段的不均衡系数(K_i)可以表示为某一时段的客流量(Q_i)与营运时间内平均时段客流量($\overline{Q}$)之比。即:

$$K_i = \frac{Q_i}{\overline{Q}} \tag{3-4}$$

运输服务必须根据运输需求的变化而调整,客流分布规律本质上反映情况了运输需求的波动性。正确认识和掌握客流分布规律是合理组织运输生产、提供满足适应社会运输需求的运输服务的前提。

②客流的影响因素。

客流是合理组织客运业务的基本依据。客流形成的影响因素众多,通常有人口及其分布情况、经济及旅游业发展水平、人均收入与消费水平、运输业的发展和运输网布局、运输服务价格与服务质量等。此外,经济体制、休假制度、民族习惯等也很大程度地影响客流的形成。了解客流变化时,必须全面把握各种因素的作用及变化情况,才能比较准确地了解客流的实际动向。

③客流图的绘制。

客流图的绘制方法与货流图相似,表3-2 为某公交线路路段小时客流 OD 表,图3-2 为依据 OD 表绘制的客流图。

某公交线路路段小时客流 OD 表　　　　　　　　　　　表3-2

项目	停车站	广 场	西 街	钢 厂	大 桥	东 街
站距 L_i(km)		1	0.6	0.8	0.7	
路段序号		1	2	3	4	
路段客流量 Q_i（人）	上行方向 →	1000	1500	1400	800	
	← 下行方向	1200	2000	1800	1400	

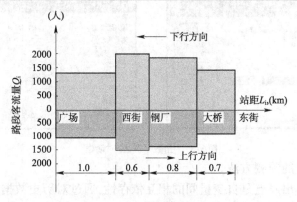

图 3-2　线路客流图

3.1.3　运输量预测

(1)运输量预测的概念及类型。

预测是一种预计和推测,即利用已掌握的信息资料和手段,预先推测和判断事物未来或未知状态的结果。运输量预测是在客货运输调查和对资料进行全面系统分析的基础上,结合国民经济和社会发展对运输的需求,预测未来期间客货运输量的发展趋势及概率特征。

按预测时间长短,运输量预测可分为短期预测、中期预测和长期预测。短期预测即年度预测,是制订年度、季度运输生产计划的基础;而中期预测(1～5 年,一般以 3 年为多见)和长期预测(5 年以上)则是制订企业运输战略规划的基础。短期预测要求对影响预测的各种因素全面考虑,其准确性与可靠性大。

(2)运输量预测的步骤。

运输量预测可以归纳为七个步骤:确定预测目标、搜集和分析预测资料、选择预测方法、构建预测模型、进行实际预测、分析修正预测值、提出预测报告。

(3)运输量预测的方法。

①基于专家经验的预测方法。

基于专家经验预测即以专家的经验总结、理论分析、逻辑判断和推理等方式来对运输量的未来发展趋势和状况进行的预测,属于定性预测方法,主要有专家座谈法、德尔菲法。

专家座谈法即依据预测的目的与要求,聘请有关方面的专家,通过座谈讨论,相互启发,集思广益,得出预测结果。德尔菲法是采用背靠背的通信方式征询专家小组成员的预测意见,经过几轮征询,使专家小组的预测意见趋于集中,最后作出符合市场未来发展趋势的预测结论。德尔菲法的特征表现为匿名性、反馈性和统计性。

②基于时间序列预测方法。

时间序列预测方法是利用运输量历史数据的发展规律来外推未来趋势,适于短期预测。其优点是需要的数据信息较少,方法简便易行;缺点在于无法反映运输量变化的实际影响因素,对经济政策、经济结构的调整等外部因素变化无从反映。运用时间序列方法关键是预测期内运输量变化趋势的识别与拟合。常用的方法有指数平滑、趋势移动平均、自回归分析、随机时间序列和灰色模型等,可运用 EXCEL、SPSS 统计分析等软件求解。图 3-3 所示为使用 EXCEL 进行指数平滑法预测的对话框。

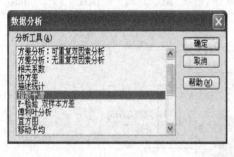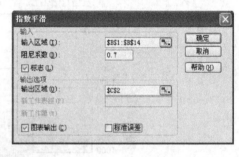

图 3-3 "指数平滑法"对话框

③基于影响因素的预测方法。

这类方法的基本出发点是自变量间的相互依存性,通过对历史数据的详细分析,揭示出运输量同相关因素之间的数量关系,据以预测未来的运输量。常用的方法有以下几种。

A. 回归分析预测法。

回归分析预测法根据影响因素的多少,可分为一元回归和多元回归;根据预测目标和影响因素之间的相互关系特征,又可分为线性回归和非线性回归。在许多实际问题中,回归函数往往是较复杂的非线性函数。处理非线性回归的基本方法是,通过变量变换,将非线性回归转化为线性回归,然后用线性回归方法处理。

B. 系统动力学预测法。

系统动力学预测法是通过研究系统内部诸因素形成的各种反馈环,同时搜集与系统行为有关数据和情报,采用计算机仿真技术来对大系统、巨系统进行预测的方法。运用系统动力学方法对运输量预测时,先建立运输量发展趋势模型,从国家发展的总体上分析和把握运输系统的结构和关系,按系统发展过程中各种要素的纵向结构层次和横向相互作用,定量地确定系统发展机制,描述其发展趋势,并就其行为进行系统模拟,以达到运输量预测的目的。

C. 经济计量模型预测法。

由一组联立方程构成,表示各个经济变量及其相互关系,通过联立求解获得关键变量的预测值。它能全面地描述和反映运输量与相关因素及整个社会经济活动的复杂关系,对经济运行有较强的诠释力,但方程组中任一方程参数估计都必须考虑其他方程所提供的直接或隐藏约束,保证其他方程同时成立,计算复杂。

D. 人工神经网络预测法。

人工神经网络是利用输入数据和输出数据进行基于影响因素建模的智能预测方法。它是在研究生物神经系统的启示下发展起来的一种信息处理方法,具有并行计算、自适应、自学习和良好的映射能力。人工神经网络模型有许多种类,经常使用的有 BP 网络、RBF 网络、Hopfield 网络、Kohonen 网络、BAM 网络等,近年又出现了神经网络与模糊方法、遗传算法相结合的趋势。图 3-4 是由输入层、输出层和 1 个隐含层构成的误差反向传播的 BP (Back Propagation) 神经网络拓扑结构。BP 神经网络每个层由若干个结点组成,每一个结点表示一个神经元,上层结点与下层结点之间通过权连接,输入信号从输入层结点依次传过各隐层结点,然后传到输出结点。应用神经网络进行运输量预测的步骤如下:

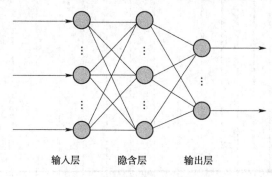

图 3-4 BP 神经网络拓扑结构图

第一步,根据实际情况,选择适当的网络结构作为预测工具,根据已确定的预测因子和被预测量,决定网络的输入和输出,进而决定网络的结构(网络各层次的结点数);

第二步,准备样本数据和样本的规范化处理,样本分为训练样本和检验样本;

第三步,利用训练样本对网络进行训练和学习;

第四步,利用检验样本对网络训练结构进行检验,验证网络的泛化能力;

第五步,反复训练网络,直到网络结构与连接权值稳定,误差满足要求为止,然后利用训练好的网络,根据已知的数据进行实际预测。

图 3-5 为基于 BP 神经网络的公路客运量预测流程。输入层为与运输量有关的因素值,输出层为运输量值。输入层可选用人口、国内生产总值、居民人均收入、居民人均支出、社会商品零售总额、旅游收入、客车保有量、等级公路里程等作为运输量的影响因素;隐含层单元数目的选择尚无一般的指导原则,在兼顾网络学习能力和学习速度的基础上采用试算法确定;输出层为预测目标变量,即公路客运量。通过对历史数据的学习检验,得到稳定的网络结构与连接权值时,便可使用预测年的影响因素值来预测预测年的公路客运量。神经网络预测可借助 Matlab 软件提供的工具箱来实现。

图 3-6 为某一公路客运量预测案例的期望输出值与实际输出值的训练误差拟合图,表明神经网络模型对于运输量预测模拟效果和预测精度比其他方法更符合实际。

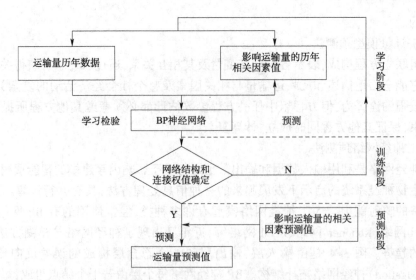

图 3-5　基于 BP 网络公路客运量预测流程

拟合残差-0.00024890472936208

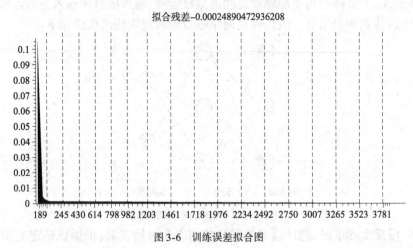

图 3-6　训练误差拟合图

3.2　公路货物运输计划及编制

3.2.1　公路货物运输计划的涵义及构成

公路货物运输计划是指公路货运企业对计划期内本企业应完成的货物运输量、货运车辆构成、货运车辆利用程度以及货运车辆运行作业等方面的部署和安排,由运输量计划、车辆计划、车辆运用计划和车辆运行作业计划构成。

运输量计划、车辆计划和车辆运用计划属于运输生产计划的内涵。运输量计划和车辆计划是货运生产计划的基础部分,车辆运用计划是车辆计划的补充。运输量计划表明社会对货物运输的需求,车辆计划和车辆运用计划则表明运输企业能够提供的运输生产能力。

车辆运行作业计划是为完成运输生产计划和实现具体运输过程的运输生产作业性质的计划,是运输生产计划的继续。它具体规定了每一辆汽车在一定时间内的运输任务、作业时间和应完成的指标。通过车辆运行作业计划可以把企业内部各生产环节组织起来,协调一致地生产,确保运输生产任务的完成。运输生产计划一般为年度计划,按年、季或月安排运输生产任务,提出纲领性生产目标;车辆运行作业计划一般以月、旬、日以至工作班,对运输生产活动作出具体的部署和安排,一般以五日运行作业计划较常见。公路货运计划的构成及其相互关系如图3-7所示。

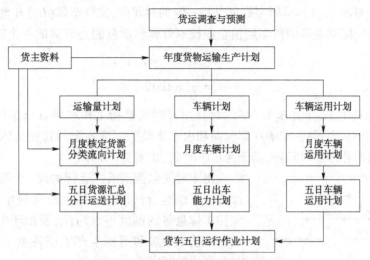

图3-7 公路货运计划的构成及其相互关系

3.2.2 车辆运用效率指标体系

车辆运用效率的高低是衡量车辆运行管理工作的依据,车辆运用效率指标是制订运输计划的基础。车辆运用效率指标包括单项指标及综合指标两种类型。其中:单项指标包括车辆时间利用指标、速度利用指标、行程利用指标、载重能力利用指标和拖挂能力利用指标五个方面;车辆运用综合指标主要是指车辆运输生产率,即营运车辆在运输生产活动中的效率,它是综合反映车辆在时间、速度、行程、载重能力和拖挂能力五个方面利用的指标。

(1) 车辆运用效率单项指标。

①车辆时间利用指标。车辆对时间的利用程度主要表现为营运汽车在一定的时期(年、季、月等)内的出车时间在其在册时间中所占的比例,以及纯运行时间在其出车时间中所占的比例两个方面。汽车运输企业车辆分类如图3-8所示。

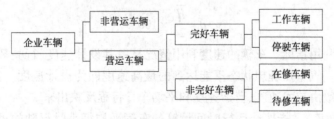

图3-8 企业车辆分类

车辆时间利用指标一般包括车辆工作率、车辆完好率、平均每日出车时间、出车时间利用系数、车辆昼夜时间利用系数。

A. 车辆工作率(α_d)。车辆工作率又称工作车率,是指一定的时间内,工作车日(U_d)在营运车日(U)中所占的比例。在其他条件不变的情况下,车辆工作率越高,表明车辆的时间利用程度越高。其计算公式为:

$$\alpha_d = \frac{U_d}{U} \times 100\% \tag{3-5}$$

营运车日又称总车日,是企业车辆保有数的动态指标。一辆车在企业保有一日即为一个工作车日,工作车所占车日即为工作车日。停驶车、修理车、待修车、完好车所占车日,分别为停驶车日、修理车日、待修车日、完好车日。

B. 车辆完好率(α_a)。车辆完好率是指一定的时间内,完好车日(U_a)在营运车日中所占的比例。车辆完好率是表明汽车运输企业技术管理和质量能力方面的一个综合性指标,其计算公式为:

$$\alpha_a = \frac{U_a}{U} \times 100\% \tag{3-6}$$

C. 平均每日出车时间(H_c)。平均每日出车时间是指工作车每日出车的平均小时数。一个工作车日 24h 中,除去车辆在库时间和由于库外非制度规定的驾驶员休息、用餐、外地过夜等造成的库外停歇时间外,其余为出车时间,如图 3-9 所示。

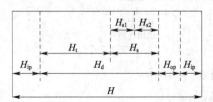

图 3-9 车辆一日内时间分布

出车时间包括车辆纯运行时间,办理技术、商务、装卸或上下旅客、行包作业、国家法律规定连续行驶后必须停车休息等的制度停歇时间,及由于等待装卸、排除运行中技术故障和运输生产组织各类工作缺陷导致的非必要停歇时间。

图中:H_{ip}、H_t、H_s、H_{s1}、H_{s2}、H_d、H_{op} 分别表示车辆在库时间、纯运行时间、停歇时间、制度停歇时间、非必要停歇时间、出车时间、库外停歇时间,H 为一日总时间 24h。则出车时间、纯运行时间与时间的关系为:

$$H_d = H_t + H_s \tag{3-7}$$

平均每日出车时间可用计算期出车时间总数除以同期工作车日总数求得。

D. 出车时间利用系数(δ)。指车辆在出车时间(H_d)内纯运行时间(H_t)所占的比例,又称工作车时利用率。即:

$$\delta = \frac{H_t}{H_d} \times 100\% = \frac{H_d - H_s}{H_d} \times 100\% \tag{3-8}$$

E. 车辆昼夜时间利用系数(ρ)。指计算期工作车日内平均每日出车时间在一昼夜中所占的比例,又称总车日利用率。即:

$$\rho = \frac{\overline{H_d}}{24} \times 100\% \tag{3-9}$$

② 车辆速度利用指标。车辆的速度利用情况是由其设计速度、行驶环境及运行组织状况等因素决定的。汽车在理想状态下能达到的最高速度即为设计速度。实际运行时,其速度的利用程度一般由技术速度、营运速度和平均车日行程反映出来。

A. 技术速度(V_T)。指按纯运行时间计算的车辆平均每小时行驶的里程数。其计算公式为:

$$V_T = \frac{计算期总行程}{同期纯运行时间} = \frac{\sum L}{\sum H_t} \tag{3-10}$$

B. 营运速度(V_D)。指按出车时间计算的车辆平均每小时行驶的里程数。其一般比技术速度低 10%~20%,计算公式为:

$$V_D = \frac{计算期总行程}{同期出车行时间} = \frac{\sum L}{\sum H_d} \tag{3-11}$$

C. 平均车日行程($\bar{L}_D$)。指按工作车日计算的车辆平均每日行驶的里程数。其计算公式为：

$$\bar{L}_D = \frac{\text{计算期总行程}}{\text{同期工作车日}} = \frac{\sum L}{U_d} \qquad (3-12)$$

或

$$\bar{L}_D = \text{平均每日出车时间} \times \text{营运速度}$$

上述三项速度指标之间的关系为：

$$\bar{L}_D = \bar{H}_d V_D = \bar{H}_d \delta V_T$$

③车辆行程利用指标。车辆在一定时间内行驶的里程称为行程。车辆行程由载重行程与空车行程构成。载重行程也称重车行程，属于生产行程，空车行程包括空载行程和调空行程。空载行程是指车辆由卸货地点空驶到下一个装卸地点的行程，也可计为生产性行程，因为它是运输过程的必要组成部分。调空行程是指空车由车场开往装载地点，或由最后一个卸载地点空驶回场的行程，还包括与运输工作无关的行程，如空车开往加油站、保修厂进行加油、修理和维护的行程，调空行程是完成运输工作的辅助性行程。

为反映车辆总行程的利用程度，采用车辆行程利用率进行评价。车辆行程利用率(β)，又称里程利用率，是指计算期内车辆的载重行程在总行程中所占的比例。其计算公式为：

$$\beta = \frac{\text{载重行程}}{\text{总行程}} \times 100\% = \frac{\sum L_y}{\sum L} \times 100\% \qquad (3-13)$$

④车辆载重能力利用指标。车辆载重能力是车辆经国家交通监理机关核定的，车辆制造出厂时所标定的额定吨（座）位。反映车辆载重能力利用程度的指标有吨（座）位利用率和实载率。

A. 吨（座）位利用率(γ)。指车辆载重运行时实际装载的货物或旅客完成的运输工作量与载重行程吨（座）位公里数之比。其计算公式为：

$$\gamma = \frac{\text{换算周转量}}{\text{载重行程吨（座）位公里}} \times 100\% \qquad (3-14)$$

式中，载重行程吨（座）位公里 = $\sum$[载重行程 × 额定吨（座）位]。

对于单运次车辆吨（座）位利用率，可用实际载重（客）量除以额定载重（客）量直接得到。

B. 实载率(ε)。指车辆实际完成的周转量与总行程吨（座）位公里数之比。其计算公式为：

$$\varepsilon = \frac{\text{换算周转量}}{\text{总重行程吨（座）位公里}} \times 100\% \qquad (3-15)$$

实载率是综合反映车辆行程与装载能力利用程度的指标。对于单车或一组吨（座）位相同的车辆，实载率也可以表示为：

$$\varepsilon = \frac{\sum(qL_y)}{\sum(q_0 L)} \times 100\% = \frac{q\sum L_y}{q_0 \dfrac{\sum L_y}{\beta}} \times 100\% = \gamma\beta \qquad (3-16)$$

⑤车辆拖挂能力利用指标。汽车拖带挂车可以有效地提高车辆生产率，降低运输成本，增加经济效益。反映营运汽车拖挂能力利用程度的指标是拖运率。拖运率(θ)是挂车完成的周转量占汽车（主车）和挂车合计完成周转量的比例。其计算公式为：

$$\theta = \frac{\text{挂车周转量}}{\text{汽车周转量} + \text{挂车周转量}} = \frac{P_{挂}}{P_{汽} + P_{挂}} \times 100\% = \frac{P_{挂}}{P} \times 100\% \qquad (3-17)$$

根据国家有关规定，为了保证营运车辆的运行安全，挂车的载质量不得超过汽车的载质量。因此,拖运率的最大值不会超过50%。

如果已知汽车周转量和拖运率,则汽挂综合周转量(P)可表示为:

$$P = \frac{P_{主}}{1-\theta} \tag{3-18}$$

(2)车辆生产率指标。

车辆生产率是指单位车辆或单位装载能力在单位时间内完成的运输工作量。表征车辆生产率的指标有单车期产量、车吨(座)期产量和车公里产量。

①单车期产量。单车是指一辆营运汽车。汽车拖带全挂车的,单车系指汽车及其所拖带的全挂车。单车期产量是指在一定的时期内平均每辆营运汽车所完成的运输工作量。其计算公式为:

$$单车期产量 = \frac{计算期换算周转量}{同期平均营运车数} \tag{3-19}$$

按车辆各项运用效率指标计算,其计算公式如下:

单车期产量 = 日历天数 × 车辆工作率 × 平均车日行程 × 行程利用率 ×

$$平均吨(座)位 \times 吨(座)位利用率 \times \frac{1}{1-拖运率} = D\alpha_d \bar{L}_D \beta \bar{q}_0 \gamma \frac{1}{1-\theta} \tag{3-20}$$

计算单车期产量时,根据计算期的定义不同,或以分别计算单年(季、月、日)产量。

②车吨(座)期产量。车吨(座)期产量指在一定的时期内全部营运车辆平均每个额定吨(座)位完成的运输工作量。其计算公式为:

$$车吨(座)期产量 = \frac{计算期换算周转量}{同期平均总吨(座)位数} \tag{3-21}$$

按车辆各项运用效率指标计算,其计算公式如下:

车吨(座)期产量 = 日历天数 × 车辆工作率 × 平均车日行程 × 行程利用率 ×

$$吨(座)位利用率 \times \frac{1}{1-拖运率} = D\alpha_d \bar{L}_D \beta \gamma \frac{1}{1-\theta} \tag{3-22}$$

计算单车期产量时,根据计算期的定义不同,或以分别计算车吨(座)年(季、月、日)产量。用车吨期产量指标反映和比较车辆生产率时,可以消除不同车辆额定吨(座)位不同的影响。其中的车吨(座)日产量指标,在反映和比较不同单位或不同时期的车辆生产率,既可消除车辆不同吨(座)位的影响,也可消除日历天数可能不一致的影响。因此,车吨(座)日产量指标是反映车辆生产率的最理想指标,可以准确地反映汽车运输企业生产组织工作的质量和水平。

③车公里产量。车公里产量是指车辆平均每行驶1km所完成的运输工作量,又称载运系数。其计算公式为:

$$车公里产量 = \frac{计算期换算周转量}{同期总行程} \tag{3-23}$$

按车辆各项运用效率指标计算,其计算公式如下:

车公里产量 = 行程利用率 × 平均客额定吨(座)位 ×

$$吨(座)位利用率 \times \frac{1}{1-拖运率} = \beta \bar{q}_0 \gamma \frac{1}{1-\theta} \tag{3-24}$$

显然,为完成同样的周转量采用提高车公里产量的办法,所增加的运行费用不多,但片面追求较高的车公里产量,可能会引起超载现象的发生。可见,车公里产量是一个很重要的、敏感性较强的指标。

(3) 车辆运用指标体系及相互关系。

汽车运输企业车辆运用指标包含数量指标和质量指标,约 40 个,其中最基本的指标有 8 个,即日历天数、平均车数、车辆工作率、平均车日行程、行程利用率、平均吨(座)位、吨(座)位利用率及拖运率(这与考核汽运企业整体情况的 8 大指标不同,它们是安全、效率、产量、成本、利润、燃料、劳动生产率和流动资金),这 8 项基本指标囊括了车辆运用的时间、速度、行程、载重能力、拖挂能力五个方面的影响要素,根据它们,其他各项车辆运用效率指标可相应确定。车辆运用指标体系及相互关系如图 3-10 所示。

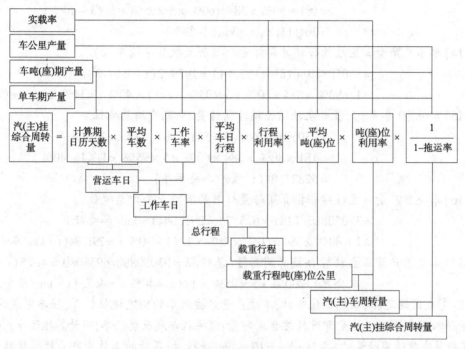

图 3-10 车辆运用效率指标体系及相互关系

用 D 表示计算期日历天数,A 表示平均车数,则汽(主)挂综合周转量可表示为:

$$P = AD\alpha_d \bar{L}_D \beta \bar{q}_0 \gamma \frac{1}{1-\theta} \tag{3-25}$$

【例 3-1】 某汽车运输公司上半年(1~6 月共 181 天)拥有 5t 载货汽车 150 辆及 5t 挂车 50 辆,营运车日为 22650 车日,工作车日为 18120 车日,总行程 6958080km,其中载重行程为 4174848km,汽(主)车完成货物运输周转量为 17847475t·km,另完成搭乘押运人员的旅客运输周转量 19830530 人 km,挂车完成货物运输工作量 13220352t·km。则车辆运用效率相关指标计算如下:

(1) 平均车数 = 营运车日/日历天数 = 22650/181 = 125.14(辆)

(2) 工作车率 = 工作车日/营运车日 = 18120/22650 = 80%

(3) 行程利用率 = 载重行程/总行程 = 4174848/6958080 = 60%

(4) 平均车日行程 = 总行程/工作车日 = 6958080/18120 = 384(km/车日)

(5) 载重行程吨位公里 = 载重行程 × 平均额定吨位 = 4174848 × 5 = 20874240(吨位公里)

(6) 总行程吨位公里 = 总行程 × 平均额定吨位 = 6958080 × 5 = 34790400(吨位公里)

(7) 平均总吨位 = 平均车数 × 平均额定吨位 = 125.14 × 5 = 625.7(t)

(8) 主车换算周转量 = 17847475 + 19830530/10 = 19830528(t·km)

(9) 主挂综合换算周转量 = 19830528 + 13220352 = 33050880(t·km)

(10) 吨位利用率 = 主车换算周转量/载重行程吨位千米 = 19830528/20874240 = 95%

(11) 实载率 = 主车换算周转量/总行程吨位千米 = 19830528/34790400 = 57%

= 行程利用率 × 吨位利用率 = 60% × 95% = 57%

(12) 拖运率 = 挂车周转量/主挂综合换算周转量 = 13220352/33050880 = 40%

(13) 单车期(半年)产量 = 主挂综合换算周转量/同期平均车数

= 33050880/125.14 = 264111.23(t·km/车半年)

= 181 × 80% × 384 × 60% × 5 × 95% × 1/(1 − 40%)

= 264111.23(t·km/车半年)

(14) 单车日产量 = 主挂综合换算周转量/(日历天数 × 平均车数)

= 33050880/(181 × 125.14) = 1459.2(t·km/车日)

= 1 × 80% × 384 × 60% × 5 × 95% × 1/(1 − 40%) = 1459.2(t·km/车日)

(15) 车吨期(半年)产量 = 主挂综合换算周转量/同期平均总吨位

= 33050880/625.7 = 52823.04(t·km/车吨半年)

= 181 × 80% × 384 × 60% × 5 × 95% × 1/(1 − 40%)

= 52823.04(t·km/车吨半年)

(16) 车吨日产量 = 主挂综合换算周转量/(日历天数 × 平均总吨位)

= 33050880/(181 × 625.7) = 291.84(t·km/车吨日)

= 1 × 80% × 384 × 60% × 95% × 1/(1 − 40%) = 291.84(t·km/车吨日)

(17) 车公里产量 = 主挂综合换算周转量/总行程 = 33050880/6958080 = 4.75(t·km/车公里) = 60% × 5 × 95% × 1/(1 − 40%) = 4.75(t·km/车公里)

注:①我国规定,汽车拖带挂车时,车吨产量只按汽车的额定吨位计算,挂车完成的运输工作量并入汽车运输工作量即汽挂综合周转量;②半挂车属改型汽车,不计算拖运率;③客运周转量换算成货运周转量时,按 1t·km = 10 人 km 进行,换算后的工作量即为换算周转量。

3.2.3 公路货运生产计划的编制

编制货运生产计划的目的就是要在需要与可能之间建立起一种动态平衡,即根据货物运输市场的运输需求变化以及企业的运输能力,来确定本企业计划年度、季度或月度的运输量计划;根据企业运输量计划的具体要求,计算出计划期应配备的运输车辆的数量、车型及其装载能力等,确定车辆计划;借助于车辆运用指标,计算车辆运用水平和车辆生产率,确定车辆运用计划。

(1) 公路货运生产计划的编制原则。

公路货运生产计划是组织运输生产的依据,为使计划编制科学、合理,必须遵循以下原则:

①符合国家法律、法规和各项相关政策。

②贯彻综合平衡的原则。要把单位内各部门、各工作环节相互联系、相互协调成一个有机整体,齐心协力共同完成运输生产任务。

③注重市场研究。要了解运输服务区经济发展情况、产业结构调整情况以及客户的需求资料,掌握货物运输的发展变化规律。

④正确处理运输需要和运输能力的矛盾。运力与运量经常出现不平衡,尤其运量是一

个十分活跃的因素。因此,既要挖掘企业内部潜力,适应市场需要,同时又要努力开辟新的货源,提高企业整体生产效率。

⑤尽量组织合理运输、均衡运输、直达运输,促进生产布局的改善和各种运输方式协调发展。

(2)运输量计划的编制。

①运输量计划的内容。运输量计划即运输产量计划,规定了运输企业计划期内预计完成的货运量和货物周转量。主要包括货运量与货物周转量的上年度的成绩、本年度及各季度的计划值以及本年度计划与上年度实绩之间的比较等内容。常见的运输量计划表见表3-3。

××运输公司××年度货物运输量计划表　　　　　　　　　　　　　表3-3

指标	单位	上年度实绩	本年度计划					本年度计划值与上年度实绩值比较(%)	备注
			全年	一季	二季	三季	四季		
1.货物运输量	t	1200	1800	300	400	500	600	150	
其中:零担货物	t								
合同货物	t								
集装箱货物	t								
特种货物	t								
2.货物周转量	t·km	125000	200000	40000	50000	50000	60000	160	
其中:零担货物	t·km								
合同货物	t·km								
集装箱货物	t·km								
特种货物	t·km								

运输货物也可以按品名(种)分类列出,即按17大类21种列出。分别为煤炭及制品;石油天然气及制品;金属矿石;钢铁;矿建材料;水泥;木材;非金属矿石;化肥及农药;盐;粮食;机械、设备和电器;化工原料及制品;有色金属;轻工、医药产品;农林牧渔业产品;其他货类等。按品名(种)分类列出,有利于分车辆类型的车辆计划安排。

②运输量计划的编制方法。运输量计划值应在深入调查的基础上,通过运输供需(即运力与运量)平衡预测,在满足社会需要与企业最佳经济效果的前提下合理确定。运输量计划值确定的依据资料有:

A.上级下达的控制计划和企业长期计划中的有关指标。

B.国家经济政策及对交通运输的影响。

C.运输调查与预测资料。

D.物资单位托运计划,运输合同。

E.货运企业的生产能力。

F.有关技术经济定额。

运输量的确定通常有两种方法:

A.当运力小于运量时,以车定产。即当运力不能满足社会需要时,只能通过对运输市场的调查,掌握公路货物运输的流量、流向、流距,确定实载率和车日行程后,本着确保重点,照顾一般的原则,采取以车定产的办法确定公路货物运输量计划值。公路货运企业能够完成的货物运输周转量可按式(3-25)进行计算。设计划期货物平均运距为 $\bar{L}_1$,则能完成的货

运量为:

$$Q = \frac{P}{L_1} \tag{3-26}$$

B. 当运力大于社会需求时,以需定产。就是根据运输需求量,决定公路货运服务供给投入运力的多少。一般情况下,此种公路货运服务供给应在保持合理车辆运用效率指标水平的基础上,预测投入的车辆数,并将剩余运力另作安排。其测算方法是:

$$A' = \frac{P}{D\alpha_d \overline{L}_D \beta \overline{q}_0 \gamma}(1-\theta) \tag{3-27}$$

此时剩余的运力为:

$$\Delta A = A - A'$$

式中:A'——运输量计划需投入的车辆数,辆;
P——已定周转量计划期,t·km;
A——平均营运车辆数,辆。

需要注意的是,运距的长短、里程利用率与吨位利用率的高低以及装卸时间的长短等,都影响车日行程,并连锁反映到影响周转量上。因此,里程利用率、吨位利用率、车日行程,必须根据不同情况分别测算后综合确定。运量计划值,还必须通过与车辆运用计划平衡后确定。

(3) 车辆计划的编制。

①车辆计划的内容。车辆计划即企业计划期内运输能力计划,主要反映企业在计划期内营运车辆类型及各类车辆数量增减变化情况及其平均运力。它是衡量企业运输生产能力大小的重要指标。

车辆计划的内容主要包括:车辆类型及区分年初、年末及全年平均车辆数、各季度车辆增减数量、标记吨位等,见表3-4。其中车辆数为计划期内平均车辆数,吨位为计划期内平均拥有的吨位数。

××运输公司××年度车辆计划表   表3-4

车辆类别		额定吨位	年初		增(+)减(-)变动情况(季度)								年末		全年平均	
					一		二		三		四					
			车辆数	吨位数	车辆数	吨位数	车辆数	吨位数	车辆数	吨位数	车辆数	吨位数	车辆数	吨位数	车辆数	吨位数
	大型货车	20	10	200					+5	100	-2	40	13	260	11.67	233.4
	中型货车															
	小型货车															
集装箱车	20TEU															
	40TEU															
	……															
挂车	全挂车															
	半挂车															
特种车	危货运输车															
	冷藏车															
	鲜活货运输车															

② 车辆计划的编制方法。

A. 确定车辆数。年初车辆数及额定吨位数根据上年末实有数据列入。增减车辆数及增减车辆的类型应根据企业现有车辆的实际运用情况,以及编制的运输量计划和运输市场需求资料,在进行车辆的技术经济性和车辆类型适应性分析的基础上综合确定。

对于新增车辆(包括自购新增的和由其他单位调入的车辆),需遵循技术上先进、经济上合理、生产上适用、维修上方便的基本原则。在技术上确保车辆可靠性、安全性、节能性,既与企业技术状态相适应,又有利于促进企业技术进步和节能减排;在经济上应综合考虑车辆的资金占用费用、运行物资消耗费用、车辆维修费用;在生产上应与企业的组织形式、营运区域内道路气候环境、运行物资等相适应,能较好地满足运输生产实际需要;在维修上应与本企业车辆维修能力、技术装备相适应,并充分考虑企业对车辆的使用经验、零配件供应等因素。

减少车辆,既包括性能降低、燃油耗费高、维修频繁的淘汰车辆及计划报废车辆,也包括调给其他单位的车辆以及经批准封存或由营运改为非营运的车辆。对于欲减少的车辆,应确定一个合理可行的处置方法。

增减车辆的类型确定,应结合货物、货流特征及分货种运输量预测资料,充分研究原有车辆类型的适用程度,哪些类型的车辆多余,哪些类型的车辆不足,从而确定不同类型车辆增减情况。

B. 确定车辆增减时间。编制车辆计划应妥善安排车辆增减时间。由于编制计划时很难预定增减车辆的具体月份和日期,因而,通常采用"季中值"法确定。即不论车辆是季初还是季末投入或退出营运,车日增减计算均以每季中间的那天算起。为简化计算工作,车辆增减引起的营运车日、平均营运车数、平均总吨位和平均吨位等可按表3-5所列的计算日近似计算。

增减车辆季中计算日数 表3-5

	第一季度	第二季度	第三季度	第四季度
增加后计算日(d)	320	230	140	45
减少前计算日(d)	45	140	230	320

C. 综合车辆运用效率。车辆计划所确定的车辆数能否完全满足完成运输量计划的要求,还与车辆运用效率有直接的关系。同等数量、同样类型的车辆,运用情况不同,效率发挥的高低不同,完成的运输工作量会有差异。因此,编制车辆计划还必须紧密结合车辆运用计划的编制,为"以销定产"提供保障。

【例3-2】 某汽车运输公司年初拥有额定载质量为5t的营运货车80辆,10t的营运货车15辆,计划第三季度增加8t的营运货车10辆,第四季度减少5t的营运货车7辆。试计算该汽车货运公司年初车数、年末车数、全年营运车日、平均营运车数、全年总车吨位日、全年平均总吨位和全年平均吨位。

解:(1) 年初车数 $= 80 + 15 = 95$(辆)

(2) 年末车数 $= 80 + 15 + 10 - 7 = 98$(辆)

(3) 全年营运车日 $= (80 + 15) \times 365 + 10 \times 140 - 7 \times 45 = 35760$(车日)

(4) 平均营运车数 $= 35760/365 = 97.98$(辆)

(5) 全年总车吨位日 $= 80 \times 365 \times 5 + 15 \times 365 \times 10 + 10 \times 140 \times 10 - 7 \times 45 \times 5 = 213175$(t 日)

(6) 全年平均总吨位 $= 213175/365 = 584.04$(t)

(7) 全年平均吨位 = 584.04/97.98 = 5.96(t)

(4) 车辆运用计划的编制。

①车辆运用计划的内容。车辆运用计划,是指在计划期内企业全部营运车辆生产能力利用程度计划,规定了运输企业计划期内营运车辆运用效率指标应达到的具体水平。在车辆计划既定的条件下,能否完成运输量计划,主要取决于企业营运车辆的运输工作效率。车辆运用计划就是以企业运输量计划和车辆计划为基础,确定车辆运用各项指标及车辆运输生产率的计划。因而它是平衡运输量计划与车辆计划的计划。车辆运用计划的内容主要是车辆运用各项效率指标,见表3-6。

××运输公司××年度车辆运用计划表　　　　　　表3-6

指标		单位	上年度实绩	本年度计划(季度)					本年度计划与上年度实绩比较(%)
				全年	一季度	二季度	三季度	四季度	
汽(主)车	营运车日	车日	7300	9764	1800	2045	2615	3304	134
	平均营运车数	辆	20	26.8	20	25	32	40	134
	平均总吨位	t							
	平均吨位	t							
	车辆完好率	%							
	车辆工作率	%							
	工作车日	车日							
	平均车日行程	km							
	总行程	km							
	行程利用率	%							
	载重行程	km							
	载重行程吨位公里	t·km							
	吨位利用率	%							
	货物周转量	t·km							
挂车	拖运率	%							
	货物周转量	t·km							
汽(主)挂综合	货物周转量	t·km							
	平均运距	km							
	货运量	t							
	单车期产量	t·km							
	车吨期产量	t·km							
	车公里产量	t·km							

②车辆运用计划的编制方法。车辆运用计划编制的关键是确定各项车辆运用效率指标值。虽然这些指标并不是作为控制指标由上级主管部门下达给企业执行的,但它是完成上级下达货运任务和企业经营目标的重要保证。因此,必须按照先进与可靠而又留有余地的原则,深入调查分析,挖掘生产能力,在不断改进运输组织技术,尽可能提高车辆在时间、速度、行程、载质量和动力等方面利用程度的基础上确定各项指标,并在企业生产经营工作中,

采取各种技术组织措施,不断改善运输组织工作,以保证这些指标的实现。车辆运用计划的编制方法有两种,即顺编法和逆编法。

A. 顺编法。顺编法是以"可能"为出发点,即先确定各项车辆效率指标值,在此水平上确定计划可完成的运输工作量。其具体计算过程是:首先根据计算汽车运输生产率的顺序,逐项计算各项利用效率指标的计划数值,如工作车日数、总行程、载重行程吨位公里等;再计算保持相同水平时,可能完成的运输工作量;最后与运输量计划相对照,如果符合要求,表明可以完成任务,就可根据报告期的统计资料和计划期的货源落实情况,编制车辆运用计划。如果计算的结果与运输量计划有较大差异,特别是低于运输量计划时,则应调整各项车辆运用效率指标直至两者基本相等时,才能据以编制车辆运用计划。

【例3-3】某汽车货运公司第一季度(日历天数为90天)平均营运车数为200辆,其额定吨位为5t。经分析测算,全年平均车辆完好率可在95%,车辆工作率为90%,技术速度为60km/h,出车时间利用系数为60%,平均每日出车时间为10h,行程利用率为60%,吨位利用可以得到充分利用。运输量计划中列示的平均运输距离为80km,货物周转量为1748万t·km。根据这些资料确定各项车辆运用效率指标的计划值,并据此编制车辆运用计划初步方案。

解:编制车辆运用计划初步方案见表3-7。根据各项车辆运用效率指标的计算,该货运公司一季度可完成的货运周转量为218700t,货物周转量为1749.6万t·km。与已定运输量计划对照略有超余,符合要求,车辆运用计划可以据此编制确定。

××汽车货运公司××年第1季度车辆运用计划初步方案(顺编法)　　表3-7

序号	指标	计算过程	计算值	序号	指标	计算过程	计算值
1	营运车日	200×90	18000车日	11	载重行程	5832000×60%	3499200km
2	平均营运车数		200辆	12	载重行程吨位公里	3499200×5	17496000t·km
3	平均总吨位	200×5	1000t	13	吨位利用率		100%
4	平均吨位		5t	14	货物周转量	17496000×100%	17496000t·km
5	车辆完好率		95%	15	平均运距		80km
6	车辆工作率		90%	16	货运量	17496000/80	218700t
7	工作车日	18000×90%	16200车日	17	单车季产量	17496000/200	87480t·km
8	平均车日行程	60×0.6×10	360km	18	车吨季产量	17496000/1000	17496t·km
9	总行程	16200×360	5832000km	19	车公里产量	60%×5×100%	3t·km
10	行程利用率		60%				

B. 逆编法。逆编法是以"需要"为出发点,通过既定的运输工作量来确定各项车辆运用效率指标必须要达到的水平。各指标值的确定必须经过反复测算,保证其有完成运输任务的可能。同时也要注意不应完全受运输量计划的约束,若把各项车辆运用效率指标的计划值压得过低,则会抑制运输生产能力的合理发挥。

【例3-4】某汽车货运公司某年第一季度(日历天数为90天)运输量计划中确定的计划货运周转量为12150000t·km,货运量为151875t,其中挂车周转量为4860000t·km;车辆计划中确定的营运车辆数为100辆,额定吨位为5t,车辆完好率为95%。试用逆编法编制车辆运用计划。

解:汽(主)车产量 = 12150000 - 4860000 = 7290000(t·km)

总车吨位日 = 100×90×5 = 45000(车吨位日),则:

$$车吨日产量 = \frac{主车完成的周转量}{同期总车吨位日} = \frac{7290000}{45000} = 162(t \cdot km)$$

即第一季度每一个车吨位日必须完成162t·km的周转量才能完成运输计划。

车吨日产量是由车辆工作率、平均车日行程、行程利用率和吨位利用率4项指标相乘而求得的,即:车吨日产量 $= \alpha_d \bar{L}_D \beta \gamma$。现在需确定这4项指标分别达到什么水平才能使车吨日产量达到162t·km。根据上期及去年同期的车辆运用效率统计资料和本期预测资料及各种相关因素,现拟定了如下4个组合方案,见表3-8。

组合方案　　　　　　　　　　　　　　　　　　　　　表3-8

组合方案	α_d (%)	$\bar{L}_D$ (km)	β (%)	γ (%)	车吨日产量 (t·km)
Ⅰ	0.86	255	0.70	1.05	161.19
Ⅱ	0.90	260	0.73	0.95	162.28
Ⅲ	0.92	260	0.75	0.92	165.05
Ⅳ	0.90	255	0.70	1.02	163.86

经详细分析比较,第Ⅱ个方案是一个可行性、可靠性最好的方案,可作为编制车辆运用计划的依据。据此编制的车辆运用计划底稿见表3-9。

××汽车货运公司××年第1季度车辆运用计划初步方案(逆编法)　　表3-9

	指　标	计算过程	计算值		指　标	计算过程	计算值
汽（主）车	营运车日	100×90	9000车日	汽（主）车	载重行程吨位公里	1537380×5	7686900t·km
	平均营运车数		100辆		吨位利用率		95%
	平均总吨位	100×5	500t		货物周转量	7686900×95%	7302555t·km
	平均吨位		5t	挂车	拖运率	4860000/12150000	40%
	车辆完好率		95%		货物周转量	7302555×0.4/(1−0.4)	4868370t·km
	车辆工作率		90%		货物周转量	7302555+4868370	12170925t·km
	工作车日	9000×90%	8100车日	汽（主）挂综合	平均运距	12150000/151875	80km
	平均车日行程		260km		货运量	12170925/80	152136.5t
	总行程	8100×260	2106000km		单车季产量	12170925/100	121709.25t·km
	行程利用率		73%		车吨季产量	12170925/500	24341.85t·km
	载重行程	2106000×73%	1537380km		车公里产量	12170925/2106000	5.78t·km

3.2.4 车辆运行作业计划的编制

(1)车辆运行作业计划的概念及类型。

车辆运行作业计划,是指为了完成企业运输生产计划和实现具体运输过程而编制的运输生产作业性质的计划,它具体规定了每一辆汽车(或列车)在一定时间内的运输任务、作业时间和应完成的各项指标。运输生产计划,虽然按年、季或月安排了运输任务,但也只是提出生产目标,不可能对运输生产活动的细节作出具体安排,也不可能将全部货运任务一一落实到每一辆汽车上。车辆运行作业计划是运输生产计划的具体化,是车辆运行的直接依据。车辆运行作业计划按其执行时间的长短分为四种类型。

①长期运行作业计划。计划期为一旬、半月、一个月及数月不等,适用于经常性的运输

任务，通常其运输线路、起讫地点、运输量及货物类型等都比较固定，如零担货运班车和大宗货物运输等常常采用这种作业计划。这种作业计划编制工作量不太大，但效果较好。

②短期运行作业。计划期一般为3~5天。该计划适应性较强，主要适用于起讫点较多、流向复杂、货种繁多，以及运输距离较长、当天不能折返或在几天内完成一个循环运行路线的多点运输任务，如普通长途货物运输常常采用这种作业计划。这种作业计划编制工作量较大，对于车辆调度水平有较高的要求。

③日运行作业计划。计划期为一日，主要适用于货源多变、临时性任务较多的货运任务，并且仅安排次日的运输任务，如城市区域内的货物运输一般采用这种形式的作业计划。即使编制短期运行作业计划的货物运输，仍可有适当的车辆日运行作业计划形式作为补充。这种作业计划编制频繁，工作量较大。

④运次运行作业计划。适用于临时性或季节性较强，起讫地点比较固定的短途往复式行驶线路。安排时可根据任务大小、距离长短、道路情况、装卸条件等，确定车辆每日（班）往返运次和完成的运输工作量，计划周期的长短可根据货源多少加以确定。粮食入库、工地运输、港站短途集疏运输等一般采用这种形式的作业计划。这种作业计划编制比较容易，车辆调度也方便。

(2) 车辆运行作业计划的编制依据。主要包括：

①月度货运任务、已受理的承运货物和已签订的运输合同；

②货流图及运输市场预测资料；

③车辆计划与车辆运用计划的各种运用效率指标；

④车辆技术状况及保修作业计划；

⑤装卸地点的装卸能力及现场情况；

⑥车辆运行的各项技术参数，如站距、营运速度、技术作业时间、商务作业时间等；

⑦运输服务区域的道路状况、气候条件及通信联络状况等。

(3) 车辆运行作业计划的编制步骤。

车辆运行作业计划分为普通货运车、零担货运班车、集装箱车及各种专用车和货运包车等的编制。货车运行作业计划除了零担货物运输有班车安排外，普通货运车、集装箱车及各种专用车和货运包车等整车货物运输没有班车安排。通常根据托运货物种类、不同运输路线、指派适当的车辆装运，按货物托运人指定的地点和收货单位，将货物卸交。因此，整车货物运输车辆运行作业计划是从安排装车时间开始，经过派车装货、车辆运行，到货物卸交完毕。这样，货车运行作业计划的作用就是把这个过程各个环节的衔接借助作业计划加以合理组织，使整个运输生产过程能顺利进行。普通货运等非班车车辆运行作业计划通常按5日流动编制，其编制步骤如下。

①根据有关资料确定货源汇总及分日运送计划，见表3-10。在对货源进行分类汇总时，应尽量根据货源起讫地点及是否有回程进行科学分类，以便组织车辆运行。

②核对全部营运车辆出车能力及出车顺序，妥善安排车辆保修计划，见表3-11。

③根据驾乘人员配备计划，妥善安排驾乘人员。一般采用定人定车方式。

④根据有关信息，分析研究前期运作作业计划存在的问题。

⑤根据货物类型和性质选配适宜车辆，逐车编制运行作业计划，合理确定行驶路线，妥善安排运行周期，力争把每一运输任务衔接起来，使车辆循环运行。车辆运行计划表格式见表3-12。

⑥核准车辆运行作业计划,交付运行调度组织执行。

五日货源汇总及分日运送计划表 表3-10

年 月 日至 日

线别	托运单位	发货单位	起运点	收货单位	到达点	品名	包装	运距(km)	运量(t)	分日运送计划										剩余物资	
										日		日		日		日		日		吨数	处理意见
										吨数	车号	吨数	车号	吨数	车号	吨数	车号	吨数	车号		
…																					
…																					
合计																					

五日出车能力计划表 表3-11

年 月 日至 日

汽(挂)车					出车前车辆动态	可出车日期		下次维修日期		备注
车号	车型	吨位	带挂吨位	驾驶人		日	日	月	日	
……										
……										

××运输公司××号车辆五日运行作业计划表 表3-12

队别:　　车号:　　吨位:　　驾驶人:　　　　年 月 日至 月 日

日期	车辆运行作业计划内容			运量(t)	周转量(t·km)	执行情况检查
1	7:30　　　　　8:40 钢厂──→机械厂──→火车北站──→钢厂…… 钢材 30t,20km　　水泥 30t,25km					
2						
3						
4						
5						
指标 计划 实际	工作率(%)	车日行程(km)	里程利用率(%)	实载率(%)	运量(t)	周转量(t·km)	说明:

(4) 变更运行作业计划与计划外运输的处理。

①变更运行作业计划。这是指货物运行作业计划经批准后,货主临时要求变更货物的起讫地点、运输数量、运输时间及收发货人或取消托运。这些要求原则上应予以满足。调整的原则是:宁打乱局部计划,不打乱整体计划;宁打乱当日计划,不打乱日后计划;宁打乱短途计划,不打乱长途计划;宁打乱可缓运输物资计划,不打急运物资计划;宁打乱小吨位车计划,不打乱大吨位车计划;宁打乱整车物资计划,不打乱零担集装箱计划;宁使企业经济受影响,不使社会效益受影响。

②计划外运输的处理。计划外运输是指事先未列入作业计划,临时发生的货物运输。对于这类问题应分为两种情况。一种是由于救灾、防汛、抢险等特殊原因产生的运输的需

要,此类事件发生较突然且关系到国计民生,运输企业可不受运输计划的限制,尽最大能力予以满足;另一种情况则是因货主单位的生产、供应和销售等情况发生变化所致,对此种情况,公路货运企业也应挖掘运输潜力,在运力可能的情况下,尽量予以满足。

3.3 公路旅客运输计划及编制

3.3.1 公路客运生产计划及编制

与公路货物运输一样,公路旅客运输生产计划是指公路客运企业对计划期内本企业应完成的旅客运输量、客运车辆构成、客运车辆利用程度等方面的部署和安排,由运输量计划、车辆计划和车辆运用计划构成。

公路旅客运输生产计划的编制方法参照公路货物运输生产计划的编制。首先在客流调查与预测的基础上,列出计划期内的旅客运输任务,确定它们的运输量计划;然后根据运输量计划和企业客运运力现状与发展需求,确定计划期内企业的客运车辆配置计划,要求满足旅客运输市场的多样化和个性化的消费需求,配置上高、中、低档适中,大、中、小比例恰当,车型结构合理;最后通过运输量计划与车辆计划的综合平衡,确定符合实际要求的车辆运用计划的各项运用效率指标。

搞好公路旅客运输,仅制订合理的运输生产计划还不够,还需按月、旬、日将生产计划具体分配到车队、车站、运行班组和单车,即做好客运班次(每开出一辆客车即为一个班次)安排和单车运行作业计划编制等运行组织工作。

3.3.2 客运班次计划及编制

客运班次计划是公路旅客运输计划的重要内容,是客运服务活动有序进行的重要基础。它是在服务区域内的客流调查,掌握了解服务区域内各路线、各区段(间)的旅客流量、流向、流时的基本规律的基础上,结合企业的客运能力和运输需求预测,对服务区域内的经营线路及起讫点和停靠站点、客运班次数及发车时刻表的计划和安排。

客运班次计划一经公布,不应变更频繁。除冬夏两季为适应季节客流变化需进行调整外,就尽力避免临时变动,更不能轻率地停开班次、减少班次或变动行车时刻。

(1)客运班次计划的编制原则。客运班次计划的编制要本着减少中转、多开直达,保证旅客及时运送的基本要求,遵循以下的原则:

①与旅客的流向、流量、流时要求相一致。
②与客运能力、车型相符合。
③与其他交通工具的到发时间相衔接。
④支线长短途相结合。
⑤一次发出的班次数与车位数相协调;两轮班次的间隔时间与站务作业所需时间相接近。
⑥班车在中途各站的停留时间与旅客有序上下车、驾驶人的休息、用餐和途中技术作业等时间相适应。
⑦车站到达发送班次不宜过于集中。

(2)客运班次计划编制方法。客运班次计划的编制是一项细致、复杂的工作。要达到编制的要求,做到方便旅客、提高车辆运行效率,就必须采用科学的方法。常用的编制方法步骤如下：

①对客运线路所有站点进行客源调查，并对调查资料进行全面的整理分析，旧线可进行日常统计，新辟线路调查资料要进行核对、整理，确保全面正确。根据核实的调查资料，编制"沿线各站日均发送旅客人数表"。

②根据"各站日均发送旅客人数表"，编制"旅客运输量计划综合表"，绘制客流密度图。

③编制"客运班次计划表"。

④进行运力运量平衡测算，编制"客运班次时间简表"。

⑤编制客车运行周期表。

【例3-5】 某运输公司经营非毗邻县之间三类客运AE班线线路，主要停靠站点的位置与站间距如图3-11所示。根据运输生产计划，该公司拟提供40座客车进行营运，季度生产效率指标确定的车辆工作率为90%，平均车日行程280km，实载率92%，车辆行驶技术速度为40km/h。根据以上资料编制该线路的客运班次计划。

解：(1)进行客源调查并进行核对、整理，编制"AE线各站日均发送旅客人数表"。假设经过调查和资料汇总计算，得知AE线路日均发送旅客人数见表3-13。

AE线各站日均旅客发送人数表　　　　　　　　　　　　表3-13

起讫站	站距(km)	日均发送人数(人)		合计		起讫站	站距(km)	日均发送人数(人)		合计	
		下行	上行	运量	周转量(t·km)			下行	上行	运量	周转量(t·km)
A—B	70	136	138	274	19180	B—E	140	14	16	30	4200
A—C	120	64	70	134	16080	C—D	30	9	8	17	510
A—D	150	48	42	90	13500	C—E	90	12	10	22	1980
A—E	210	52	47	99	20790	D—E	60	26	24	50	3000
B—C	50	36	33	69	3450	合计	1000	409	398	807	84450
B—D	80	12	10	22	1760						

(2) 根据上述"各站日均发送旅客人数表"，编制"旅客运输量计划综合表"，见表3-14；绘制客流密度图，如图3-11所示。

AE线旅客运输量计划综合表　　　　　　　　　　　　表3-14

发站上行 \ 到站下行	A	B	C	D	E	合计	日均发送人数(人)		区段流动人数(人)	
							下行	上行	下行	上行
A	300 / 297	136	64	48	52	300	300			
									300	297
B	138	136 / 138 / 62 / 59	36	12	14	200	62	138		
									226	218
C	70	33	100 / 103 / 21 / 18	9	12	124	21	103		
									147	133
D	42	10	8	69 / 60 / 26 / 24	26	86	26	60		
									104	97
E	47	16	10	24	104 / 97		97			

注：1. 表中所列人数均为日平均数。
2. 表中交叉斜线中，上、下格填写上、下行到达该站的下车人数；左、右格填写由该站发送的上、下行人数。
3. 区段流动人数 = 车辆到站时的车上实际人数 – 下车人数 + 上车人数，即由该站发车时车上的总载客人数。

根据客运班次计划编制"减少中转、多开直达"的基本要求,本例每日应安排的对开班次是 A—E 为 3 班,A—D 为 1 班,A—C 为 2 班,A—B 为 2 班,共对开 8 班。

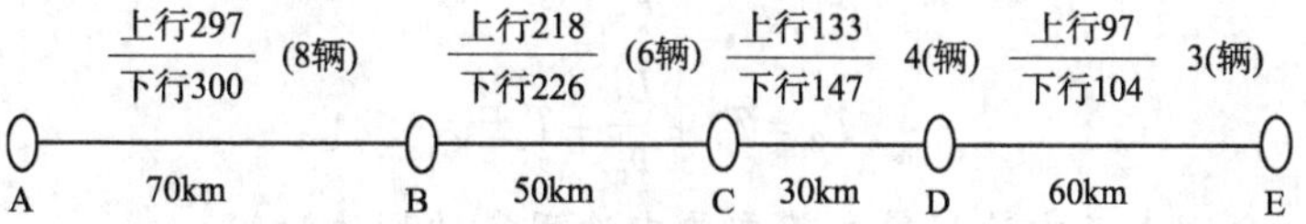

```
     上行297          上行218          上行133         上行97
     ─────  (8辆)     ─────  (6辆)    ─────  4(辆)    ────  3(辆)
     下行300          下行226          下行147         下行104
   ○─────────○─────────○─────────○─────────○
   A   70km  B   50km  C   30km  D   60km  E
```

图 3-11 客流密度图

(3) 编制"客运班次计划表",见表 3-15。

AE 线客运班次计划表   表 3-15
年　月

线别	日均计划运量(人)			计划周转量(人·km)	安排班次计划				日总行程(km)	每日需要运力(客位·km)
	合计	下行	上行		起	止	运距(km)	额定客位(座)	每日对开班次		
AE 线					A	E	210	40	3	1260	50400
					A	D	150	40	1	300	12000
					A	C	120	40	2	480	19200
					A	B	70	40	2	280	11200
合计	807	409	398	84450				40	8	2320	92800

(4) 进行运力运量平衡测算,编制"客运班次时间简表"。

① 运力运量平衡测算。运力与运量平衡用简化的方法测算,如果公司经营多条线路,即只要分别计算各线路使用同类车型的班次所需要的正班车数及预测的专线客运、包车客运等车数,与本企业营运客车的车型、车数相比较,得出车数差额,然后采取平衡措施,确定正班班次和机动运力。设日总行程为 L,平均车日行程为 $\overline{L}_D$,车辆工作率为 α_d,则需要车数(A)的计算公式为:

$$A = \frac{L}{\overline{L}_D \alpha_d} \tag{3-28}$$

本例中,该公司只有 1 条线路,且无专线客运、包车客运,故只需根据日总行程、平均车日行程、车辆工作率等指标直接计算所需车数,并运用"班期补充运力系数"确定机动运力。根据已知资料,经计算需要的车数为 10 辆,考虑平均车日行程的限制,取"班期补充运力系数"为 10%,估计需要机动车 1 辆,另取"保修车辆系数"为 10%,故本线路共需投入的车辆数为 12 辆。

② 编制客运班次时间简表。客运班次运行时刻简表是客运班次计划的最初方案,主要是拟订各班次的始发时间,沿途停靠站点,并预估到达时间,凭此衔接班次。

始发时间以各站提出的符合旅客流时要求的建议时间为基础,并查核各站一次发出的班次数与车位数相协调而拟订。预计到达时间是安排日运行计划时,研究两轮班次衔接间隔时间是否符合要求的必要资料,其计算的依据是:

A. 分线、分区段测定的车辆平均技术速度。
B. 中途停靠站上下旅客和装卸行包需要的时间。
C. 途中用餐休息时间。一般在 11:00~13:00 的时间内安排午餐休息 1h。

预计到达时间可以按各停靠站分段计算,也可以全程一次计算。全程一次计算又分中途是否用餐两种情况。其计算公式分别为：

$$T_A = T_1 + \frac{L_2}{v_t} + T_2(P_1 - P_2) + T_3 \tag{3-29}$$

$$T_B = T_1 + \frac{L_2}{v_t} + T_2 P_1 \tag{3-30}$$

式中：T_A、T_B——分别表示中途用餐和不需要中途用餐的到达时间；

T_1、T_2、T_3——分别表示始发时间、中途站停留时间和中途用餐时间；

P_1、P_2——分别表示沿途停靠站数和中途用餐站数；

L_2——起讫站间距；

v_t——车辆技术速度。

本例中，各班次始发时间根据客流需求并结合站务安排的建议时间确定。取中途站停留时间为10min，需要用餐安排的中途午餐时间为1h，则各班次的预计到达时间可根据式 (3-29) 和式 (3-30) 分别计算得到。以101班次为例，设始发时间为7:30，中途停站B、C、D，中途考虑用餐，则其到达时间为：

$$T_{A(101)} = T_1 + \frac{L_2}{v_t} + T_2(P_1 - P_2) + T_3 = \left[7\frac{30}{60} + \frac{210}{40} + \frac{10}{60}(3-1) + 1\right] = 14\frac{5}{60}(\text{h})$$

AE线客运班次时间简表见表3-16。

AE线客运班次运行时刻简表 表3-16

年 月

班车路线			每日对开班数	下 行			上 行			营运方式	沿途停靠站点
起	止	运距		班次编号	始发时间	到达时间	班次编号	始发时间	到达时间		
A	E	210	3	101	7:30	14:05	102	7:30	14:05	普客	B、C、D(用餐)
				103	9:30	16:05	104	9:30	16:05	普客	B、C、D(用餐)
				105	11:30	18:05	106	11:30	18:05	普客	B、C、D(用餐)
A	D	150	1	111	6:30	10:35	112	12:30	16:35	普客	B、C
A	C	120	2	121	8:00	11:10	122	12:00	15:10	普客	B
				123	9:30	12:40	124	13:30	16:40	普客	B
A	B	70	2	131	8:30	10:10	132	11:00	12:40	普客	—
				133	13:30	15:10	134	16:00	17:40	普客	
合计			8	8			8				

(5) 编制客车运行周期表。编制客运周期表是充分发挥车辆运行效率，搞好班次之间衔接的一个重要步骤，需要有一定的技巧，主要掌握以下要领：

①不同的营运方式（如普通班车、长途直达班车、旅游班车等），使用不同车型的班次，应分别编制运行周期。

②同一天内两轮班次之间的衔接，一般要有1h左右的时间间隔，短途班车不得小于30min，以便有序组织旅客上车、行包装卸和车辆技术检查。

③除一个工作车日不能到达终点站的长途班车外，其余班车必须在终点站停宿。既便于旅客当天到达目的地，又便于组织运行周期和调车维修或换班。

④各个日运行计划的工作时间要在8h左右，不宜过长或过短。

⑤各班次的始发时间基本上要与拟订的客班运行简表一致。

⑥考虑班次有长有短,安排日运行计划时,一般的安排顺序是先长途,次往复和环行,然后短套班,最后将剩余短途班线组织多趟运行,并应使各个班次的车日行程大体相等,各单车均衡完成生产任务。

按照以上方法,组成AE线客车运行周期表见表3-17。

AE线客车运行周期表　　　　　　　　　　　表3-17

周期编号	日运行计划编号	班次	运行路线及开到时间	车日行程	周期编号	日运行计划编号	班次	运行路线及开到时间	车日行程
一	1	101	7:30开　　　　14:05到 A————————E	210	三	8	121	8:00开　11:10到 12:00开　15:10到 A————C————A	240
一	2	102	7:30开　　　　14:05到 E————————A	210	三	8	124		240
一	3	103	9:30开　　　　16:05到 A————————E	210	三	9	122	9:30开　12:40到 13:30开　16:40到 A————C————A	240
一	4	104	9:30开　　　　16:05到 E————————A	210	三	9	123		240
一	5	105	11:30开　　　　18:05到 A————————E	210	四	10	131	8:30开　12:40到 13:30开　15:40到 A——B——A——B——A	280
一	6	106	11:30开　　　　18:05到 E————————A	210	四	10	132		280
二	7	111	6:30开　10:35到 12:30开　16:35到 A————D————A	300	四	10	133	10:10到　13:10到 11:00开　14:00开	280
二	7	112		300	四	10	134		280
合计						10	16		2320

注:表3-17中,车日行程单位为km。日运行计划编号,又称车辆运行路牌或循环序号,是指一辆客车在同一天内的具体任务,运行指定一个或几个班次。一般一个运行线路相同的运输任务编为同一个编号。编号按顺序排列,便于循环。有了日运行计划编号,才能进一步编制单车运行作业计划。

3.3.3 客车运行作业计划编制

客车运行作业计划,是将客运生产任务具体落实到单车的日历计划。由于公路旅客运输以班车为主要营运方式,其班期班次固定,而且必须保证正点开行,所以客车运行作业计划一般按月度编制。

客车运行作业计划表是单车运行作业计划的总表,编制客车运行作业计划表,首先要确定客车运行方式。客车运行的方式主要有:大循环、小循环与定车定线三种形式。

(1) 大循环运行,是指将全部计划编号统一编成一个周期,全部车辆按确定的顺序循环始终的运行方式。这种运行方式的优点是在一个循环内每辆客车行驶的里程是相同的,驾乘人员的工作强度也是相同的,不存在驾乘人员之间劳逸不均的问题。缺点是驾乘人员经常更换运行线路,不利于掌握客流变化,同时,这种运行方式要受到使用车型的限制,只能适用于各条路线所开班车都是同级的客车。

（2）小循环运行，是把全部计划编号分成几个循环周期，将车辆分为几个小组分别循环。小循环运行方式与大循环运行方式在做法上大致是相同的，只是循环运行区内的路线较少，循环期较短。其优点是可以选择几条开行同类班车的营运路线组成一个循环，从而简化了车型安排和车辆运行调度工作。

（3）定车定线运行，是指将某一车型客车相对稳定地安排在某一条营运路线上运行的方式，一般在营运区域内道路条件复杂或拥有较多车型时采用。采取长途、短途套班办法时，客车可以相对固定地在两条营运路线上运行。定车定线运行方式的优点是有利于驾乘人员熟悉路况及行车环境，对行车安全有利。缺点是由于各条线路营运长度不同，因而车与车之间的工作时间不易平衡，完成的运输工作量也会有多有少，进而造成驾乘人员劳动强度高低不一，并影响车辆运用效率。

不论采取何种运行方式，客车运行作业计划的编制都应以二级维护日期的先后次序为基准，把各车的保修日期排成梯形表，而不宜按车号顺序编排。交通运输部规定营运车辆二级维护每三个月必须维护一次。梯形表排好后，先安排上月底在外地夜宿车辆的回程任务，这时必定有一部分车辆不能从月度开始时即按新定任务安排，需做适当调整。计划编好后，经复核无误后，方可据此编制月度客车运行效率计划综合表。

现以 AE 线所有班次为例，为平衡一个循环内每辆客车的行驶里程，采取大循环运行方式，编制的 AE 线客车运行作业计划表见表 3-18。

AE 线客车运行作业计划表（大循环运行） 表 3-18

车辆动态	车号	座位数	日期 任务号 1	2	3	4	5	6	7	8	9	10	11	12	13	…	31	工作车日	车月行程
A	005	40	二保	1	2	3	4	5	6	7	8	9	10	1	2	…			
A	008	40		二保	1	2	3	4	5	6	7	8	9	10	1	…			
A	001	40	10		二保	1	2	3	4	5	6	7	8	9	10	…			
A	003	40	9	10		二保	1	2	3	4	5	6	7	8	9	…			
A	002	40	8	9	10		二保	1	2	3	4	5	6	7	8	…			
A	007	40	7	8	9	10		二保	1	2	3	4	5	6	7	…			
A	006	40	6	7	8	9	10		二保	1	2	3	4	5	6	…			
A	009	40	5	6	7	8	9	10		二保	1	2	3	4	5	…			
A	010	40	4	5	6	7	8	9	10		二保	1	2	3	4	…			
A	004	40	3	4	5	6	7	8	9	10		二保	1	2	3	…			
A	011	40	2	3	4	5	6	7	8	9	10		二保	1	2	…			
A	012	40	1	2	3	4	5	6	7	8	9	10		二保	1	…			

注：1. 车辆动态表示上月底留宿的地点。
   2. 空格为机动车日。
   3. 任务号为日运行计划编号。

编好客车运行作业计划表后，应将单车完好率、工作率、车日行程等指标分车型汇总，与企业下达的生产计划相比较，如低于计划指标，对运行计划应作适当调整，然后正式填制"月度客车运行效率计划综合表"（表 3-19），与客车运行作业计划表一起送有关科室复核，送企业领导审阅,批准后组织执行。

月度客车运行效率计划综合表　　　　　　　　　　　表3-19

队别	车型	车别	营运车数	编制计划数	编制计划		完成率		工作率		车日行程		说明
					车日	占营运车日率(%)	运行计划	比计划高(+)低(-)	运行计划	比计划高(+)低(-)	运行计划	比计划高(+)低(-)	
合计													
备注													

3.3.4 客车运行作业计划的调整

调度部门在编制下达运行计划后,还要负责监督运行作业计划的执行情况,发现车辆运行中断或故障,应及时采取措施加以消除,以保证运行作业计划的完整实现。同时,要定期填制运行作业计划执行情况检查表,及时进行总结,针对存在的问题,提出改正意见。

(1)在发车前,当出现车辆不能按时就位(车辆故障,交通事故,证、照、卡不全或失效,驾驶员生病)的情况,应及时调整并调派车辆顶班。

(2)在运行途中,当出现车辆不能正常运行(车辆故障,交通事故)的情况时,应及时调派车辆前往接驳。如接驳地点较远,可根据约定或协议委托就近站点派车接驳。

(3)如遇道路坍塌、冰雪等造成原线路受阻时,应根据实际情况,在得到运政管理部门批准的前提下,可采取绕道行驶、旅客接驳、停班等方法处理,及时对运行调度计划进行调整。

3.4　其他运输方式相关运输计划及编制

3.4.1　铁路客流计划及编制

铁路客流计划是铁路旅客运输计划的重要组成部分。它不仅是编制旅客列车运行图的基础,同时也是票额分配计划以及确定客运设备计划和编制机车车辆运用等生产技术计划的重要依据。客流计划的编制工作是在国家铁路总公司的集中统一领导下,根据客流资料,采取上下结合、集中编制的方法进行。其编制过程分为以三个阶段。

(1)下达任务、准备资料。编制客流计划首先要确定客流月。客流月由国家铁路总公司选定,一般为客运量中等偏上的月份。铁路总公司在下达编制客流计划和客流图任务时,会同时公布全路直通客流区段。这里所说的客运区段是按客流密度来划分的区段,不是一般的列车运行或牵引区段;凡客流密度大致相同的地段,即可作为一个客流到达区段,客流密度不同的,则需分成多个客流区段。这样的划分,就能看出各区段的客流密度,从而可规定各客流区段应有的旅客列车对数。直通、管内、市郊都有自己的客流区段,管内和市郊客流区段由各局统计和运输部门共同商定。

国家铁路总公司下达任务后,铁路局应督促各站、段准备相关资料,认真填写客票和报表单据,并及时完整地向统计部门报送。客票和报表单据主要有客票月报、代用票、市郊定期客票及车补小票等,这是编制客流计划最可靠的原始票据。

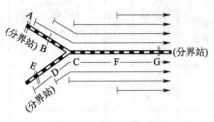

图3-12 客流(区段)图

(2)铁路局编制客流图和客流计划。各铁路局统计部门按铁路客货运输统计规则的要求,提供客流月的直通、管内、市郊分区段的发送旅客流向统计资料。各客运部门根据分区段的旅客流向资料,按日均数编制客流图(也称客流区段图)。客流图是旅客由发送地至到达地所经过的客流区段的图解表示(图3-12),按客流性质,也可分为直通、管内、市郊三种。

直通客流图是由一个铁路局所属各直通客流区段产生的客流,经过一个或几个铁路局间分界站到达全路各铁路局的各客流区段的客流图解表示。各直通客流区段的直通客流都是由输出客流、输入客流和通过客流三部分组成。输出客流是由本局各直通客流区段内产生,通过局间分界站交到外局的客流;输入客流是由全路各铁路局的各客流区段内产生的直通客流,通过本局分界站到达本局各直通客流区段内的客流;通过客流是由本局的一个局间分界站接入到另一个局间分界站交到外局的客流。

直通客流图的编制,是根据各局统计部门提供的各直通客流区段产生的输入客流量和流向,分线别、客流区段别进行编制,把每个客流区段产生的直通输入客流量按区段顺序,填入各客流区段。为了简化统计工作和便于全路的客流汇总工作,直通客流图应按国家铁路总公司公布的直通客流区段绘制。在图上表示出本局管内各客流区段的日均(月计)到达客流量(客流密度),以作为全路客流汇总时的交换资料。

管内客流图是由一个铁路局各管内客流区段产生,而又在本铁路局管内各客流区段消失的客流图解表示。管内客流图的绘制方法与直通客流图不同,一般是先作客流斜线表(表3-20),后编管内客流图(图3-13)。

客 流 斜 线 表　　　　　　　　　　　表3-20

发站\到站	距离(km)	甲	乙	丙	丁	戊	下行	上行	总 计
甲			2124	813	372	160	3469	—	3469
	120								
乙		2493		2561	277	27	2865	2493	5358
	135								
丙		865	2622		1594	582	2176	3487	5663
	176								
丁		501	770	1436		1316	1316	2707	4023
	221								
戊		117	126	594	1216		—	2053	2053
下行		—	2124	3374	2243	2085	9826	—	9826
上行		3976	3518	2030	1216	—	—	10740	10740
总计		3976	5642	5404	3459	2085	9826	10740	20566

在客流密度图中,区段内各站发送的客流视为本区段始发站发送的客流,到达区段内各站客的流视为到达本区段终点站的客流。还应注意的是,直通客流在区段内各站到发时,往往需要换乘管内列车,这部分客流除在直通客流图上作为通过全区段的客流外,还需加入管内客流,以便在计划管内列车对数时,将这部分客流考虑在内。

市郊客流图是由大城市、大工矿企业周围各市郊客流区段产生并消失的客流图解表示。其编制方法与管内客流图的编制方法类同,不同的是由于市郊客流行程较短,一般将两站之间的距离作为一个客流区段,因而可以认为没有区段内中途到发的客流归并问题。

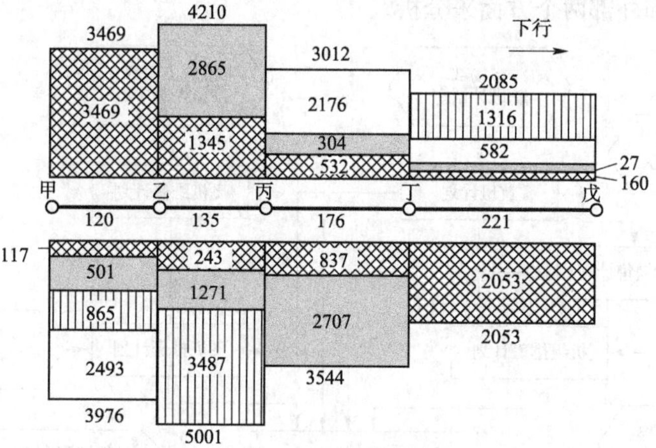

图 3-13 客流密度图

(3)铁路总公司汇总。铁路总公司组织各铁路局对所编制的输入直通客流图资料进行交换,并汇总在按局别的全国铁路直通客流汇总图上。各局根据交换的资料,计算出直通客流区段的客流密度,连同管内和市郊一起,汇总在全国铁路区段客流密度图上;然后各局分析客流调查和统计资料,与过去几年同期实际资料相比,并预计可能的发展,推算计划期间客流的增长率,即可编制全部客流计划。按干、支线分区段汇总成直通客流计划表,并编制计划客流密度与现行运行图规定的旅客列车能力比较表(表 3-21)进行分析,即可提供编制列车运行图所需的资料。

运行图旅客密度与客车能力比较表　　　　表 3-21

　　　　　　　　　　　　　　　　　　　　　　　　　　　年　月　日

线路区段	方向	年　月				年至　年计划				现行旅客列车能力				密度与能力比较			
		旅客密度	其中			旅客密度	其中			对数	总定员	其中直通客车		与　月		与　年	
			直通	管内	市郊		直通	管内	市郊			对数	定员	总计	直通	总计	直通
	上																
	下																
	上																
	下																

注:列车定员,按编组表中规定的定员计算。

3.4.2　航班计划编制

(1)航班计划的概念。航班计划有广义和狭义之分。广义的航班计划是指和航空生产活动相关的一系列生产计划,包括狭义航班计划、飞机维修计划、飞机排班计划、机组排班计划等,它们之间的关系如图 3-14 所示。狭义的航班计划是指对航班的航线、机型、班次、航班号、班期和航班时刻等基本要素的计划,其表现形式是航班时刻表。通常所说航班计划是指狭义的航班计划。

(2) 航班计划的影响因素。航班计划是航空公司一切生产活动的基础和核心,其他任何生产计划都是围绕航班计划来制订,并为航班计划的顺利实施提供保障。航班计划的影响因素可从内部和外部两个方面来分析。

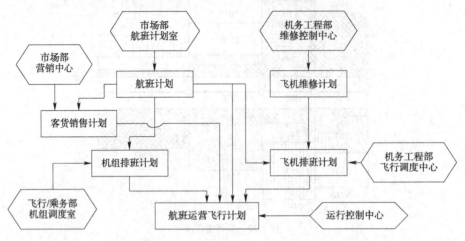

图 3-14 航空公司生产计划关系示意图

① 内部因素:内部因素是指航空公司自身对航班计划影响的因素,主要包括航空公司各机型飞机数量及运行状态,航空公司现有人力、财力、物力情况以及航空公司战略目标和规划等。

② 外部因素:外部因素主要是指市场需求状况,有关地区的政治经济和文化活动情况,同业竞争和替代性竞争情况,以及相关机场的气象、设施设备、通信导航条件等。

航班计划的制订既要从航空公司内资源出发,又要充分考虑外部因素的影响。

(3) 航班计划的编制步骤。广义航班计划按照计划进行的先后顺序,一般地可分为以下五个步骤。

① 市场分析和预测。市场分析和预测是航班计划编制的基础。在给定航线的基础上,通过市场分析,航空公司不仅能够预测一段时期内每一条航线旅客需求分布,若有充分的数据支持,还可预测出一天不同时刻每个航班旅客人数的分布情况。

② 航班频率和时刻表的确定。在市场分析和预测后,航空公司可以根据旅客需求状况,结合航空公司拥有的机队资源,确定每条航线的航班频率,在此基础上结合机场时刻资源、民航总局政策等因素,就可编制出航班时刻表。

③ 机型指派。机型指派是指根据飞机的舱位容量、运营成本、潜在收益及飞机可用性,将具有不同舱位容量的机型指派给各定期航班,即为每一个航班确定唯一的飞机机型。不同型号的飞机具有不同的飞行性能(如航程、升限、最大起飞全重、爬升能力等),因此对某一航线来说,并不是所有机型的飞机都适合执行该航线上的航班,此外,不同机型对应不同的座舱布局和容量,运营成本也有很大的差别。

④ 飞机排班。飞机排班指在机型指派的基础上,确定每架飞机的飞行任务。飞机排班包括飞机路径问题和飞机指派问题。飞机路径问题指根据航班段时空衔接(满足最小过站时间要求等)、维修等约束生成航班串或航班环,一个航班串或航班环对应于一架飞机相应周期的飞行任务。例如,一天航班串(环)为一架飞机一天的飞行任务,三天航班串(环)为一架飞机三天的飞行任务。飞机指派问题,也叫机尾号指派问题,其实质就是为每架飞机(标识为飞机机尾号)确定一个合适的航班串(环),要求覆盖所有的航班段,使得收益最大

或成本最小。合理的飞机排班不仅有助于航班的安全、正点运行,而且还能提高飞机利用率。

⑤机组排班。机组排班是指航空公司根据每个航班的机型属性,为每个航班指派相应的飞行人员、乘务员等机组人员,以承担航班的飞行和机上作业。也即机组排班是在一定周期内(如一个星期或一个月),为每个机组人员(包括飞行员和乘务人员)编排飞行值班计划。

狭义的航班计划就是指前三个步骤,在国内大多数航空公司中,这三步计划都是由市场部(或商务部)负责制定的。

(4)航班时刻表编排技巧与方法。

①航线及机型的确定。航线依据预测客流 OD 确定。一般从以下两方面来考虑:一是调整原有航线,二是开辟新航线。机型依据航线要求及机型性能与舱位容量确定。

②航班频率的确定。航班频率(即航班班次)的确定应根据运量、运力、机型和经济效益等因素来安排。运量大、运力充足时,应当增加航班密度;反之,则应适当减少航班密度。从旅客和货主的要求来看,航班密度越大越好,这样可以随时满足其需要,降低计划延误成本。但从民航企业的角度来看,航班密度过大,就会造成载运比率下降,影响企业的经济效益。因此,应该以最大限度满足社会需要与尽可能提高企业经济效益相结合的原则来安排航班密度,使计划的航班频率能够保证载运比率达到或超过平衡载运率。

③航班号的确定。国内航班的编号由航空公司二字英文代码加 4 位阿拉伯数字组成,航空公司代码由民航局规定公布;后面的 4 位数字第一位表示航空公司基地所在地区,第二位表示该航班终点站所在地区(1 为华北,2 为西北,3 为华中,4 为西南,5 为华东,6 为东北等);第三和第四位数字表示航班编号(顺序号),单数表示去程航班(由飞机基地出发的航班),双数则表示回程航班(即返回基地的航班);例如:MU5305,上海—广州航班,MU 为东方航空公司代码,5 代表上海所在的华东地区,3 代表广州所在的华南地区,05 为序号,单数表示去程航班。

国际航班的编号由航空公司二字英文代码加三位阿拉伯数字组成。第一位数字表示航空公司,后两位表示航班序号,单数为去程,双数为回程。例如:CA982,表示由中国国际航空公司承运的纽约—北京的回程航班。

④班期的确定。即确定航班的飞行日期。航班如若当天往返,则在去程和回程栏填写同一日期;如果航班往返不能在同一天完成,则在去程和回程栏内填写始发日期和回程到达日期。班期的确定应当本着均匀分布的原则来安排,这样既方便了旅客和货主,也便于民航企业自身的客货组织工作。

⑤航班时刻确定。即确定航班的起飞及预计到达时间。起飞时刻的确定应根据季节、气候、机场条件、机场的合理使用、与其他航班的衔接、航线流量和需求分布等因素来安排。同一航班飞机"到达—起飞"的最短时间间隔必须符合民航总局规定的最小时间间隔。航班的起飞或者到达时间表现形式为:HHMM,如 0825,表示上午 8 点 25 分,又如 2345,表示 23 点 45 分。

表 3-22 为一个编制好的航班计划时刻表。

航班计划时刻表格式 表 3-22

机 号	航班号	起飞站	到达站	起飞时间	到达时间	机 型	舱位等级	班期	备注
B1001	MU3501	PEK	SHA	0830	1020	320	FJY	1234567	

3.4.3 班轮运输船期表编制

（1）班轮运输定义。班轮运输又称定期船运输，它是指固定船舶按照公布的船期表或有规则地在固定航线和固定港口间从事的客货（含集装箱）运输。从事班轮运输的船舶称之为班轮。

（2）船期表的作用及编制要求。在班轮营运中，不论是严格按船期表运行的班轮，还是定线不严格定期的班轮，都需要预先编制船期表。班轮船期表是以表格的形式反映船舶在空间和时间上运行程序的计划文件，其主要内容包括航线、船名、航次编号、始发港、中途港、终点港的港名，到达和驶离各港的时间，其他有关的注意事项等。其形式见表3-25。

编制班轮船期表是班轮营运组织工作的一项主要内容。公司编制并公布班轮船期表有多方面的作用。首先是为了招揽航线途经港口的货载，既为满足货主的需要，又体现运输服务的质量；其次是有利于船舶、港口和货物的及时衔接，使船舶有可能在挂靠港口的短暂时间内取得尽可能高的工作效率；再次是有利于提高船公司航线经营的计划质量。船期表编制的基本要求如下：

① 船舶的往返航次时间（班期）应是发船间隔的整倍数。
② 船舶到达和驶离港口的时间要恰当。
③ 船期表要有一定的弹性。
④ 船期表应方便船公司揽货的需要，使船舶能够取得良好的经济效益。

（3）船期表的编制方法。
① 航线发船间隔时间（$t_{间}$）和发船频率（γ）的计算。航线发船间隔时间是指一个班次的船舶驶离港口后，直至下一班次的船舶再次驶离该港的间隔时间。以下式确定：

$$t_{间} = \frac{\alpha_{发} \cdot D_{净} \cdot T_{历}}{\sum Q} \tag{3-31}$$

式中：$\alpha_{发}$——船舶在货运量较大方向上的发航装载率指标；
$D_{净}$——船舶净载质量，t 或 TEU；
$T_{历}$——历期时间，天；
$\sum Q$——历期时间内，航线始发港至目的港各种货物数量之和，t 或 TEU，取往返航向中货运量较大的方向。

根据发船间隔，由下式可计算出一定时期内航线上应完成的班次数（$n_{班}$）：

$$n_{班} = \frac{T_{历}}{t_{间}} \tag{3-32}$$

航线发船频率（也称发船密度），是指单位时间内发出的船舶班次数。它与发船间隔互为倒数，即：

$$\gamma = \frac{1}{t_{间}} \tag{3-33}$$

② 船舶往返航次时间（$t_{往返}$）计算。船舶的往返航次时间，即船舶班期，是船舶在空间上完成一个循环的总延续时间。其计算公式为：

$$t_{往返} = t_{正航} + t_{反航} + \sum t_{始停} + \sum t_{终停} + \sum t_{中停} \tag{3-34}$$

式中：$t_{正航}$，$t_{反航}$——航线正向（去向）与反向（返向）的航行时间，天；
$\sum t_{始停}$，$\sum t_{终停}$，$\sum t_{中停}$——航线上两端所有始发港、终点港及中途港的停泊时间，天。

③航线配船数(m)的计算。在一定航线条件上,为了维持某一发船间隔,需要配置多艘船舶参与运营。航线配船数的计算公式为:

$$m = \frac{t_{往返}}{t_{间}} \tag{3-35}$$

由于船舶数不能为小数,这就要求船舶往返航次时间是航线发船间隔的整倍数。

④航段时间计算与调整。在以上计算的基础上,根据船舶往返航次时间和各单向航次的时间,结合航线具体的挂港和在港作业的情况,可以分别计算出两港之间各航段的航行时间和在港停泊时间,并按航线起运港发船的具体日期,推算出船舶到离各港口的具体日期(该船再次由原起运港始发的具体日期是发船间隔某一倍数后的某一日期,再次到离其他各港也符合同样的规律)。

在掌握了有关资料的基础上,按照下面给出的公式就可以计算出航线上各个港口到达时间(ETA)及离港时间(ETD),确定出船舶在整个航次中的运行时刻。

设 i,j 分别表示船舶停靠的上一港口和下一港,j 是紧邻 i 港的第一个港口;ETA、ETD 分别表示某港预计到达和预计离港时间;$t_{航}$ 表示两港间航行时间(其中包括进出港时间);$L_{间}$ 为两港间距离(海里),v 为船舶的航速(节),$t_{进}$、$t_{出}$ 分别为船舶在港口进出港时间,$t_{航富}$ 为航行的富裕时间,$t_{区}$ 为港口所在的时区(规定东时区为正,西时区为负),$t_{时差}$ 为两港间的时差(船舶由西向东行驶时时差为正,相反方向为负);$t_{停}$、$t_{装卸}$、$t_{停富}$、$t_{延}$ 分别表示船舶在港口的总停泊时间、装卸货物时间、富裕时间和延误时间,$t_{总富}$ 表示船舶往返航次的总富裕时间,$t_{隔}$ 表示船舶驶离港口时间至同一港下个非工作时间的时间间隔,$t_{港非}$ 为港口的非工作时间(包括周六、日、节假日、夜间等),$t_{差}$ 为航线始发港实际到港时间与虚拟到港时间的时间差,$ETA_{虚(1)}$ 表示始发港虚拟到港时间。则有:

$$ETA_{(j)} = ETD_{(i)} + t_{航(ij)} + t_{航富(ij)} + t_{时差(ij)} \tag{3-36}$$

$$ETD_{(i)} = ETA_{(i)} + t_{停(i)} \tag{3-37}$$

$$t_{航(ij)} = \frac{L_{间(ij)}}{v + t_{出(i)} + t_{进(j)}} \tag{3-38}$$

$$t_{时差(ij)} = t_{区(j)} - t_{区(i)} \tag{3-39}$$

$$t_{停(i)} = t_{装卸(i)} + t_{停富(i)} + t_{延(i)} \tag{3-40}$$

$$t_{隔(i)} = t_{港非(i)} - ETD_{(i)} \tag{3-41}$$

$$t_{总富} = \sum_{ij} t_{航(ij)} + \sum_{i} t_{停富(i)} \tag{3-42}$$

$$t_{差} = ETA_{虚(1)} - ETA_{(1)} \tag{3-43}$$

船期表所列出的各项时间以天/h·min 为单位。在给定的挂靠港口中,令第一个挂靠港的预计到港时间(此时,是虚拟到港时间)为星期日零点零分,即 $ETA_{虚(1)} = SU/00·00$。然后应用上述公式就可计算出其他港口的各项时间,也可计算出第一个挂靠港新的 ETA 值。比较 $ETA_{虚(1)}$ 和 $ETA_{(1)}$ 可计算出 $t_{差}$,根据 $t_{差}$ 的大小,可以利用增加挂靠港口或分配 $t_{航富}$、$t_{停富}$ 的办法,使 $t_{差}$ 趋近于零。如果在上述计算过程中某个港口由于到港时间不适当(非工作日到港)而发生了延误,可调整 $ETA_{虚(1)}$,使发生延误的港口的到港时间发生变化,错开该港的非工作时间。重复上述计算,直至船舶在所有港口都不发生延误,时间储备根据需要也相应地分配到港口和航段中,且 $t_{差}$ 值为零时,才认为此船期表是可行的。

【例3-6】 某船公司班轮航线挂靠港口为:$G = \{LIV, ROT\}$,$H = \{NYK, BAL, POR\}$,港口的有关资料见表3-23和表3-24,计划的 $t_{往返} = 3$ 周,航速 v 为22节/h。运用教材介绍的公式和计算方法,带入有关数据,编制该班轮航线船期表。

LIV-POR 班轮航线港口资料(1)　　　　　　　　表 3-23

港名	$t_区$(h)	$t_{装卸}$(h)	$t_进$(h)	$t_出$(h)	非工作时间		
					星期六	星期日	00:00～08:00
A	0	22	2.5	2.0	×	√	√
B	-1	19	3.0	2.5	√	√	√
C	-5	18	3.0	2.0	√	√	√
D	-5	14	9.0	8.5	√	√	√
E	-5	9	2.5	2.0	×	√	√

注:×表示不工作,√表示工作。

LIV-POR 班轮航线港口资料(2)　　　　　　　　表 3-24

港名	ETA	$t_{装卸}$	$t_{停富}$	$t_停$	$t_隔$	ETD	$t_航$	$t_{航富}$
LIV	TU/11:57	0/22:00	0/08:00	1/06:00	2/06:00	WE/18:00	1/11:16	0/08:00
ROT	FR/14:16	0/19:00	0/00:00	0/19:00		SA/09:16	6/13:03	0/14:00
NYK	SA/06:19	0/18:00	0/00:00	0/18:00		SU/00:19	0/22:35	0/00:00
BAL	SU/22:55	0/14:00	0/00:00	0/14:00	4/11:05	MO/12:55	0/11:00	0/00:00
POR	MO/23:55	0/09:00	0/00:00	0/09:00	3/15:05	TU/08:55	6/08:03	0/14:00

解:根据船期表的编制方法,该班轮航线船期表的编制结果见表 3-25。

LIV-POR 班轮航线船期表　　　　　　　　表 3-25

船名(VESSLL)	箱位(TEU)	航次(YOY)	LIV	ROT	NYK	BAL	POR	LIV
APL-C01	3500	14E15	2-3/4	5-6/4	13-14/4	14-15/4	15-16/4	23-24/4
APL-C02	3500	14E16	9-10/4	12-13/4	20-21/4	21-22/4	22-23/4	30/4-1/5
APL-C03	3500	14E17	16-17/4	19-20/4	27-28/4	28-29/4	29-30/4	7-8/5

总的来看,该船期表基本上满足了要求。其中,$t_差$ = 0/00:03,表明实际往返航次时间刚好等于计划的往返航次时间;在任何港口都没有发生因星期六到港而引起的延误;各港离港时间也符合要求。另外,ROT-NYK 和 NRT-ROT 两个跨洋航行航段受海上风浪影响较大,分别给他们各增加 14h 的富裕时间;LIV-ROT 航段考虑到在 LIV 港船舶需要等潮水,因此也增加了 8h 航行时间储备;LIV 港本时期内装卸效率偏低,需要加上 8h 港口时间储备。为了避开星期六到达 BAL 港和 POR 港,第一始发港(LIV)的虚拟到港时间由开始的星期日/00:00 逐步调整到了星期二/12:00。

思考与练习

1. 简述运输调查的内容及主要调查方法。
2. 简述客货流的主要影响因素及客货流图的绘制方法。
3. 简述运输量预测的主要技术与方法。
4. 简述公路车辆运用效率指标体系的构成。

5. 简述公路货物运输生产计划的编制方法。

6. 简述公路货运车辆运行作业计划的编制方法。

7. 简述公路客运班次计划的编制方法。

8. 简述公路客车运行作业计划的编制方法。

9. 简述铁路客流计划、航班计划及班轮运输船期表的编制方法。

10. 某汽车运输公司 2014 年平均营运车数为 100 辆,车辆工作率为 80%,空车行程为 1985600km,平均车日行程 200km,则该公司 2014 年的工作车日数为多少?总行程为多少?行程利用率为多少?

11. 2015 年 6 月,A 车额定吨位为 5t,总行程为 6400km,其中载重行程为 4460km,共完成货物周转量 22160t·km;B 车额定吨位为 5t,总行程为 6300km,其中载重行程 4200km,共完成货物周转量 18160t·km;C 车额定吨位为 6t,总行程为 6000km,其中载重行程 3600km,共完成货物周转量 21360t·km,则 A、B、C 三车 6 月份的载重行程载质量为多少?吨位利用率为多少?实载率为多少?

12. 某汽运公司 9 月 1 日有营运货车 400 辆,9 月 10 日租入营运车 5 辆投入营运,9 月 15 日有 10 辆报废车退出营运,9 月 25 日又有 6 辆新车投产,到月底再无车辆增减变动。9 月份共完成换算周转量 7988000t·km,计算该公司 9 月份的总车日数、平均营运车数、单车月产量。

13. 对某汽车货运企业进行实地调查,结合统计资料,编制该企业的年度货物运输生产计划。

14. 对某汽车客运企业进行实地调查,结合统计资料,编制其中一条线路客车班次计划及车辆运行作业计划。

15. 选择铁路、水路、民航企业进行调查,熟悉其运输生产计划的编制方法。

第4章 货物运输组织形式

 学习目标

1. 了解运输合理化的涵义及影响因素;
2. 熟悉不合理运输的主要表现形式及合理运输的有效组织措施;
3. 掌握多班运输的组织形式、应用条件与特点;
4. 掌握定时运输与定点运输的适用条件与特点;
5. 掌握甩挂运输的具体组织形式;
6. 掌握零担运输组织形式及公路零担货物中转作业方式;
7. 了解集装箱运输的优势及组织方式;
8. 能绘制集装箱船舶的配积载图;
9. 掌握多式联运的条件及组织方法;
10. 了解国际多式联运的主要组织形式。

合理的货物运输组织形式可以有效提高车辆利用率和运输生产率,降低货物运输成本。在货物运输多样化的组织形式中,按照排班的差异可以分为多班运输、定时运输与定点运输;按照运输车辆组织差异有甩挂运输、零担运输、集装箱运输;按照运输方式的差异有直达运输以及多式联运等。

4.1 运输合理化

4.1.1 运输合理化涵义

在运输生产活动中,由于客运对象本身带有主动性,货运对象往往具有被动性,所以一般意义上的运输合理化主要是以货运为研究对象。所谓运输合理化,就是在一定的产销条件下,按照货物的特点及运输条件,综合考虑货物的运量、运距、流向和中转等因素,能以最适宜的运输工具、最低的运输费用、最少的运输环节、最佳的运输线路、最快的运输速度,将货物运送到目的地的运输。运输合理化的基本原则是及时、准确、安全、经济。

4.1.2 运输合理化的影响因素

影响运输合理化的因素很多,一般认为,起决定性作用的主要有以下五个方面的因素,称为合理运输的"五要素"。

(1) 运输距离。在运输过程中,运输时间、货损货差、运费、车辆或船舶周转等经济技术指标都与运输距离存在着较强的正相关关系。因此,运距长短是运输是否合理的一个最基本因素,缩短运距既具有宏观的社会效益,也具有微观的企业效益。

(2) 运输环节。进行运输业务活动,都避免不了包装、装卸、搬运等相关工作,多一个环节,必然会多花费运输时间、运输费用,也会多出现货损、货差现象,运输的各项技术经济指标会因此发生变化。因此,减少运输中间环节,尤其是减少同一运输工具的运输中间环节,尽量组织直达运输,是运输合理化的基本条件之一。

(3) 运输工具。各种运输工具都有其优势领域,根据货物的不同特点,对运输工具进行优化选择,最大限度地扬长避短,并根据运输工具的特点进行装卸、搬运、包装等附属作业是运输合理化的重要一环。

(4) 运输时间。市场经济准则要求生产资料或产品能在最短的时间内运达目的地,以获得生产或销售商机。如果运输不及时,极易造成商品的脱产、脱销或产品的积压,给生产和销售带来严重的经济损失。所以,运输时间是运输合理化组织的关键环节。此外,缩短运输时间,也有利于加速运输工具的周转,充分发挥运力效能;有利于加快货主资金的周转速度和提高运输线路的通过能力,增加经济效益和社会效益。

(5) 运输费用。运输费用是衡量运输经济效益的一项重要指标,也是组织合理运输的主要目的之一。运费的高低不仅直接关系到运输企业的经济效益,决定了运输企业的竞争能力,而且还影响到货主企业的生产成本或销售成本。所以,最大可能地降低运输费用,无论对于运输企业,还是货主企业,都是运输合理化追求的一个重要目标,也是判断各种运输合理化措施是否行之有效的重要依据。

4.1.3 不合理运输的表现形式

所谓不合理运输,是指在现有条件下,在组织货物运输过程中,可以达到的运输水平而未达到,从而造成违反客观经济效果,违反货物合理流向和各种运力合理分工,不充分利用运输工具的运载能力、流转环节多,从而形成运力浪费、运输时间增加、运输费用增加、货物损耗增加的运输现象。不合理运输主要有以下表现形式。

(1) 与运输方向有关的不合理运输。

① 对流运输。对流运输又称相向运输,指同一种货物,或彼此间可以互相替代而又不影响管理、技术及效益的货物,在同一线路或不同运输方式的平行线路上作相对方向的运送,与对方运程的全部或部分发生重叠的不合理运输现象。主要有以下两种表现形式。

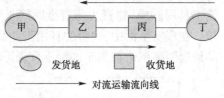

图 4-1 明显的对流运输形式

A. 明显的对流运输。指在同一运输路线上的对流,这种形式如图 4-1 所示。

B. 隐蔽的对流运输。指同类(或可以相互替代)的货物以不同运输方式在平行路线上或不同时间进行相反方向的运输,如图 4-2 所示。

对流运输是不合理运输中最突出、最普遍的一种。它和合理运输区别的实质在于多占用了运输工具,出现了额外的车辆走行里程和货物走行吨公里,增加不必要的运费。

② 倒流运输。指同一批货物或同批货物中的部分货物,由发运站至目的站后,又从目的

站向发运站方向倒运,或指货物从销地向产地或其他地点向产地倒流的不合理运输现象。倒流运输导致运力浪费、运费增加,这种形式如图4-3所示。

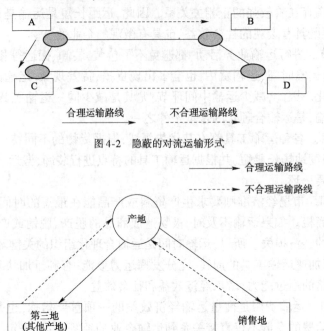

图4-2 隐蔽的对流运输形式

图4-3 倒流运输基本形式

倒流运输的不合理性更甚于对流运输,其原因在于往返两地的运输都是不必要的,形成了双程浪费。倒流运输也可以看成是隐蔽对流的一种特殊形式。

(2) 与运输距离有关的不合理运输。

①迂回运输。是舍近求远的一种运输。可以选取短距离运输而不选择,却选择路程较长路线进行运输的一种不合理运输形式,如图4-4所示。迂回运输有一定的复杂性,不能简单处之,只有当计划不周、地理不熟、组织不当而发生的迂回,才属于不合理运输。如果最短距离有交通阻塞、道路情况不好或对噪声、排气等特殊限制而不能使用时发生的迂回,不能称为不合理运输。

②过远运输。指调运物资舍近求远,近处有资源不调而从远处调,这就造成可采取近程运输而未采取,拉长了货物运距的浪费现象,如图4-5所示。过远运输占用运力时间长,运输工具周转慢,物资占压资金时间长,远距离自然条件相差大,又易出现货损,增加费用支出。在现实生活中,大量的日用工业品(如毛巾、牙刷、牙膏等洗涤用品、液体饮料)、农副产品的远距离调运都属于这种不合理运输。

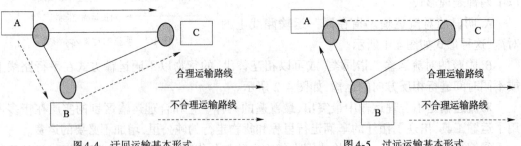

图4-4 迂回运输基本形式　　　　图4-5 过远运输基本形式

过远运输和迂回运输虽然都属于拉长距离、浪费运力的不合理运输,但两者不同的是:过远运输是因为商品或物资供应地舍近求远的选择拉长了运输距离,而迂回运输则是因为运输线路的选择错误拉长了运输距离。

(3)与运量有关的不合理运输。

①重复运输。本来可以直接将货物运到目的地,但是在未达指定的目的地之前,将货卸下,再重复装运,送达目的地,这是重复运输的一种形式;另一种形式,是同品种货物在同一地点一面运进,同时又向外运出。

重复运输虽未延长运输里程,但增加了多余的中间装卸环节,延长了货物在途时间,增加了装卸搬运费用,增大了货损的可能,而且降低了运输工具的使用效率,延缓了流通速度。

②无效运输。凡装运的物资中有无使用价值的杂质(如煤炭中的矸石、原油中的水分、矿石中的泥土和沙石等)含量过多或含量超过规定的标准,使运输能力浪费于不必要物资运输的现象。如我国每年有大批圆木进行远距离的调运,但是圆木的直接使用率却只有70%,而30%圆木的边角余料的运输基本上就属于无效运输。无效运输不仅浪费了大量的运输能力,而且还往往人为夸大了生产单位的成果,使消费者不能按质按量地得到价格适当的产品。

③返程或起程空驶。空车无货载行驶,可以说是不合理运输的最严重形式。在实际运输组织中,有时候必须调运空车,从管理上不能将其看成不合理运输。但是,因调运不当,货源计划不周,不采用运输社会化运输体系而形成的空驶,是不合理运输的表现。造成空驶的不合理运输主要有以下几种原因:

A. 能利用社会化的运输体系而不利用,却依靠自备车送货提货,这往往出现单程重车、单程空驶的不合理运输。

B. 由于工作失误或计划不周,造成货源不实,车辆空去空回,形成双程空驶。

C. 由于车辆过分专用,无法搭运回程货,只能单程实车,单程回空周转。

(4)与运力有关的不合理运输。指未考虑各种运输工具的优势、特点而选择了不合理运输方式所组织的运输。常见的运力选择不当的运输有以下若干形式:

①弃水走陆运输。指在同时可以利用水运及陆运时,放弃成本费用较低的水运或水陆联运,而选择成本费用较高的铁路或公路进行的运输。这种运输不合理之处在于不能充分发挥水运成本低、水陆联运经济实惠的优势。

②铁路、大型船舶的过近运输。指不是铁路、水路大型船舶的经济运行里程,却利用这种运力进行运输的不合理做法。主要不合理之处在于火车及大型船舶的启运及到达目的地的准备、装卸时间长,且机动灵活性差,在过近距离中利用这些运输工具,无法发挥其运输速度快的优势。相反,由于装卸时间长,手续复杂,反而会延长运输时间。另外,与小型运输工具相比,火车及大型船舶装卸难度大,需要专用的装卸设备,费用也较高。

③运输工具承载能力选择不当。指不根据承运货物数量或质量进行选择,而盲目决定运输工具。此种运输不合理之处在于"小马拉大车"或"大马拉小车"。前者可能会因为超载、超时运输而造成运输工具的损坏或交通事故的发生;后者则会因为载运量不足而浪费运力,同时也使单位运输成本增加。

上述列举的种种不合理运输现象,都是在特定条件下表现出来的,在进行判断时应注意其不合理的前提条件,否则就容易出现判断的失误。例如,如果同一种产品,商标不同,所发生的对流,不能绝对看成不合理,因为其中存在着市场机制引导的竞争,优胜劣汰,如果强调因为表面的对流而不允许运输,就会起到保护落后、阻碍竞争,甚至助长地区封锁的作用。

类似的例子在各种不合理运输形式中都可以列举出一些。

另外,以上对不合理运输的描述,主要就形式本身而言,是主要从微观观察得出的结论。在实践中,必须将其放在运输物流大系统中综合考虑,进行系统分析和综合判断。例如,在全运输过程中,从某单一情况看,做到了合理,但它的合理却可能使其他部分出现不合理。因此,只有从系统角度综合进行判断才能有效避免"效益背反"现象,做到合理运输。

4.1.4 合理运输的有效措施

长期以来,人们在运输组织的实践中探索和制定了不少实现运输合理化的措施,在一定时期内、一定条件下取得了理想的效果,这些措施主要有以下九种。

(1) 提高运输工具实载率。实载率有两个含义:一是单车实际载重与运距之乘积和标定载重与行驶里程之乘积的比率,这在安排单车、单船运输时,是作为判断装载合理与否的重要指标;二是车船的统计指标,即一定时期内车船实际完成的货物周转量(以吨公里计)占车船载重吨位与行驶里程之乘积的百分比。在计算时,车船行驶的里程数包括载货行驶与空驶的两个方面的行程。提高实载率的意义在于充分利用运输工具的额定能力,减少车船空驶和不满载行驶时间,减少浪费,从而求得运输的合理化。

我国曾在铁路运输上提倡"满载超轴",其中"满载"的含义就是充分利用货车的容积和载质量,多载货,不空驶,从而达到合理化之目的。这个做法对推动当时运输事业发展起到了积极作用。当前,国内外开展的"配送"形式,优势之一就是将多家需要的货和一家需要的多种货实行配装,以达到容积和载重的充分合理运用,比起以往自己提货或一家送货车辆大部分空驶的状况,是运输合理化的一个进展。

(2) 减少动力投入,增加运输能力。这种运输合理化的要点是,少投入、多产出,走高效益之路。运输的投入主要是能耗和基础设施的建设。在设施建设已定型和完成的情况下,尽量减少能源投入,是少投入的核心。做到了这一点就能大大节约运费,降低单位货物运输成本,达到合理化的目的。如在铁路运输中,在机车能力允许的情况下,多加挂车皮;在内河运输中,将驳船编成队行,由机动船顶推前进;在公路运输中,实行汽车挂车运输,以增加运输能力等。

(3) 发展社会化的运输体系。运输社会化的含义是发展运输的大生产优势,实行专业分工。实行运输社会化,可以统一安排运输工具,避免对流、空驶、运力不当等多种不合理形式,不但可以追求组织效益,而且可以追求规模效益,所以发展社会化的运输体系是运输合理化的非常重要措施。目前,我国铁路运输的社会化运输体系已经比较完善,而在公路运输中,小生产生产方式非常普遍,是建立社会化运输体系的重点。

在会化运输体系中,各种联运体系是其中水平较高的方式。联运方式充分利用面向社会的各种运输系统,通过协议进行一票到底的运输,有利于提高整个运输系统的效益。

(4) 实现铁路和公路的合理分工。实现铁路和公路的合理分工,就要进行中短距离铁路公路的分流。这种运输合理化的表现主要有两点:一是对于比较紧张的铁路运输,用公路分流后,可以得到一定程度的缓解,从而加大这一区段的运输通过能力;二是充分利用公路从门到门和在中途运输中速度快且灵活机动的优势,实现铁路运输服务难以达到的目的。

目前,我国公路在杂货、日用百货运输及煤炭运输中较为普遍,一般在200km以内,有时可达700~1000km。

(5) 尽量运用直达运输。直达运输是追求运输合理化的重要形式,其对合理化的追求要点是通过减少中转过载换载,从而提高运输速度,节省装卸费用,降低中转货损。直达运输的优势,尤其是在一次运输批量和用户一次需求量达到了一整车时表现最为突出。此外,在生产资料、生活资料运输中,通过直达运输,建立稳定的产销关系,也有利于提高运输的计划水平,从而大大提高运输效率。

需要注意的是,如同其他合理化措施一样,直达运输的合理性也是在一定条件下才会有所表现,不能绝对认为直达一定优于中转,这要根据用户的要求进行综合判断。如果从用户需要量看,批量大到一定程度,直达是合理的,批量较小时中转是合理的。

(6)合理配载运输。配载运输是运用科学的载运方法,通过合理安排装载货物(例如,轻重货配装、不同规格货物配装、同一目的地货物配装、不同客户间货物配装等),实现运输工具载质量和容积的有效利用,以求得货物运输合理化的一种实用组织方式。如海运矿石、黄沙等重质货物,在舱面挡运木材、毛竹等,铁路运矿石、钢材等重物上面搭运轻泡农、副产品等,在基本不增加运力投入,不减少重物运输情况下,解决了轻泡货的搭运。配载运输也是提高运输工具实载率的一种有效形式。

(7)"四就"直拨运输。"四就"直拨是减少中转运输环节,力求以最少的中转次数完成运输任务的一种形式。一般批量到站或到港的货物,首先要进分配部门或批发部门的仓库,然后再按程序分拨或销售给用户,这样一来,往往出现不合理运输。"四就"直拨,首先是由管理机构预先筹划,然后就厂或就站(码头)、就库、就车(船)将货物分送给用户,而无须再入库。

(8)发展特殊运输技术和运输工具。依靠科技进步发展特殊运输技术和运输工具是运输合理化的重要途径。例如,专用散装及罐车,解决了粉状、液状物运输损耗大,安全性差等问题;袋鼠式车皮、大型半挂车解决了大型设备整体运输问题;"滚装船"解决了车载货的运输问题;集装箱船比一般船能容纳更多的箱体等。

(9)实现流通加工与运输的协调。有不少产品,由于产品本身形态及特性问题,很难实现运输的合理化,如果进行适当加工,就能够有效解决合理运输问题。例如,将造纸材在产地预先加工成干纸浆,然后压缩体积运输,就能解决造纸材运输不满载的问题。轻泡产品预先捆紧包装成规定尺寸,装车就容易提高装载量;水产品及肉类预先冷冻,就可降低运输损耗。

4.2 多班运输组织

4.2.1 多班运输的概念

多班运输是指一辆车在昼夜时间内的出车工作超过一个工作班次(一般以工作8h为一个班次)以上的货运组织形式。多班运输可以通过对货运车辆和驾驶人的恰当组织,做到停人不停车或少停车,增加了货运车辆在线路上的工作时间,提高了车辆工作率;在一定条件下(如夜间)还可提高车辆的技术速度,因而可以充分发挥车辆利用率,提高运输生产率。多班运输主要适用于货源固定、大宗货物运输或紧急突发性运输任务。

4.2.2 多班运输组织形式

根据车辆与驾驶人的组合及交接方式的不同,多班运输有多种不同的组织形式。合理选择多班运输的组织形式,需要考虑运距长短、站点配置、货源分布、运输条件、道路状况、驾驶人配备、车辆维修能力及装卸能力等各种因素。

（1）一车两人，日夜双班，起点交接。如图4-6所示。每车配备两名驾驶人，分为日夜两班，每隔一定时间（每周或每旬）日夜班驾驶人互换一次。同时，为保证轮休期间的运输任务不受影响，还需配备一名替班驾驶人，替班轮休。这种组织形式适宜于短途运输，其优点是能做到定人、定车，能保证车辆有充裕的保修时间，行车时间安排也比较简单，伸缩性较大；其缺点是车辆时间利用还不够充分，驾驶人不能完全做到当面交接。

（2）一车两人，日夜双班，分段交接。如图4-7所示。每车配备两名驾驶人，分段驾驶，定点（中间站）交接。驾驶人每隔一定时间轮换驾驶路段，保证劳逸均匀。这种组织形式适宜于在两个车班时间（16h左右）可以直达或往返的运输任务，其优点与第一种形式相同，且能保证驾驶人当面交接。

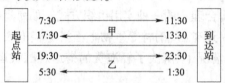

图4-6　一车两人，日夜双班，起点交接　　　　图4-7　一车两人，日夜双班，分段交接

（3）一车三人，日夜双班，两工一休。如图4-8所示。要求每车配备三名驾驶人，日夜双班，每个驾驶人工作两天，休息一天，轮流担任日夜班，并按规定地点定时进行交接班。这种组织形式适用于一个车班内能完成一个或几个运次的往返的运输任务。其优点是能做到定人、定车，车辆出车时间较长，运输效率较高；缺点是不易安排车辆的保修时间，每车班驾驶人一次工作时间较长易疲劳，需配备的驾驶人数量也较多。

（4）一车三人，日夜三班，分段交接。每车配备三名驾驶人，分日夜三班行驶，驾驶人在中途定站、定时交接。途中交接站需设在离终点较近（约为全程的1/3）且能保证在一个车班时间内往返一次的地点。在起点站配备两名驾驶人，途中交接站配备驾驶人一名，三名驾驶人应每隔一定时间轮流调换行驶路线和行驶时间。这种组织形式的优点是车辆时间利用充分，运输效率高，可做到定人、定车运行；其缺点是驾驶人工作时间不均衡，所需的驾驶人数量也较多，且要求具有较高的对车辆进行快速保修的技术能力，以保证车辆的运行安全。适用于当天能往返一次的运输任务。

（5）两车三人，日夜双班，分段交接。如图4-9所示。每两车配备三名驾驶人，分段行驶，在交接站定点、定时交接。其中两人各负责一辆车，固定在起点站与交接站之间行驶，而另一人每天则轮流驾驶两辆车，在交接站与到达站之间行驶。交接站应设在离起点站或到达站较近（约为全程的1/3）、在一个班次内能完成一次往返的地点。这种组织形式能做到定人、定车运行，并可减少驾驶人的配备数量，车辆时间利用较好，车辆维护时间充分；其缺点是车辆的运行组织要求严格，行车时间要求正点，驾驶人工作时间较长。这种组织形式适用于两天可以往返一次的运输任务。

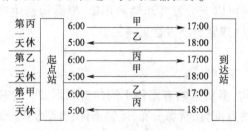
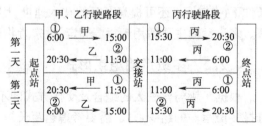

图4-8　一车三人，日夜双班，两工一休　　　　图4-9　两车三人，日夜双班，分段交接

(6)一车两人,轮流驾驶,日夜双班。每辆车同时配备两名驾驶人,在车辆全部运行周转时间内,由两人轮流驾驶,交替休息。这种运行组织形式适用于运距长、货流不固定的运输线路上。其优点是可以做到定人、定车,可最大限度地提高车辆的时间利用;缺点是驾驶人在车上不能正常休息。随着道路条件的不断改善和车辆性能的不断提高(如驾驶室可配有供驾驶人休息的卧铺),这种组织形式已越来越多地被采用。

开展多班运输,可以提高车辆的时间利用程度,提高运输生产率,但企业所开支的各项费用和驾驶人的数量也随着周转量的增加而增加。所以,要提高多班运输的经济性,只有车辆生产率、劳动生产率有了提高,单位运输成本有所下降,才会有更好的效果。同时在组织多班运输中,应加强劳动组织,保证劳逸结合;加强技术管理,合理安排车辆保修;加强企业内外的协作与配合以及注意行车安全。

4.3 定时运输与定点运输

4.3.1 定时运输

(1)定时运输的概念及特点。定时运输是指车辆按运行计划所拟订的行车时刻表进行运行。行车时刻表一般规定,汽车从车场开出的时间、每个班次到达和开出货运站的时间,以及装卸工作时间等内容。定时运输适宜产品生产比较稳定、物资供应比较充足、装卸地点比较固定的工业企业。定时运输的特点主要表现为:

①车辆按预先拟订的行车时刻表进行工作,要求运输过程涉及到的每一个环节都要按计划进行准备。

②由于客户需求的非确定性,因此行车时刻表要随着客户需求的变化而及时更新,这给行车时刻表编制带来了一定的难度。企业一般采用利用计算机编制一定算法程序进行行车时刻表的编制,但由于运输问题错综复杂,还需管理人员进行人工修正。

(2)定时运输的工作要求。为有效地组织定时运输,使定时运输取得预期的经济效果,必须在充分调查的基础上认真做好以下几方面的工作:

①制定运输全过程的时间消耗定额。运输全过程的时间消耗定额由以下五个不同阶段的时间定额组成。A. 车辆出车前安全检查、准备开动等的时间定额;B. 车辆在不同线路上额定重载行驶的时间定额;C. 车辆在不同线路上空载行驶的时间定额;D. 车辆在完成不同种类货物的装车作业时的时间定额;E. 车辆在完成不同种类货物的卸车作业时的时间定额。

确定运输全过程的时间定额时,还应注意合理确定驾乘人员的休息、用餐等时间,使制定的定额既有先进性,又有可行性。

②掌握各装卸点的运输和作业条件。熟悉、掌握各装卸点的运输量和作业条件,是组织定时运输并使之科学化的重要条件。必须熟悉和掌握的情况有:待运货物的种类、性质、数量、包装、单位体积、单位质量等货物本身的特性;运输质量要求、运输时限;搬运装卸的机械化、自动化程度;装卸场地的大小;各类人员的管理水平和技术操作熟练程度等。

③加强车辆的调度。企业的运输计划不可能包罗万象,总会有一些临时、急需的运输任务要作计划外安排处理,即使是计划内的任务,也会因情况的变化而必须作出调整。为此,要加强车辆的计划和调度,以综合安排运力。

④适时修订时间定额。一定的时间定额是根据一定的行车路线、车辆和货物的特性、驾乘人员的技术水平等来确定的。当这些条件发生较大变化时，时间定额必须随之修订，以确保定额的先进性。

⑤按运行时刻表组织定时运输。定时运输是通过运行时刻表来具体体现的。为使运行时刻表(图)能直观、清楚地反映出汽车运行的情况，一般应对每辆汽车都绘一张图表，当然，也可将同类型车辆集中绘在一份图表上，以利于开展同类单车的劳动竞赛和考核评比。

4.3.2 定点运输

(1)定点运输的概念及特点。定点运输是指按发货点固定车队、专门完成固定货运任务的运输组织形式。组织定点运输，除了根据任务固定车队外，还应实行装卸工人、设备与调度员固定在该发货工作。定点运输的特点主要表现为：

①实行定点运输，使运输承运人能够集中精力经营，有利于运输服务质量的提高和运输成本的降低。

②固定区域或线路运输使运输调度计划的设计相对容易，节省了复杂运输调度计划时间，提高了运输效率。

③定点运输中，送货或取货地点相对比较集中，有利于运输线路优化。

④定点运输能减少运输承运人之间的矛盾，但不利于运输集中效益的产生。

(2)定点运输的作用及适用对象。实行定点运输，可以加速车辆周转，提高运输效率，提高装卸工作效率，提高服务质量，并有利于行车安全和节油。定点运输组织形式，既适用于装卸地点比较固定集中的货运任务，也适用于装卸地点集中而卸货地点分散的固定性货运任务。如某运输企业粮食专业运输车队，在采用定点运输前，每天每车只能运 4 次，在实行定点运输后，同样任务，每天每车能运送 6~7 次，运输生产率提高了 50%~70%。

4.4 甩挂运输组织

4.4.1 甩挂运输概述

甩挂运输也称为甩挂装卸，是指汽车列车按照预定的计划，在各装卸点甩下并挂上指定的挂车后，继续运行的一种组织方式。在相同的运输组织条件下，增加汽车的实际装载量和降低装载停歇时间均可以提高汽车运输生产率。

甩挂运输体现平行作业基本原理，它是利用汽车列车的行驶时间来完成甩下挂车的装卸作业，从而使原来整个汽车列车的装卸停歇时间缩短为主车的装卸作业时间和摘甩挂作业时间。因此，甩挂运输可加速车辆周转，提高运输效率。

甩挂运输适用于运距较短、装卸能力不足且装卸停歇时间占汽车列车运行时间的比重较大的情况。若运距大到一定程度，由于装卸停歇时间占汽车列车运行时间的比重很小，反而使得汽车列车的生产率不一定高于同等载货汽车的生产率(图 4-10)，而且还增加了组织工作的复杂性。

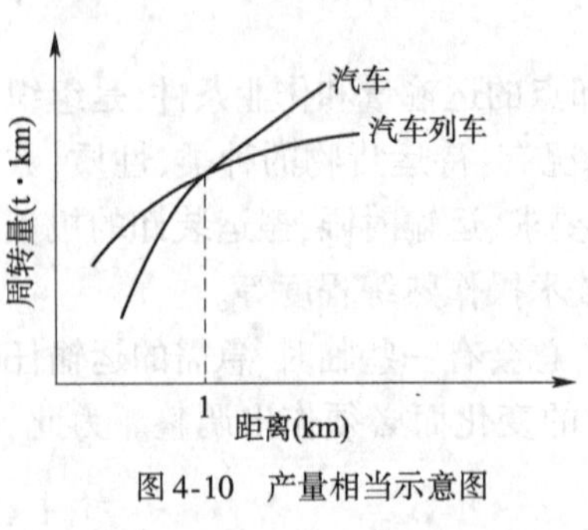

图 4-10 产量相当示意图

采用甩挂汽车列车运输是否可行,应以与同等载质量汽车生产率相比较来判断。设组织甩挂运输的汽车列车与单个载货汽车具有相同的载质量,且在往复式线路上相同的时间内完成一个周转,此时:

$$L = \frac{1}{2} v_i v_j \frac{\Delta t}{\Delta v}$$

式中:L——产量相当时的运距,km;

v_i、v_j——甩挂汽车列车与载货汽车的技术速度,km/h;

Δt——载货汽车与甩挂汽车列车装卸作业停歇时间之差,h;

Δv——载货汽车与甩挂汽车列车技术速度之差,km/h。

判断标准:往复式行驶路线 $l > L$ 时,汽车生产率高,选择同等载质量汽车运输货物;往复式路线 $l < L$ 时,甩挂汽车列车生产率高,选择同等载质量甩挂汽车列车运输货物。

【例 4-1】 从一散货码头将进口的铁矿石运往距离码头 18km 的炼钢厂矿石场,有两种运输车辆可供选择,一是采用甩挂汽车列车运输,二是采用普通汽车运输,其技术参数如下:$l = 18km, v_{列} = 45km/h$,摘挂时间为 15min;$v_{汽车} = 75km/h$,装卸时间为 45min,试确定选择哪种运输组织方案更好。

解:(1)汽车列车的在途时间 $t_{列途} = l/v_{列} = 18/45 = 0.4(h)$

摘挂时间 $t_{摘挂} = 15min$

总时耗 $t_{列} = 0.4 \times 60 + 15 = 39(min)$

(2)普通汽车在途时间 $t_{汽途} = l/v_{汽车} = 18/75 = 0.24(h)$

装卸时间 $= 45min$

总时耗 $t_{汽} = 0.24 \times 60 + 45 = 59.4(min)$

(3)$L = \frac{1}{2} v_i v_j \frac{\Delta t}{\Delta v} = \frac{1}{2} \times 45 \times 75 \times \frac{59.4 - 39}{75 - 45} \times \frac{1}{60} = 19.125(km)$

$l = 18km < L = 19.125km$,所以采用甩挂汽车列车运输方案合理,生产效率更高。

4.4.2 甩挂运输的组织形式

根据汽车和挂车的配备数量、线路网的特点、装卸点的装卸能力等,甩挂运输可有不同的组织形式。一般来说,有以下四种组织形式。

(1)一线两点甩挂运输。这种组织形式适宜往复式运输线路,即在线路两端的装卸作业点均配备一定数量的挂车,汽车列车往返于两个装卸作业点之间进行甩挂作业。根据线路两端不同货流情况或装卸能力,可组织"一线两点,一端甩挂"和"一线两点,两端甩挂"(图4-11)两种形式。

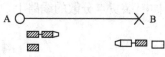

图 4-11 一线两点,两端甩挂

一线两点甩挂适用于装卸作业点固定、运量较大的线路上。但其对车辆运行组织工作有较高要求,必须根据汽车列车的运行时间、主挂车的装卸作业时间等资料,预先编制汽车运行图,以保证均衡生产。

(2)循环甩挂。这种组织形式是在车辆沿环形式路线行驶的基础上,进一步组织甩挂的组织方式。它要求在闭合循环的回路的各个装卸点配备一定数量的挂车,汽车列车每到达一个装卸点后甩下所带的挂车,装卸工人集中力量完成主车的装或卸作业,然后挂上预先准备好的挂车继续行驶,如图 4-12 所示。

这种组织形式的实质是用循环度的方法来组织封闭回路上的甩挂作业,它提高了车辆的载运能力,压缩了装卸作业停歇时间,提高了里程利用率,是甩挂运输中较为经济、运输效率较高的组织形式之一。循环甩挂涉及面广,组织工作较为复杂。所以,在组织循环甩挂时,一要满足循环调度的基本要求,二要选择运量较大且稳定的货流进行组织,同时还要有适宜于组织甩挂运输的货场条件。

(3)一线多点,沿途甩挂。这种组织形式示意图如图4-13所示。它要求汽车列车在起点站按照卸货作业地点的先后顺序,本着"远装前挂,近装后挂"的原则编挂汽车列车。采用这一组织形式时,在沿途有货物装卸作业的站点,甩下汽车列车的挂车或挂一预先准备好的挂车继续运行,直到终点站。汽车列车在终点站整列卸载后,沿原路返回,经由先前甩挂作业点时,挂上预先准备好的挂车或甩下汽车列车上的挂车,继续运行直到返回始点站。

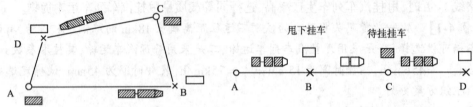

图4-12 循环甩挂示意图　　　　图4-13 "一线多点,沿途甩挂"示意图

一线多点,沿途甩挂的组织形式,适用于装货地点比较集中而卸货地点比较分散,或卸货地点集中而装货地点分散,且货源比较稳定的同一运输线路上。当货源条件、装卸条件合适时,也可以在起点或终点站另配一定数量的挂车进行甩挂作业。定期零担班车也可采用这一组织形式。

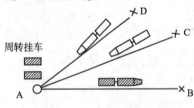

图4-14 "多点一线,轮流拖挂"示意图

(4)多点一线,轮流拖挂。这种组织方式如图4-14所示。它是指在装(卸)点集中的地点,配备一定数量的周转挂车,在汽车列车未到达的时间内,预先装(卸)好周转挂车的货物,当在某线行驶的列车到达后,先甩下挂车,集中力量装卸主车,然后挂上预先装(卸)好的挂车返回原卸(装)点,进行整列卸(装)的甩挂运输组织形式。

多点一线,轮流拖挂组织形式实际上是一线两点、一端甩挂的复合,不同的只是在这里挂车多线共用,所以提高了挂车的运用效率。它适用于发货点集中、卸货点分散,或卸货点集中、装货点分散的线路上。

4.5 零担货物运输组织

4.5.1 零担货物运输的特点及优势

零担货物运输是指当一批货物的质量或体积不够装一车的货物(不够整车运输条件)时,与其他货物共享一辆货车的运输方式。我国《汽车零担货物运输管理办法》规定:公路零担货物运输指的是同一托运人一次托运同一到达站计费的质量不足3t(不含3t)的零担货物运输方式。零担货物运输是货物运输方式中相对独立的一个组成部分,由于其货物类型和运输组织形式的独特性,衍生出其独有的特点。主要表现为计划性差(货源的不确定性和广泛性)、运输组织工作复杂、单位运输成本较高(零担货物运输高于整车运输的1~2

倍)、运送方法多样等特点。

零担货物可采用专用零担班车、客车稍带等不同的运送方式,组织工作比较灵活、复杂。开展零担货运业务,应该贯彻"多装直达、合理中转、巧装满载、安全迅速"的原则,采用合理的车辆运行组织形式。正因为零担货物运输具有与整车货物运输不同的特点,使得零担货物运输具有自己的优越性,其主要表现在以下两个方面:

(1)适应千家万户的需要。零担货物运输非常适合商品流通中品种繁多、小批量、多批次、价高贵重、时间紧迫、到站分散的特点。因此,它能满足不同层次商品流通的要求,方便大众物资生产和流动的实际需要。

(2)运输安全、迅速、方便。零担货物运输由于其细致的工作环节和业务范围,可承担一定行李、包裹的运输,零担班车一般都有固定的车厢,所装货物不至于受到日晒雨淋,一方面成为货运工作的有力支持者,同时体现了、安全、迅速、方便的优越性。

4.5.2 公路零担货物运输组织

(1)零担货源的组织。货源组织是零担货物运输组织的一项基础性工作。零担运输货源组织工作始于货源调查,直至货物受托为止,即为寻求、落实货源而进行的全部组织工作。常用的零担货源组织方法有以下六种方式:

①实行合同运输。合同运输有利于加强市场管理,稳定货源;有利于编制运输生产计划,合理安排运输生产;有利于加强运输企业责任感,提高服务质量;有利于简化运输手续,减少费用支出。合同运输是多年来运输部门行之有效的货源组织方式之一。

②建立零担货物运输代办站(点)。由于零担货物具有零星、分散、品种多、批量小和流向广等特点,这就需要通过站点和仓库来集散组织零担货源。但这些站(点)和仓库不能仅依靠运输企业自身的力量去设置。因此利用代办单位或个人的闲置资源开办零担货物代办站(点),是组织零担货源的较好方法,这种站(点)特别适合于农村地区。

③委托社会相关企业代理零担货运业务。货物联运公司、商业企业以及邮局等单位社会联系面广,有较稳定的货源,委托他们办理零担货运受理业务,是一种较为有效的零担货源组织方法。

④建立货源情报制度。零担货运企业可在零担货源比较稳定的物资单位聘请货运信息联络员,建立货源情报制度,充当本企业的业余组货人员。这样可以随时得到准确的货源消息。采取这种办法还可以零带整,组织整车货源。

⑤开展电话受理业务。设立电话受理业务可以使货主就近办理托运手续,特别是能向外地货主提供方便。

⑥建立信息平台,开展网上接单业务。当前互联网日益普及,电子商务高速发展,零担货运企业应积极利用这些先进的信息手段,开展网上接单业务,扩大货源。

(2)公路零担货物运输组织形式。

①固定式零担车。按照零担车的发送时间的不同,公路零担货物运输的组织形式分为固定式零担车和非固定式零担车两大类。固定式零担车是指车辆运行采取定线路、定班期、定车辆、定时间的一种零担车,又称"四定运输",通常又称为汽车零担货运班车(简称零担班车)。这种零担班车一般是以营运范围内零担货物流量、流向以及货主的实际要求为基础组织运行。运输车辆主要以厢式专用车为主。其具体运行方式主要有以下几种。

A.直达式零担班车。直达式零担班车是指在起运站将不同发货人托运至同一到达站且性质适于配装的零担货物装于一车,直接送至到达站的运输组织形式,如图4-15所示。直达式零担班车的组织形式与整车货运基本相同,是所有零担货运组织形式中最为经济的一种,是零担货运的基本形式。其优点是:a.无须中转环节,节省了中转费用;b.减少了在途时间,提高了运送速度;c.减少了货损货差,提高了货运质量;d.货物在仓库内集结待运时间短,有利于充分发挥仓库货位的利用程度。直达式零担班车主要适用货源充足、流向集中的线路。

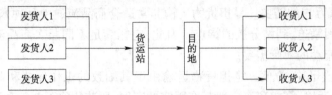

图4-15　直达式零担班车货运组织

B.中转式零担班车。中转式零担班车是指在起运站将不同发货人托运的同一线路、不同到达站且性质适于配装的货物同车运至规定中转站,再与中转站的其他零担货物组成新的零担车继续运往各自目的地的运输组织形式,如图4-16所示。这种零担班车中转作业环节多,组织工作复杂。它与直达零担班车互为补充,在货源不足、组织直达零担班车条件不成熟的情况下,是一种不可缺少的组织形式。

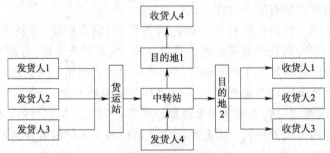

图4-16　中转式零担班车货运组织

C.沿途式零担班车。沿途式零担班车是指在起运站将各个发货人发往同一线路方向、不同到达站且性质适于配装的零担货物组成零担车,沿运输线路运送,在各计划作业点卸下或装上零担货物后继续行驶,直至最后到达站的运输组织形式,如图4-17所示。其优点是服务面广、适应性强,有利于开发城乡零担货物运输。但组织工作复杂,车辆在途时间较长。

图4-17　沿途式零担班车货运组织

②非固定式零担车。非固定式零担车是指按照零担货流的具体情况,根据实际需要,临时组织而成的零担车。这种零担车计划性差,通常在新辟零担货运线路上或季节性零担货物线路上临时运行。

(3)公路零担货物中转作业方式。有些零担货物托运后,需要经过两条或两条以上的营运路线才能运达目的地,这就需要中转。零担货物的中转作业有三种方式:

①落地法。将整车零担货物全部卸下交中转站入库,由中转站按方向或到达站在货位上重新集结,另行安排零担货车分别装运,继续运到目的地。这种方法简便易行,车辆载质

量和容积利用较好,但装卸作业量大,仓库和场地的占用面积大,中转时间长。

②坐车法。由始发站开出的零担货车,装运有部分要在途中某地卸下转至另一路线的货物,其余货物则由原车继续运送到目的地。这种方法部分货物不用卸车,减少了装卸作业量,加快了中转作业速度,节约了装卸劳动力和货位,但对留在车上的货物的装载情况和数量不易检查清点,在初始装卸考虑不周的情况下,也可能发生倒装等附加作业。

③过车法。当几辆零担车同时到站进行中转作业时,将车内部分中转零担货物由一辆车向另一辆车上直接换装,而不到仓库货位上卸货。组织过车时,既可以过向空车,也可以过向留有核心货物的重车。这种方法在完成卸车作业时即完成了装车作业,减少了零担货物装卸作业量,提高了作业效率,加快了中转速度,但对发车时间等条件要求较高,易受意外因素干扰而影响运输计划。

40%左右的零担货物运输需要中转,零担货物中转还涉及中转环节的理货、堆码、保管等作业。零担货物中转站必须具备相应的仓库等作业条件,确保货物安全、及时、准确地运达目的地。零担货物中转业务一般是由初始承运人按"全程负责、一票到底"的办法负责办理,托运人不需要亲临中转站办理二次托运。由于零担货物中转增加了货物装卸次数和装卸作业时间,增加了托运人中转费用开支以及发生货损货差的可能性。因此,一次托运的零担货物应尽可能组织直达运输,减少中转次数,对于确有中转需要的应合理选择中转站点。

(4)公路零担货物运输的作业程序。公路零担货物运输的作业程序与普通货物运输基本相同,主要包括受理托运、检验过磅、仓库保管、开票收费、配载装车、车辆运行、到站卸货、仓库保管及货物交付,如图4-18所示。

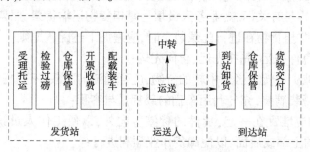

图4-18 零担货物运输作业流程

①托运受理。托运受理是零担货运业务的首要环节,它是指零担货物承运人根据经营范围内的线站点、运距、中转车站、各车站的装卸能力、货物的性质以及运输限制等业务规则和有关规定接受托运零担货物、办理托运手续。托运受理的方法有以下三种。

A.随时受理制。这种受理制度对托运日期无具体规定,在营业时间内,托运人均可随时将零担货物送到托运站办理托运。这种受理制度的优点是极大地方便了托运人,缺点是不能事先组织货源,缺乏计划性,货物在库时间长,货位利用率低。随时受理制主要适用于作业量较小的货运站、急运货物货运站以及始发量小的中转量大的中转货运站。

B.预先审批制。这种受理制度要求发货人事先向货运站提出申请,货运站再根据各个发货方向及站点的货运量,并结合站内设备和作业能力加以综合平衡,分别指定日期进行货物集结,组成零担班车。这种受理制度的优点是计划性强,可提高零担货物运输的组织水平,缺点是给托运人造成一定的不便。

C.日历承运制。这种受理制度是货运站根据零担货物流量、流向、流时的规律编写承运日期表,事先公布,托运人则按规定日期来站办理托运手续。采用日历承运制可以有计划、有组织地进行零担货物的运输,便于将流向分散的零担货物集中,组织直达零担班车,可均衡地安排货运站每日承运的货物数量,合理使用运输设备,也便于客户合理安排生产和产品调拨,提前做好货物托运准备工作。

托运单是发货人与货运站承运货物的原始凭证。受理托运时必须由托运人认真填写托运单的各项内容。

②检验过磅、仓库保管、开票收费。检验过磅作业是托运人员在收到托运单后,审核单、货是否相符,检验包装,过磅量方,扣、贴标签与标志工作。

核对货物品名、件数等是否与托运单相符,必须逐件清理,防止差错,注意检查是否夹带限运货物与危险货物。

货运站检查包装时,应首先观察货物包装是否符合有关规定,有无破损、异常,再听一听包装内有无异声,闻一闻是否有不正常的气味,摇一摇包装内的衬垫是否充实,货物在包装内是否晃动。若发现应包装的货物没有包装应请货主重新包装再托运;对包装不良,请货主改善包装后再托运。

检查包装后,业务人员应对受理的零担货物过磅量方。货物质量分为实际质量、计费质量和标定质量三种。实质质量是指货物(包括包装在内)过磅后的毛重。计费质量分可为不折算质量和折算质量,不折算质量就是实际质量,折算质量的计算可参考相关规定。标定质量是对特定货物所规定的统一计费标准,若同一托运人一次托运轻货和重货两种货物至同一到站者,可以合并称重或合并量方折重计费。过磅或量方后,应将货物质量或体积填入托运单内,指定货位将货物移入仓库,并在托运单上签字证明、签注货位号,仓库保管人员按托运单编号填写标签与有关标志,业务人员填写零担货物运输货票,照票收取运杂费。

③配载装车。零担货物在进行配载装车时,应遵循下述配载原则:

 A.中转先运、急件先运、先托先运、合同先运;

 B.多装直运、减少中转。必须中转的货物,应合理流向配载,不得任意增加中间环节;

 C.轻重配装,巧装满装,充分利用车辆的载货量与容积;

 D.同一批货物应堆置在一起,货件的货签应向外,以便工作人员识别,运距较短的货物,应堆放在车厢的上部或后面,以便卸货作业顺利进行;

 E.严格执行货物混装限制规定,确保运输安全;

 F.加强中途各站的待运量预报工作,根据需要为中途作业站留有一定的吨位和容积。

④到站卸货、仓库保管及货物交付。零担班车到站后,仓库人员应向驾驶人或随车理货员索要交货清单及随附的有关凭证,按单验货,如无异常,在交接单上签字并加盖业务章。如有异常情况发生则应采取以下相应措施处理:

 A.有单无货,双方签注情况后,在交接单上注明,原单返回。

 B.有货无单,查验货物标签,确认货物到站后应予收货,由仓库人员签发收货清单,双方盖章,寄起运站查补票据。

 C.货物到站错误,将货物原车运回起运站。

 D.货物短缺、破损、受潮、污染、腐烂时,应双方共同签字确认,填写事故清单,按商务事故程序办理。

货物到站卸下入库后,应及时通知收货人凭提货单提货,或者按指定地点送货上门,并做好交货记录。对逾期提取的按有关规定办理。交付完毕后,应在提货单上加盖"货物交讫"戳记,收回货票提货联。

4.6 集装箱运输组织

4.6.1 集装箱的定义

集装箱又名"货箱"、"货柜",是一种具有一定强度、刚度和标准规格尺寸,便于装卸、栓固,专供周转使用的货物运输容器。根据国际标准化组织(ISO)对集装箱的定义,即集装箱是一种运输设备,它应具有如下条件:

(1)具有足够的强度,可以长期反复使用。

(2)适用于一种或多种运输方式运送货物,无须中途换装。

(3)设有便于装卸和搬运的装置,特别是便于从一种运输方式转移到另一种运输方式。

(4)便于货物装满或卸空,内部容积为 $1m^3$ 或 $1m^3$ 以上。

4.6.2 集装箱运输的优势

集装箱运输是以集装箱作为运输单位进行货物运输的一种先进运输组织形式。其主要优势如下:

(1)运输效率高。货物通过集装箱形成了一个扩大了的运输单元,不仅增加了运输量,还便于机械化装卸,大大缩短了运输工具在港口、场站停泊的时间,加快了货物运送速度。

(2)货损货差少。集装箱拥有足够的强度,可以有效防止装卸搬运过程对货物的损坏,也可以防止恶劣天气对箱内货物的侵袭,避免货物丢失现象的发生。

(3)节约包装费用。传统货物运输中,货物包装多为一次性使用,且包装容器要有足够的强度,以保护货物免受损毁。而集装箱运输中,可简化货物的运输包装或直接使用商品包装,节省包装材料,降低产品成本。

(4)装卸效率高。集装箱具有标准尺寸规格,便于实现装卸作业的机械化和自动化,从而有效地提高了装卸作业效率。

(5)库场利用率高。利用集装箱可以实现货物的高层堆码,一般集装箱可以堆码4~5个箱高,在少风的地区甚至堆到7个箱高,大大提高了堆场的利用率。

(6)有利于实现"门到门"的连贯运输。采用集装箱运输,产品在从供应商到用户的中途所有环节,不必开箱倒载,大大减少了传统运输中的装卸环节,提高了货物运输质量和安全系数。另外,由于集装箱具有标准的尺寸规格,有利于实现各种运输工具间的高效运转,并简化货运管理过程,因此,便于实现迅速的"门到门"的运输。

当然,集装箱运输也存在一些缺点,主要表现为要使用大量的集装箱,需要大量投资;空箱的回收管理较困难,尤其在国际运输过程中;集装箱装卸需要专用装卸机械,且需要较大的装卸空间和搬运通道;需要较大面积的集装箱堆场。

4.6.3 集装箱标准

在集装箱运输早期集装箱的规格相当紊乱,不同的规格阻碍了集装箱的交换使用。目前使用的国际集装箱规格尺寸主要是第一系列的四种箱型即 A 型、B 型、C 型和 D 型,它们的尺寸和额定载质量见表4-1。

表 4-1 第一系列集装箱规格尺寸和载质量

箱型	长度 L(mm) 基本尺寸	公差	宽度 W(mm) 基本尺寸	公差	高度 H(mm) 基本尺寸	公差	额定质量 (kg)
1AAA 1AA 1A	12192	0/-10	2438	0/-5	2896 2591 2438	0/-5	30480
1AX					<2438		
1BBB 1BB 1B	9125	0/-10	2438	0/-5	2896 2591 2438	0/-5	25400
1BX					<2438		
1CC 1C	6058	0/-6	2438	0/-5	2591 2438	0/-5	24000
1CX					<2438		
1D	2991	0/-5	2438	0/-5	2438	0/-5	10160
1DX					<2438		

国际标准集装箱各种箱型之间的长度具有一定的尺寸关联,其长度关系如图 4-19 所示。图中,1A 型为 12192mm(40ft)集装箱;1B 型为 9125mm(30ft)集装箱;1C 型为 6058mm(20ft)集装箱;1D 型为 2991mm(10ft)集装箱。i 为间距,其值为 76mm(3in)。应有:

$1A = 1B + i + 1D = 9125 + 76 + 2991 = 12192mm$

$1B = 1D + i + 1D = 9125mm$

$1C = 1D + i + 1D = 6058mm$

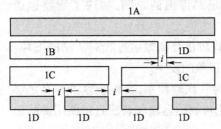

图 4-19 国际标准集装箱长度系列关系

为了便于统计集装箱的吞吐量、集装箱码头的通过能力,国际上通常以 20ft 集装箱作为当量箱(TEU,twenty-foot equivalent unit),又称标准箱,其换算方法如下:

40ft 集装箱 = 2TEU　30ft 集装箱 = 1.5TEU

20ft 集装箱 = 1TEU　10ft 集装箱 = 0.5TEU

4.6.4 集装箱运输组织工作

(1)集装箱货源组织。

①集装箱的适箱货源。集装箱的适箱货源,根据我国《关于发展我国集装箱运输若干问题的规定》中规定的适箱货为 12 个品类,即家电、仪器、小型机械、玻璃陶瓷、工艺品、印刷品及纸张、医药、烟酒食品、日用品、化工品、针纺织品和小五金等杂货、贵重、易碎、怕湿的货物均属于集装箱运输货物。

②日常货源组织工作。日常货源组织对于货物的品种、数量、流向、时间都有着一定的要求。对于不同品种的货物要详细了解其尺寸、外形、质量和需要的集装箱类型及数量等;在流向上要提出货物到站、港,以便组织拼装货;在时间上要按照运输作业的需要进行货源的组织工作。日常货源组织工作是一项十分重要又十分细致的工作,需要产、运、销共同配合完成。

(2)集装箱货运过程。

集装箱货运根据其发货人或收货人是否单独需要使用一个集装箱,可分为整箱货(FCL)和拼箱货(LCL)两大类。整箱货是指发货人需单独使用一个集装箱的货物,整箱货由发货人负责装箱计数并施封。拼箱货是指两个以上发货人货物拼装在一个集装箱内的货物,拼箱货的装卸作业由承运人或有关运输代理部门负责。集装箱整箱货运过程和拼箱货运过程如图4-20所示。

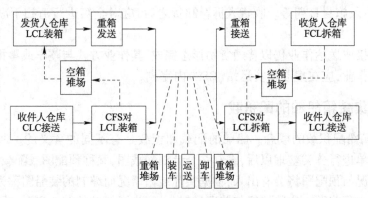

图4-20 集装箱货运过程图

从集装箱货运过程可以发现,采用整箱货还是拼箱货来完成集装箱货物运输,主要取决于集装箱货流,它是组织车(船)流和箱流的关键。集装箱货流有不同的形式,根据其收发量的大小,一般有四种情况:①发量大,收量小;②发量小,收量小;③发量小,收量大;④发量大,收量大。相对应的集装箱整箱货运过程和拼箱货运过程,如图4-21所示。

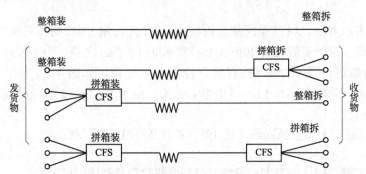

图4-21 整箱货运过程和拼箱货运过程

集装箱货流可能发生的起讫点通常有三个,即货主仓库(DOOR)、集装箱堆场(CY)和集装箱货运站(CFS),由此形成的集装箱货运组织方式,如图4-22所示。

O \ D	DOOR	CFS	CY
DOOR	FCL	FCL / LCL	FCL
CFS	LCL / FCL	LCL / LCL	LCL / FCL
CY	FCL	FCL / LCL	FCL

图4-22 集装箱货运组织方式

整箱货的接取送达作业是以"箱"为单位的,其装箱与拆箱作业由货主负责自理。装箱之前,发货人对空箱技术状态应做认真检查,确认是否适于货物的运输要求,并在货单上注明,如发现有不适用者,应及时向承运方提出更换。

整箱货物质量由发货人确定,货物装载质量应以不超过所使用集装箱规定的最大允许载重为限;如发现超重,除应补收逾重部分运费外,还将对货主进行罚款,如因逾重所引起的责任及损失,由发货人负责。

货物在箱内装载时,必须稳固、均衡,且不得妨碍箱门开关,箱内货物装好之后,发货人应自行施封,并在箱门把手上栓挂货物标记。集装箱运输过程中,凭铅封进行交接。铅封完整、箱体完好,拆封时发现货物残损、短少或内货不符,应由发货人负责。铅封上应标明发货人、发货地点以及施封日期等。收货人拆箱卸货之后,应对全箱进行清扫干净,必要时还应洗刷和消毒。

拼箱货的接取送达作业仍以普通货物形态完成,其作业方式与整车或零担相仿,拼箱货的装箱或拆箱作业,应在集装箱货运站(CFS)内完成。

4.6.5 集装箱船舶的配积载

(1)集装箱船配积载的概念。船舶的配载和积载是有不同的含义的。通常理解是,船公司根据订舱单进行分类整理以后,编制一个计划配载图,又称预配图或配载计划。而码头上实际装箱情况与预配图将会有出入,根据实际装箱情况而编制的装船图称为积载图,又称最终积载图或主积载图。集装箱船与普通货船一样,为了船舶的航行安全,减少中途港的倒箱,缩短船舶在港停泊时间,保证班期和提高经济效益,因而要进行配积载。

(2)集装箱船的箱位号。每个集装箱在集装箱船上都有一个用6个阿拉伯数字表示的箱位号。它以"行"、"列"、"层"三维空间来表示集装箱在船上的位置。第1、2两位数字表示集装箱的行号,第3、4两位数字表示集装箱在船上的位置,第5、6两位数字表示集装箱的层号。

①行号的表示方法。"行"是指集装箱在船舶纵向(首尾方向)的排列次序号,规定由船首向船尾次排列。由于集装箱有20ft(6.1m)和40ft(12.2m)之分。为了区分20ft和40ft箱的行位,规定单数行位表示20ft箱,双数行位表示40ft箱。如图4-23所示,01、03、05、07……均为20ft箱,而02、06、10、14……均为40ft箱。由于14、18、12等箱位间有大舱舱壁隔开,无法装40ft箱。

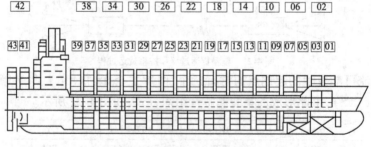

图4-23 集装箱船的行号编号

②列号的表示方法。"列"是指集装箱在船舶横向(左右方向)的排列次序号,有两种表示方法。

A.从右舷算起向左舷顺次编号,01、02、03、05……以此类推。

B.从中间列算起,向左舷为双数编号,向右舷为单数编号,如左舷为02、04、06……,右舷为01、03、05……,中间列为"00"号,如列数为双数,则"00"号空,这种表示法目前较常用。列号的表示方法如图4-24所示。

③层号的表示方法。"层"是指集装箱在船舶竖向（上下方向）的排列次序，有 3 种表示方法，如图 4-24 所示。

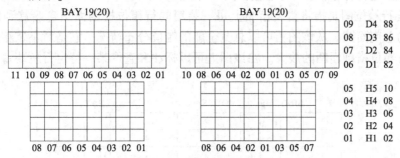

图 4-24　集装箱船的列号及层号编号方法

A. 从舱内底层算起，一直往上推到甲板顶层，如舱底第 1 层为 01，往上为 02、03……

B. 舱内和甲板分开编号，舱内层号数字前加"H"字头，从舱底算起为 H1、H2、H3、H4……甲板上层号数字前加"D"字头，从甲板底层算起为 D1、D2、D3……

C. 舱内和甲板分开编号，从舱底算起用双数即 02、04、06、08、10……甲板上从甲板底层算起，层号数字前加"8"，即 82、84、86……目前常用这种编号方法。

（3）集装箱船舶配积载图的编制。集装箱船舶配积载图分为预配图、实配图和最终积载图三种，实配图和最终积载图都是以预配图为基础的。

①预配图。集装箱船的预配图是集装箱船配积载中最重要、最关键的环节，装箱船配载的好坏，不仅影响到能否保证班期和营运的经济性，还会影响航运的安全。集装箱船的预配图由字母图、质量图、冷藏箱和危险货物图组成。

A. 字母图。船图上每个箱位内用 1 个英文字母表示该箱的卸箱港，如 K 代表神户港（Kobe），L 代表长滩港（Long Beach），N 代表纽约港（New York），H 代表休斯敦港（Houston）等，一般在预配图上有注明。

B. 质量图。在图上每个箱位内用阿拉伯数字表示，以吨位单位计算的集装箱总重。

C. 冷藏箱和危险货物箱图。该图上所配的均为冷藏箱和危险箱，冷藏箱在图上的箱位内用英文字母"R"表示，危险货物箱在图上箱位内用阿拉伯数字表示按国际危险规定的危险等级。

②实配图。集装箱实配图又称集装箱码头配载图，由封面图和每一行的箱位图组成。

A. 封面图。只有一幅，通常在图上标注着集装箱的卸箱港和特殊集装箱的标记。封面图上卸箱港的表示方法有两种，一种与预配图一样用一个英文字母表示，另一种是用不同的颜色来表示不同的卸箱港。两者比较起来后一种表示更清楚。

B. 行箱位图。此图每行位一张，在每一箱位图中应标有集装箱的卸箱港和装箱港；集装箱的总重；集装箱的箱主代号、箱号和核对数字；堆场上的箱位号。堆场上的箱位号主要给码头上的堆场管理员提供该集装箱在堆场上的堆放位置。

图 4-25 所示"190712"箱位，NYK 为卸箱港纽约，20.06 为集装箱总重为 20.06t，COSU 为箱主代号，8201254 为箱号和核对数字，G3904 为堆场上箱位号。

③最终积载图。最终积载图是船舶实际装载情况的积载图，它是计算集装箱船舶的稳性、吃水差和强度的依据。最终积载图由最终封面图、装船统计表及最终行箱位图三部分组成。

A. 最终封面图把预配图中的字母图和特种箱位图合并在一起，按照实际装箱情况来表示。关于各个箱的质量，在最终行箱位图中可以找出。

B. 装船统计表中包括装箱港、卸箱港和选箱港;集装箱状态(重箱、空箱、冷藏箱、危险货物箱以及其他特种箱)、数量和质量的小计和总计。

C. 最终行箱位图是指将集装箱船上每一装箱的行箱位横剖面图自船首到船尾按顺序排列而成的总剖面图。从该图上可以总览全船的箱位分布情况。它是对集装箱船行箱位总图上某一行箱位横剖面图的放大。在该图上可以标注和查取某一特定行所装每一集装箱的详细数据。

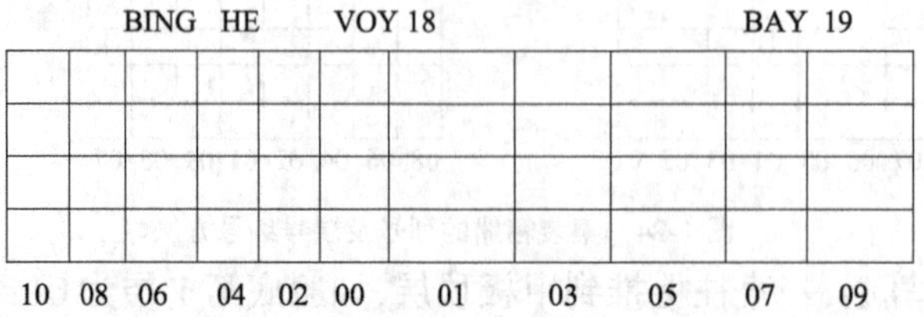

NYK19.50 COSU5000154 G2901	NYK19.35 COSU8131754 G2902	NYK19.35 COSU8129037 G2903	NYK19.69 COSU3355394 G2904	NYK20.42 COSU5000160 G3801	NYK20.27 COSU8154385 G3802	NYK19.87 COSU8231615 G3903	NYK20.06 COSU8201254 G3904	12
NYK20.27 COSU8156958 G3905	NYK19.21 COSU3787649 G3906	NYK19.43 COSU4157217 G3907	NYK19.67 COSU8178664 G3908	NYK18.69 COSU8039953 G3909	NYK19.72 COSU8013469 G3910	NYK20.33 COSU0117550 G39011	NYK20.06 COSU8075650 G3912	10
NYK20.19 COSU8023169 G3913	NYK20.05 COSU8035973 G3914	NYK20.24 COSU5000154 G3915	NYK19.50 COSU5000154 G3916	NYK19.50 COSU5000154 G3917	NYK19.50 COSU5000154 G3918	NYK19.50 COSU5000154 G39019	NYK19.50 COSU5000154 G3920	08
NYK19.48 COSU8058207 T2501	NYK17.60 COSU8210612 T2502	NYK19.50 COSU5000154 T2503	NYK19.50 COSU5000154 T2504	NYK19.50 COSU5000154 T2505	NYK19.50 COSU5000154 T2506	NYK19.50 COSU5000154 T2507	NYK19.50 COSU5000154 T2508	06
NYK19.62 COSU3116770 T2509	NYK19.51 COSU8092869 T2510	NYK19.50 COSU5000154 T2511	NYK19.50 COSU5000154 T2512	NYK19.50 COSU5000154 T2513	NYK19.50 COSU5000154 T2514	NYK19.50 COSU5000154 T2515	NYK19.50 COSU5000154 T2516	04
NYK19.70 COSU4395750 T2517	NYK19.34 COSU4024025 T2518	NYK19.50 COSU5000154 T2519	NYK19.50 COSU5000154 T2520	NYK19.50 COSU5000154 T2521	NYK19.50 COSU5000154 T2522	NYK19.50 COSU5000154 T2523	NYK19.50 COSU5000154 T2524	02
08	06	04	02	01	03	05	07	

图 4-25　集装箱实配箱位图例

4.6.6　集装箱运输的发展趋势

集装箱运输首先从海运开始,然后向内陆腹地延伸。港口集装箱吞吐量的变化反映了集装箱运输发展的状况。随着集装箱运输走向成熟及经营管理的现代化,集装箱运输将朝着物流中心化、管理计算机化、港口高效化、船舶大型化、运输综合化的方向发展,以降低运输成本、缩短运输周期,真正为客户提供优质、快速、准时、便捷、价廉的服务。

(1)箱型大型化、专用化。近年来,一些发达国家为了充分利用运输工具的运载能力,在国际标准化组织的多次会议上提出了修改集装箱标准的建议,其内容主要包括增大集装箱的尺寸和总质量。集装箱质量和尺寸的改变对运输基础设施、运输工具和装卸机械都有直接影响,尤其是对内陆的集疏运将提出更高的要求。近年来,在尺寸上发展到45ft、48ft,冷藏、罐式、开顶等特种货物的专用箱也呈快速增长趋势。

(2)干线船舶大型化、高速化。自20世纪90年代以来,集装箱船的大型化十分明显。大型集装箱船的平均箱位数已超过3580TEU,大型集装箱船的艘数和箱位数所占比重都有明显提高。而且,超巴拿马型船已经崭露头角,箱位数已占全集装箱船的1/10以上。大型集装箱船的尺寸见表4-2。

在集装箱船进一步向大型化发展的同时,集装箱船的高速化也在快速推进。美国、日本、韩国、西欧等一些发达国家和地区,集装箱船航速达到35km/h以上,以实现高速、省时的运输,解决新鲜食品、机电及电子产品、医药等货物的运输。

大型集装箱船的尺寸　　　　　　　　　　表4-2

船型	尺寸	总长（m）	船宽（m）	吃水（m）	夹板上集装箱列数
第三代集装箱船(2500~3499TEU)		220~280	32.2	12.0	13
第四代集装箱船(3500~4799TEU)	巴拿马型	270~294	32.2	12.5~13.5	13
	早期超巴拿马型	275~280	37.1~40.0	12.5~13.0	15~16
第五代集装箱船(4800~6600TEU)	5000TEU级	276~296	40.0~42.5	14.0	16~17
	6000TEU级	300~318	40.0~42.5	14.0	16~17
第六代集装箱船(>6600TEU)		318~347	42.5~45.0	14.0~14.5	17~18

(3)信息管理现代化。现代管理已进入信息时代,集装箱运输也不例外。尤其是电子数据交换(EDI)已开始在航运界发挥日益重要的作用。集装箱运输有关部门之间,依靠电子计算机和通信网络,实现信息自动交换和自动处理,将使集装箱运输一套复杂的纸面单证逐步被电子单证所取代,各种业务手续大大简化,并对集装箱动态信息进行有效跟踪,从而大大提高运输效率和运输服务质量。

4.7 多式联运组织

4.7.1 多式联运概述

(1)多式联运的定义。"多式联运"一词最早见于1929年的《华沙公约》。1980年5月,在日内瓦召开了由84个贸发成员国参加的国际多式联运会议,通过了《联合国国际货物多式联运公约》,将国际多式联运定义为:指按照多式联运合同,以至少两种不同的运输方式,由多式联运经营人将货物从一国境内接管货物的地点运至另一国境内指定交付货物的地点。多式联运又称综合一贯制运输。它通常是以集装箱为运输单元,将不同的运输方式有机地组合在一起,构成连续的、综合性的一体化货物运输。

(2)多式联运的条件。依据联合国多式联运公约的规定及国际上的实际做法,构成国际多式联运须同时具备以下条件:

①必须有一份多式联运合同。该合同确定了多式联运经营人与托运人之间权利、义务、责任与豁免的合同关系和运输性质,也是区别多式联运与一般货物运输方式的主要依据。

②必须使用一份全程多式联运单证。该单证应满足不同运输方式的需要,并按单一运价率计收全程运费。

③必须有两种或两种以上不同的运输方式的连续运输。

④必须由一个多式联运经营人对货物运输的全程负责。该多式联运经营人不仅是订立多式联运合同的当事人,也是多式联运单证的签发人。

⑤如果是国际多式联运,则经营人接收货物的地点和交付货物的地点必须分属于两个国家。

由此可见,国际多式联运的主要特点是:由多式联运经营人对托运人签订一个运输合同,统一组织全程运输,实行运输全程一次托运、一单到底、一次收费、统一理赔和全程负责。它是一种以方便托运人和货主为目的的先进的货物运输组织方式。

(3) 多式联运的优势。多式联运是货物运输的一种较高组织形式，它集中了各种运输方式的优点，扬长避短，组成连贯运输，达到简化货运环节、加速货运周转、减少货损货差、降低运输成本、实现合理运输的目的。它比传统单一运输方式具有无可比拟的优越性，主要表现在：

①责任统一，手续简便。在多式联运方式下，不论全程运输距离多么遥远，也不论需要使用多少种不同的运输工具，更不论途中要经过多少次转换，一切运输事宜统一由多式联运经营人负责办理，而货主只要办理一次托运、订立一份运输合同、一次保险。与单一运输方式的分段托运相比，不仅手续简便，而且责任更加明确。

②减少中间环节，缩短货运时间，降低货损货差，提高货运质量。多式联运通常以集装箱为运输单元，实现"门到门"运输。货物从发货人仓库装箱验关铅封后直接运至收货人仓库交货，中途无须拆箱倒载，减少很多中间环节。即使经多次换装，货损货差也大为减少，从而较好地保证货物安全和货运质量。此外，由于是连贯运输，货物所到之处中转迅速及时，能较好地保证货物安全、迅速、准确、及时运抵目的地。

③降低运输成本，节省运输费用。多式联运是实现"门到门"运输的有效方法。采用集装箱运输，还可以节省货物包装费用和保险费用。此外，多式联运全程使用的是一份联运单据和单一运费，这就大大简化了制单和结算手续，节省大量人力物力，尤其是便于货主事先核算运输成本，选择合理运输路线，为开展贸易提供了有利条件。

④扩大运输经营人业务范围，提高运输组织水平，实现合理运输。在开展多式联运以前，各种方式的运输经营人都是自成体系，各自为政，只能经营自己运输工具能够涉及的运输业务，因而其经营业务的范围和货运量受到很大限制。一旦发展成为多式联运经营人或作为多式联运的参与者，其经营的业务范围可大大扩展，各种运输方式的优势得到充分发挥，其他与运输有关的行业及机构如仓储、代理、保险等都可通过参加多式联运扩大业务。

4.7.2 多式联运运输组织方法

多式联运的全过程就其工作性质的不同，可划为实际运输过程和全程运输组织业务过程两部分。实际运输过程是由参加多式联运的各种运输方式的实际承运人完成，其运输组织工作属于各方式运输企业内部的技术、业务组织。全程运输业务过程是由多式联运全程运输的组织者—多式联运经营人完成的，主要包括全程运输所涉及的所有商务性事务和衔接服务性工作的组织实施。其运输组织方法可以有很多种，但就其组织体制来说，基本上分为协作式联运和衔接式联运两大类。

(1) 协作式多式联运的组织方法。协作式多式联运的组织者是在各级政府主管部门协调下，由参加多式联运的各种方式运输企业和中转港站共同组成的联运办公室（或其他名称）。货物全程运输计划由该机构制订，这种联运组织下的货物运输过程如图4-26所示。

这种运输组织方法，发货人根据运输货物的实际需要，向联运办公室提出托运申请，并按月申报整批货物要车、要船计划。联运办公室根据多式联运线路及各运输企业的实际情况制订该托运货物的运输计划，并把该计划批复给托运人及转发给各运输企业和中转港站。发货人根据计划安排向多式联运第一程的运输企业提出托运申请并填写联运货物托运委托书，第一程运输企业接受货物后经双方签字，联运合同即告成立。第一程运输企业组织并完成自己承担区段的货物运输至与后一区段衔接地，直接将货物交给中转港站，经换装由后一程运输企业继续运输，直到最终目的地由最后一程运输企业向收货人直接交付。在前后程运输企业之间和港站与运输交接货物时,需填写货物运输交接单和中转交接单。联运办公室或第一程企业负责按全程费率向托运人收取运费,然后按各企业之间商定的比例向各运输企业及港站清算。

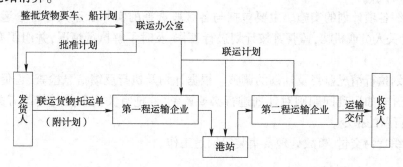

图 4-26　协作式多式联运过程示意图

(2)衔接式多式联运的组织方法。这种组织方法是由多式联运经营人完成的,货物运输过程如图 4-27 所示。

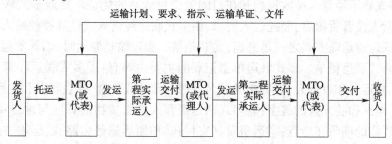

图 4-27　衔接式多式联运过程示意

这种组织方法,由多式联运经营人(MTO)受理发货人提出托运申请,双方订立货物全程运输的多式联运合同,并在合同指定的地点双方办理货物的交接,联运经营人签发多式联运单据。

接受托运后,多式联运经营人首先要选择货物的运输路线,划分运输区段,确定中转、换装地点,选择各区段的实际承运人,确定零星货物集运方案,制订货物全程运输计划并把计划转达发给各中转衔接地点的分支机构或委托的代理人。然后根据计划与各程的实际承运人分别订立各区段的货运合同。全程各区段间的衔接,由多式联运经营人(或其代表或其代理人)采用从前程实际承运人接受货物再向后程承运人交接,在最终目的地从最后一程实际承运人接收货物后再向收货人交付。

在与发货人订立运输合同后,多式联运经营人根据双方协议费率收取全程运费和各类服务费用。在与各区段实际承运人订立各分运合同时,需向各实际承运人支付运费及其他费用;在各衔接地点委托代理人完成衔接服务业时,也需向代理人支付委托代理费用。

这种多式联运组织方法,有些资料中称为运输承包发运制。国际货物多式联运主要采用这种组织方法,在国内多式联运中也越来越多地采用这种方法。

4.7.3　多式联运的运输组织业务

多式联运的运输组织业务主要包括:

(1)货源组织。主要包括搜集和掌握货源信息,加强市场调查和预测,建立与货主联系机制,组织货物按期发运、组织货物均衡发运和组织货物合理运输。

(2) 制订运输计划。主要包括:选择各票货物运输路线、运输方式、各区段的实际承运人及代理人,确定运输批量,编制定舱计划、集装箱调运计划、装箱和接货计划及各批货物的运输日程计划等。

(3) 组织各项计划的实施。主要包括与各区段选择的实际承运人签订分运合同,将计划下达给有关人员或机构,监督其按计划进行工作,及时了解执行情况,并组织有关信息传递工作。

(4) 计划执行情况监督及计划的调整。根据计划及执行反馈信息检查、督促各区段、各转接点的工作,如出现问题则对计划进行必要调整,并把有关信息及时传给有关人员与机构,以便执行新的指令。

(5) 组织货物交付、事故处理及集装箱回运工作。

4.7.4 多式联运单据

在多式联运中,大多数情况下使用的运输单证为多式联运单据。它是货物多式联运的证明,也是多式联运经营人接收货物和在目的地交付货物的凭证。货运多式联运单据是在多式联运经营人接管货物后,经托运人要求,由多式联运经营人或经其授权的人签发。当国际货运多式联运的运输方式之一是海运,尤其是第一程运输是海运时,国际货运多式联运单据多表现为多式联运提单。多式联运单据记载的主要内容有:①多式联运经营人的名称和营业处所;②托运人和收货人;③货物的品名、件数、质量或数量、外表状态和主标志;④单证的签发日期、地点和签发人的签字;⑤多式联运经营人接管货物的日期与地点;⑥多式联运经营人交付货物的期限和地点;⑦运费及其支付;⑧预期运输经由路线、运输方式及换装地点;⑨履行合同的法律依据等。

4.7.5 国际多式联运的主要组织形式

(1) 海陆联运。海陆联运即海运和陆上运输方式,尤其是与铁路、公路的联运。海陆联运是国际多式联运的主要组织形式,也是远东—欧洲多式联运的主要组织形式之一。这种组织形式以航运公司为主体,签发联运提单,与航线两端的内陆运输部门开展联运业务,与大陆桥运输展开竞争。

(2) 陆桥运输。所谓陆桥运输是指采用集装箱专用列车或货车,把横贯大陆的铁路或公路运输系统作为中间"桥梁",使大陆两端的集装箱海运航线与专用列车或货车连接起来的一种连贯运输方式。严格地讲,陆桥运输也是一种海陆联运形式,主要功能是便于开展海陆联运,缩短运输里程。只是因为其在国际多式联运中的独特地位,故在此将其单独作为一种运输组织形式。

①西伯利亚大陆桥。西伯利亚大陆桥是利用俄罗斯西伯利亚铁路作为陆地桥梁,把太平洋远东地区与波罗的海和黑海沿岸以及西欧大西洋口岸连起来。此条大陆桥运输线东自海参崴的纳霍特卡港口起,横贯欧亚大陆,至莫斯科,然后分三路,一路自莫斯科至波罗的海沿岸的圣彼得堡港,转船往西欧、北欧港口;一路从莫斯科至俄罗斯西部国境站,转欧洲其他国家铁路(公路)直运欧洲各国;另一路从莫斯科至黑海沿岸,转船往中东、地中海沿岸。所以,从远东地区至欧洲,通过西伯利亚大陆桥有海—铁—海、海—铁—公路和海—铁—铁三种运输方式。

西伯利亚大陆桥是目前世界上最长的一条陆桥运输线。它大大缩短了从远东地区到欧洲的运输距离,并因此节省了运输时间。从远东经俄罗斯太平洋沿岸港口去欧洲的陆桥运输线全长 13000km。而相应的全程水路运输距离(经苏伊士运河)约为 20000km。从日本横滨到欧洲鹿特丹,采用陆桥运输不仅可使运距缩短 1/3,运输时间也可节省 1/2。此外,在一般情况下,运输费用还可节省 20%～30%,因而对货主有很大的吸引力。

②北美大陆桥。北美大陆桥是指利用北美的大铁路从远东到欧洲的海—陆—海联运。该陆桥运输包括美国大陆桥运输和加拿大大陆桥运输,其中美国大陆桥的作用比较突出。

A. 美国大陆桥。美国大陆桥有两条运输路:一条是从西部太平洋沿岸的西雅图、旧金山、洛杉矶等港口至东部大西洋沿岸纽约的铁路和公路运输系统,全长约 3200km;另一条是从西部太平洋沿岸的上述港口至东南部墨西哥湾沿岸休斯敦、新奥尔良等港口的铁路和公路运输系统,全长约 1000km。

B. 加拿大大陆桥。加拿大大陆桥与美国大陆桥相似,由船公司把货物海运至太平洋沿岸港口城市温哥华,经铁路运到蒙特利尔或哈利法克斯,再与大西洋海运相接。

C. 新亚欧大陆桥。新亚欧大陆桥,也称亚欧第二大陆桥。该大陆桥东起中国的连云港,西至荷兰鹿特丹港,全长 10837km,其中在中国境内 4143km,途径中国、哈萨克斯坦、俄罗斯、白俄罗斯、波兰、德国和荷兰 7 个国家,构成了一条沿当年亚欧商贸往来的"丝绸之路",可辐射到 30 多个国家和地区。

(3)海空联运。海空联运又称空桥运输。空桥运输与陆桥运输有所不同,陆桥运输在整个货运过程中使用的是同一个集装箱,不用换装,而空桥运输的货物通常要在航空港换入航空集装箱。

海空联运方式开始于 20 世纪 60 年代,80 年代后迅速发展。它充分利用海运的经济性与空运的快捷性,正成为一种具有广泛发展潜力的新的多式联运形式。

思考与练习

1. 简述运输合理化的涵义及影响因素。
2. 不合理运输的表现形式主要有哪几种?
3. 简述实现运输合理化的有效措施。
4. 多班运输有哪些具体的组织形式?
5. 简述定时运输与定点运输的适用条件与特点。
6. 简述甩挂运输的具体组织形式。
7. 分析公路零担运输的主要组织形式。
8. 简述公路零担货物中转作业方式。
9. 简述公路零担货物运输的作业程序。
10. 简述集装箱运输的优势。
11. 简述集装箱运输组织方式。
12. 简述集装箱船舶配积载图的编制方法。
13. 简述多式联运的概念。
14. 简述多式联运运输组织方法。
15. 简述国际多式联运的主要组织形式。

第5章 货物运输组织优化与决策

 学习目标

1. 熟悉运输车辆选型的基本方法;
2. 掌握各种情形下的货物运输调配方法;
3. 掌握运输线路优化模型构建及其求解方法;
4. 能针对公路运输与航海运输中的货物配载问题进行优化决策;
5. 掌握货物装卸优化技术与方法。

运输组织优化与决策是合理运输的重要前提。运输组织优化与决策包含的内容十分广泛,运输组织的各个主要环节都需要进行优化与决策,运输车辆的选择、运输物资调配、运输路径优化、货物配载与积载、装卸优化等都是运输组织与优化决策的重要内容。

5.1 运输车辆的选择

运输车辆是运输企业进行运输生产的物质基础。运输车辆的选择主要指车辆类型的选择及车辆载质量的选择。合理选择运输车辆,不仅可以保证货物的完好无损,而且可以提高车辆的载重利用率、装卸工作率,提高运送速度并减少运输费用。运输车辆的选择是一个多目标决策问题,在通常情况下,车辆的选择应保证运输费用最小这一基本要求。其影响的主要因素有货物的种类、特性与批量、装卸工作方法、道路与气候情况、货物运送速度以及运输工作劳动、动力及材料消耗等。

5.1.1 车辆类型选择

车辆类型的选择主要是指对通用车辆和专用车辆的选择。专用车辆主要用于运输特殊货物,或在有利于提高运输工作效果的情况下装置随车装卸机械而用于运输一般货物。在适宜的条件下,采用专用车辆可以获得显著的经济效果。例如,采用气动式卸货机械的水泥运输汽车与通用汽车相比,可减少约30%的水泥损失和运输费用。

需要注意的是,只有在一定条件下采用专用车辆才是合理的。这是因为运输车辆装置自动装卸机械后,一方面可以缩短装卸停歇时间,提高车辆运输生产率;但另一方面,也降低了车辆的有效载质量,这又会降低车辆的运输生产率。为了确定通用车辆与专用车辆的合理使用范围,可以比较两者的运输生产率或成本,计算等值运距。

等值运距,是指专用车辆与通用车辆的生产率或运输成本相等时的运距。因此,它包括生产率等值运距与成本等值运距。对相同的货运任务及车辆而言,生产率等值运距与运输成本等值运距的计算值相同,但以生产率等值运距的确定较为简便。

以自动装卸汽车的选择为例,当货运任务既定,β、v_t 的值对自动装卸汽车和通用汽车相同,则货运车辆生产率等值运距可按下式计算:

$$L_w = \left(q_0 \frac{\Delta t}{\Delta q} - t_{lu} \right) \beta v_t \tag{5-1}$$

式中:L_w——生产率等值运距,km;

q_0——通用车辆的额定载质量,t;

Δt——利用专用车辆减少的装卸停歇时间,h;

Δq——自动装卸机构的质量,t;

t_{lu}——利用通用车辆的装卸停歇时间,h;

β——行程利用率,%;

v_t——车辆的技术速度,km/h。

当货运任务的运距大于等值运距时,可选择通用车辆运输;当货运任务的运距小于等值运距时,则应选择专用车辆。

【例 5-1】 拟采用某种通用汽车完成一项货运任务,已知有关数据为 $q_0 = 4t$,$t_{lu} = 30\min$,$\beta = 50\%$,$v_t = 35km/h$,而利用该型号汽车改装为自动装卸汽车时,其有效载质量为 $q'_0 = 3.5t$,装卸停歇时间 $t'_{lu} = 10\min$。试计算有效使用自动装卸汽车的生产率等值运距。

解:根据式(5-1)得:

$$L_w = \left(q_0 \frac{\Delta t}{\Delta q} - t_{lu} \right) \beta v_t = \left[4 \times \frac{\frac{30-10}{60}}{0.5} - \frac{30}{60} \right] \times 0.5 \times 35 = 37.9(km)$$

在实际运输工作中,常有车辆的载质量不能充分利用的情况,虽然装置自动装卸机构使车辆额定载重有所减少,但不会降低其有效载质量或降低不多。因此,实际的等值运距可以比理论计算值大一些。

5.1.2 车辆载质量选择

确定车辆最佳载质量的首要因素是所运货物的批量。当进行大批量货物运输时,在道路法规允许的范围内采用最高载质量车辆是合理的。而当货物批量有限时,车辆的载质量必须与货物批量相适应,否则如果车辆载质量过大,势必会增加材料与动力消耗,增加运送成本。

(1)汽车列车的最佳载质量选择。众所周知,提高车辆的实际载质量是提高车辆生产率、降低运输成本的有效途径之一,而采用拖挂运输又是提高车辆实际载质量的最直接的办法。提高汽车列车的运输生产率的主要途径有两条:一是增加拖挂质量,二是提高行驶速度。当汽车列车的发动机功率及道路条件一定时,随着汽车列车载质量的增加,以 t·km 计的生产率会随之增加,但当汽车列车的载质量增加到一定程度后,由于汽车列车的技术速度显著下降,反而会使汽车列车的运输生产率下降。所以存在一个保证汽车列车最高运输生产率的最佳拖挂质量。经实验证明,汽车列车总重的最佳值大约相当于牵引汽车总重的 1 倍左右。

(2)汽车总数的最佳载质量构成选择。汽车总数的载质量构成,应尽可能符合各种货物批量的分布规律。假定有 m 种车辆可供选择,每一种车的额定载质量分别为 $q_1, q_2, \cdots,$

q_m。若货物批量的概率密度函数为 $f(x)$,则适于额定载质量为 q_j 的汽车运输的货物批量概率 p_j 为:

$$p_j = \begin{cases} \int_0^{q(r)} f(x)\,dx & j=1 \\ \int_{(qr)_{j-1}}^{(qr)_j} f(x)\,dx & 1<j<m \end{cases} \tag{5-2}$$

当货物批量超过最大载质量车辆的运输能力时,根据经济性原则,可以将最大载质量车辆组合起来使用。货物批量适合于 i 辆最大载质量组合起来运输的货物批量概率 $p_{m,i}$ 为:

$$p_{m,i} = \begin{cases} \int_{q(r)_{m-1}}^{q(r)_m} f(x)\,dx & i=1 \\ \int_{(i-1)(qr)_m}^{i(qr)_m} f(x)\,dx & i>1 \end{cases} \tag{5-3}$$

常见的货物分布概率密度函数有指数分布、正态分布等。

当汽车载质量与货物分布相适应时,货物批量的均值可表示为:

$$\bar{g} = \sum_{j=1}^{m-1} p_j (qr)_j + (qr)_m \sum_{i=1}^{\infty} i p_{m,i} \tag{5-4}$$

式中:$(qr)_j$ 和 $(qr)_m$——分别为第 j 种车的实际载质量和最大载质量。

每运次车辆实际载质量均值 $\bar{q}$ 为:

$$\bar{q} = \sum_{i=1}^{m} p_i \cdot (qr)_i$$

式中:p_m 表示适合由最大载质量车辆所完成货物批量概率:

$$p_m = \sum_{j=1}^{\infty} p_{m,j} \tag{5-5}$$

每运次车辆额定载质量均值 $\bar{q}_0$ 为:

$$\bar{q}_0 = \sum_{i=1}^{m} p_i q_i \tag{5-6}$$

汽车总数的载质量利用率均值为:

$$\bar{r} = \frac{\bar{q}_0}{q_0} \tag{5-7}$$

计划期内汽车总数应完成的运次总数 $\sum n$ 为:

$$\sum n = \frac{\sum Q}{qr} \tag{5-8}$$

式中:$\sum Q$——计划期总货运量。

每一种货车应完成的运次 n_i 为:

$$n_i = p_i \sum n \tag{5-9}$$

每一种车型应完成的货运量 Q_i 为:

$$Q_i = n_i (qr)_i \tag{5-10}$$

每一种货车型的日产量 Q_{Di} 为:

$$Q_{Di} = \frac{V_{Ti}\beta_i q_i \gamma_i}{L_{Li} + V_{Ti}\beta_i t_{lui}} T_{di} \tag{5-11}$$

式中：V_{Ti}、β_i、q_i、γ_i、L_{Li}、t_{lui}、T_{di}——分别表示第 i 种车技术速度、里程利用率、额定载质量、载质量利用率、平均运次载质行程、平均运次装卸停歇时间、每车日路线工作时间。

那么所需载质量 q_i 的在册车辆数 A_i 为：

$$A_i = \frac{Q_i}{D_p \alpha_{di} Q_{Di}} \tag{5-12}$$

式中：D_p——计划期每车营运日数；

α_{di}——计划期第 i 型车的工作率。

【例5-2】 某钢铁厂仓库运出的金属材料批量按指数分布，其概率密度函数为 $f(x) = 0.0675e^{-0.0675x}$，年货运量 $\sum Q = 296060\text{t}$，现计划采用三种类型的车辆完成上述任务，其中：A 型汽车 $q_1 = 7.5\text{t}, \alpha_{d1} = 0.75, t_{lu1} = 1.47\text{h}$；B 型汽车 $q_2 = 12.5\text{t}, \alpha_{d2} = 0.79, t_{lu2} = 1.58\text{h}$；C 型汽车 $q_3 = 14\text{t}, \alpha_{d3} = 0.74, t_{lu3} = 1.58\text{h}$。其余各型车相同，分别是 $L_i = 10\text{km}, V_{Ti} = 22\text{km/h}, \beta_i = 0.5, T_{di} = 12\text{h}, \bar{\gamma} = 1, D_p = 365\text{d}$。试计算各型车辆数需要多少？

解：适合各型车的货物批量概率分别为：

$$p_1 = \int_0^{(qr)_1} f(x) dx = \int_0^{7.5} 0.0675 e^{-0.0675x} dx = 0.40$$

$$p_2 = \int_0^{(qr)_2} f(x) dx = \int_0^{12.5} 0.0675 e^{-0.0675x} dx = 0.17$$

$$p_3 = 1 - p_1 - p_2 = 1 - 0.40 - 0.17 = 0.43$$

每运次车辆额定载质量均值 $\bar{q}_0$ 为：

$$\bar{q}_0 = \sum_{i=1}^3 p_i q_i = 0.40 \times 7.5 + 0.17 \times 12.5 + 14 \times 0.43 = 11.145(\text{t})$$

计划期内全部车辆应完成的总运次数 $\sum n$ 为：

$$\sum n = \frac{\sum Q}{\bar{q}_0 r} = \frac{296060}{11.145 \times 1} \approx 26564(\text{次})$$

所以各型车应完成的运次数 n_i 分别是：

$$n_1 = p_1 \sum n = 0.4 \times 26564 \approx 10625(\text{次})$$

同理计算：$n_2 \approx 4516(\text{次})$，$n_3 \approx 11423(\text{次})$。

各型汽车应完成的货运量 Q_i 分别为：

$$Q_1 = n_1 (qr)_1 = 10625 \times 7.5 = 79688(\text{t})$$

同理计算：$Q_2 \approx 45450(\text{t})$，$Q_3 \approx 159922(\text{t})$。

各型汽车的日货运量 Q_{Di} 分别为：

$$Q_{D1} = \frac{V_{T1} \beta_1 q_1 \gamma_1}{L_{L1} + V_{T1} \beta_i t_{lu1}} T_{d1} = \frac{22 \times 0.5 \times 7.5 \times 1}{15 + 20 \times 0.65 \times 1} \times 12 \approx 37.8(\text{t/d})$$

同理计算：$Q_{D2} \approx 60.3(\text{t/d})$，$Q_{D3} \approx 67.5(\text{t/d})$。

各型汽车所需的数量 A_i 分别为：

$$A_1 = \frac{Q_1}{D_p \alpha_{d1} Q_{D1}} = \frac{79688}{365 \times 0.75 \times 37.5} \approx 8(\text{辆})$$

同理计算：$A_2 \approx 3(\text{辆})$，$A_3 \approx 9(\text{辆})$。

5.2 货物运输调配决策

货物运输除需要选择合理的运输方式外，还需要确定合理的调运量和最佳运输路线，使运输量最大,运输成本最小,运输距离最短。本节介绍如何运用表上作业法和图上作业法解决直达运输决策问题。

5.2.1 决策模型

(1)货物直达运输问题数学描述。直达运输问题是一类特殊线性规划问题。直达货物运输问题用数学语言表达的一般方法为:假定某种物资有 m 个产地 $A_1,A_2,\cdots,A_m$,其相应的产量为 $a_1,a_2,\cdots,a_m$;有 n 个销地(需求地)$B_1,B_2,\cdots,B_n$,其相应的产量为 $b_1,b_2,\cdots,b_n$;从 A_i 到 B_j 运输单位物资的运价为 C_{ij};从 A_i 到 B_j 的运量为 X_{ij},将这些数据汇总综合列表见表5-1。问怎样调运物资,才能使总运费最少?

产地产量、销地销量及单位物资运价表　　　　　表 5-1

产地/运价/销地	B_1	B_2	…	B_n	产量
A_1	C_{11}	C_{12}	…	C_{1n}	a_1
A_2	C_{21}	C_{22}	…	C_{2n}	a_2
⋮	⋮	⋮	⋮	⋮	⋮
A_m	C_{m1}	C_{m2}	…	C_{mn}	a_m
需求量	b_1	b_2	…	b_n	

(2)货物直达运输问题数学优化模型。直达运输问题模型可分为三种情况。

①产销平衡运输模型。这是 m 个产地总产量等于 n 个销地总需求量,即在 $\sum_{i=1}^{m}a_i = \sum_{j=1}^{n}b_j$ 条件下,求总运费最少。其模型表达如下。

目标函数:
$$\min Z = \sum_{i=1}^{m}\sum_{j=1}^{n}C_{ij}X_{ij} \tag{5-13}$$

约束条件:
$$S.t. \begin{cases} \sum_{i=1}^{m}X_{ij} = b_j & j=1,2,\cdots,n \\ \sum_{j=1}^{n}X_{ij} = a_j & i=1,2,\cdots,m \\ X_{ij} \geq 0 & i=1,2,\cdots,m; j=1,2,\cdots,n \end{cases} \tag{5-14}$$

②产大于销运输模型。这是 m 个产地总产量大于 n 个销地总需求量,即在 $\sum_{i=1}^{m}a_i > \sum_{j=1}^{n}b_j$ 条件下,求总运费最少。其模型表达如下。

目标函数:
$$\min Z = \sum_{i=1}^{m}\sum_{j=1}^{n}C_{ij}X_{ij} \tag{5-15}$$

约束条件:
$$S.t. \begin{cases} \sum_{i=1}^{m}X_{ij} = b_j & j=1,2,\cdots,n \\ \sum_{j=1}^{n}X_{ij} \leq a_j & i=1,2,\cdots,m \\ X_{ij} \geq 0 & i=1,2,\cdots,m; j=1,2,\cdots,n \end{cases} \tag{5-16}$$

③销大于产运输模型。这是 m 个产地总产量小于 n 个销地总需求量,即在 $\sum_{i=1}^{m}a_i < \sum_{j=1}^{n}b_j$

条件下,求总运费最少。其模型表达如下。

目标函数:
$$\min Z = \sum_{i=1}^{m}\sum_{j=1}^{n} C_{ij} X_{ij} \tag{5-17}$$

约束条件:
$$S.t. \begin{cases} \sum_{i=1}^{m} X_{ij} \leq b_j & j=1,2,\cdots,n \\ \sum_{j=1}^{n} X_{ij} = a_i & i=1,2,\cdots,m \\ X_{ij} \geq 0 & i=1,2,\cdots,m; j=1,2,\cdots,n \end{cases} \tag{5-18}$$

上述模型中,Z 表示总运输费用;$S.t.$ 表示模型的约束条件。直达物质调运线性规划模型问题可采用表上作业法求解。

5.2.2 表上作业法

(1)供需平衡运输问题的表上作业法。直达物资调运线性规划模型问题的表上作业法,是指根据所建立的供需(产销)平衡模型,把物资调运最优方案的确定过程在物资调运平衡表上进行调运的一种方法。物资调运平衡表见表5-2。

物资调运平衡表　　　　　　　　　　　　　　　表5-2

产地/销地	B_1	B_2	…	B_n	供 应 量
A_1	X_{11}	X_{12}	…	X_{1n}	a_1
A_2	X_{21}	X_{22}	…	X_{2n}	a_2
…	…	…	…	…	…
A_m	X_{m1}	X_{m2}	…	X_{mn}	a_m
需求量	b_1	b_2	…	b_n	$\sum_{i=1}^{m} a_i = \sum_{j=1}^{n} b_j$

物资调运表上作业法步骤可归纳如下:
①确定初始基本可行解(即确定一个初始调运方案)。
②根据一个判定法则,求检验数,判断是否得到最优解(最优调运方案)。
③调整基变量,进行换基迭代,得到新的基本可行解。
④重复②、③两步,经过有限次调整,即可得到最优解。

确定初始可行解可采用最小元素法,判定最优解可采用位势法;对非最优解的调整,则采用闭回路法。

所谓最小元素法,就是指根据原运价表中的单位运费,挑选最小的运价,最大限度地予以满足,然后按"最低运费优先集中供应"的原则,依次选小安排供应的方法。

所谓位势法,就是通过计算初始方案中有调运量格中的行、列位势数之和 $U_i + V_j$,与物资单位运价 C_{ij} 进行比较,若所有对应的行、列位势数之和 $U_i + V_j \leq C_{ij}$ 时,对应的方案为最优方案;若不是,则采用"闭回路法"调整初始方案。然后对调整后的方案再用位势法进行判断,如此反复调整,即可得到最优调整方案。

所谓闭回路法,就是从初始调运方案中的一个行、列位势数之和 $U_i + V_j \geq C_{ij}$ 的空格出发,以其他填有运量数字的格为顶点的闭合回路。该闭合回路有以下性质:

A. 每个顶点都是转角点。
B. 闭合回路是一条封闭回路的折线,每一条边都是水平或垂直的。
C. 每一行(列)若有闭合回路的顶点,必定是两个。

也就是说,只有从空格出发,其余各转角点所对应的方格内均填有数字时,所构成的回路才是这里定义的闭合回路;并且过任一点空格的闭合回路不仅是存在的,而且是唯一的。

下面以例介绍最优调运方案的具体求法。

【例 5-3】 设某种产品,有 A_1、A_2、A_3 三个生产厂,联合供应 B_1、B_2、B_3 三个需求地,其供应量、需求量及单位产品运输费用见表 5-3。试求运输费用最小的合理调运方案。

供应量、需求量及单位产品运输费用表 表 5-3

工厂/运价/销地	B_1	B_2	B_3	供 应 量
A_1	4	8	8	56
A_2	16	24	16	82
A_3	8	16	24	77
需求量	72	102	41	215

解:(1)按最小元素法,制订初始方案,见表 5-4。表中每格左边括号中的数据为单位运输费用,右边数据为调运量。确定各调运量的具体方法为:由 $A_1 \to B_1$ 56 缺 16;$A_3 \to B_1$ 16 缺 61;$A_3 \to B_2$ 61 余 41;$A_2 \to B_2$ 41 余 41;$A_2 \to B_3$ 41 余 0。

初 始 调 运 方 案 表 5-4

工厂/销地	B_1	B_2	B_3	供 应 量
A_1	(4)56	(8)	(8)	56
A_2	(16)	(24)41	(16)41	82
A_3	(8)16	(16)61	(24)	77
需求量	72	102	41	215

此时的总运输费用为:
$Z = 4 \times 56 + 8 \times 16 + 24 \times 41 + 16 \times 61 + 16 \times 41 = 2968(元)$

(2)用位势法判断初始方案是否为最优。首先构造位势表,把运价表中对应于表 5-4 中有调运量的运价分解为生产 V_j 和需求 U_i 两个部分,并使 $U_i + V_j = C_{ij}$,即:$U_1 + V_1 = 4, U_3 + V_1 = 8, U_2 + V_2 = 8, U_3 + V_2 = 16, U_2 + V_3 = 16$;由于本例的行列位势个数只有 $m+m=6$ 个,而填有调运量的单元格只有 $m+m-1=5$ 个,这就说明,只有 5 个关于运价 C_{ij} 的方程,要解出 $m+m=6$ 个未知数的位势量,U_i 和 V_j 可以有很多解。因此可先任意给定一个未知数的位势量,然后确定出 U_i 和 V_j 的一组解。本例可令 $U_1 = 0$,则 $U_2 = 12, U_3 = 4, V_1 = 4, V_2 = 12, V_3 = 4$,见表 5-5。

位势量计算及比较表 表 5-5

工厂/销地	B_1	B_2	B_3	供应量 U_i
	$U_i + V_1/C_{ij}$	$U_i + V_2/C_{ij}$	$U_i + V_3/C_{ij}$	
A_1	4/4	12/8	4/8	0
A_2	16/16	24/24	16/16	12
A_3	8/8	16/16	8/24	4
需求量 V_j	4	12	4	

表中斜杠右边为运价,左边为计算出的对应位势量。比较验证所有的 $U_i + V_j$ 是否小于所对应的运价 C_{ij},若 $U_i + V_j$ 全部小于 C_{ij},则为最优解,对应的调运方案为最优方案。若 $U_i + V_j > C_{ij}$,则需要采用闭合回路法进行调整。

在表 5-5 中,因为有 $U_i + V_j = 12 > C_{12} = 8$,所以初始方案不是最优调运方案。需采用闭合回路法进行调整。

(3) 闭合回路法调整。闭合回路调整的具体方法是:在初始调运方案中,即表 5-5 中作出的以 A_1 和 B_2 对应处为起点的闭回路(表 5-6),求得调整量 ε,ε 等于闭回路上由空格作为偶数次开始算起的奇数次拐角点上的最小运输量,即:$\varepsilon = \min\{56, 61\} = 56$。

供需平衡调运表　　　　　　　　　　　　　表 5-6

工厂/销地	B_1	B_2	B_3	供应量
A_1	56			56
A_2		41	41	82
A_3	16	61		77
需求量	72	102	41	215

在该闭合回路上,偶数次拐角点上的运输量都加上调整量 ε,奇数次拐角点上的运输量都减去调整量 ε,不在该闭合回路拐角点上的其他各运输量都不变。调整后得到新的调运方案,其供需平衡表见表 5-7。

调整后的供需平衡调运表　　　　　　　　　　表 5-7

工厂/销地	B_1	B_2	B_3	供应量
A_1		56		56
A_2		41	41	82
A_3	72	5		77
需求量	72	102	41	215

(4) 再求位势量,重新判断。依照上述方法求调整后的调运方案的位势量,$U_3 + V_1 = 8$,$U_1 + V_2 = 8$,$U_2 + V_2 = 24$,$U_3 + V_2 = 16$,$U_2 + V_3 = 16$;令 $U_1 = 0$,则 $U_2 = 16$,$U_3 = 8$,$V_1 = 0$,$V_2 = 8$,$V_3 = 0$,见表 5-8。

调整后的调运方案位势量计算及比较表　　　　表 5-8

工厂/销地	B_1	B_2	B_3	供应量 U_i
	$U_i + V_1/C_{ij}$	$U_i + V_2/C_{ij}$	$U_i + V_3/C_{ij}$	
A_1	0/4	8/8	0/8	0
A_2	16/16	24/24	16/16	16
A_3	8/8	16/16	8/24	8
需求量 V_j	0	8	0	

经比较验证,表中所有的 $U_i + V_j$ 均小于对应的运价 C_{ij},故表 5-8 中的调运方案为最优调运方案。此时总运费为:

$$Z = 8 \times 56 + 24 \times 16 + 16 \times 41 + 8 \times 72 + 16 \times 5 = 2744(元)$$

若按"左上角法"确定初始调运方案,上例的初始调运方案的供需平衡表见表 5-9。

初始供需平衡表　　　　　　　表 5-9

工厂/销地	B_1	B_2	B_3	供应量
A_1	56			56
A_2	16	66		82
A_3		36	41	77
需求量	72	102	41	215

按照上述步骤,对表 5-9 进行位势量计算比较判断,闭回路法调整,反复进行到求出最优解为止。最后得到的最优调运方案的供需平衡表见表 5-10。

调整后的供需平衡调运表　　　　　　　表 5-10

工厂/销地	B_1	B_2	B_3	供应量
A_1		56		56
A_2	41		41	82
A_3	31	46		77
需求量	72	102	41	215

按此方案组织调运,也可使总运费达到最小,即:

$Z = 8 \times 56 + 16 \times 41 + 16 \times 41 + 8 \times 31 + 16 \times 46 = 2744(元)$

(2)供需不平衡运输问题的表上作业法。使用表上作业法求运输模型解的基本条件之一是供需(产销)平衡,但在实际运输工作中,并非都能满足这个条件,通常出现的情况要么是供大于求,要么是供小于求。因此,必须对模型作出适当的修正,才能使用表上作业法在供需平衡表上求出最优解,从而得到最优运输方案。

①供大于求的情况。

【例 5-4】 现有三个生产基地 A_1、A_2、A_3,联合供应某类产品给四个销售地 B_1、B_2、B_3、B_4,各自供应量、需求量和单位产品运价见表 5-11。问应该如何调运这些产品,使得在满足需要的前提下,总运输费用最小?

供需量数据表　　　　　　　表 5-11

产地/销地	B_1	B_2	B_3	B_4	供应量
A_1	15	18	19	13	50
A_2	20	14	15	18	55
A_3	25	12	17	22	70
需求量	30	60	20	40	$\sum_{i=1}^{m} a_i \geq \sum_{j=1}^{n} b_j$

解:由题意可知,供应大于需求 25 个单位,因而这是一个产大于销(供大于需)的非平衡运输问题。所以可以在表中虚设一销地 B_5,表示接受超过的供应量,并规定从任何一个供应点到这个虚销地点的单位运价为零。这样就可以将供需不平衡问题转化为供需平衡问题,然后运用表上作业法求得最优解,得到最优运输方案。转化后的供需平衡表见表 5-12。

转化后的供需量数据表　　　　　　　表 5-12

产地/销地	B_1	B_2	B_3	B_4	B_5	供应量
A_1	15	18	19	13	0	50
A_2	20	14	15	18	0	55
A_3	25	12	17	22	0	70
需求量	30	60	20	40	25	175

根据表 5-12 中的数据,用最小元素法求出初始运输方案,见表 5-13。

供大于求模型初始调运方案　　　　　　　　　　　　　　　　表 5-13

产地/销地	B_1	B_2	B_3	B_4	B_5	供 应 量
A_1	(15)10	(18)	(19)	(13)40	(0)	50
A_2	(20)20	(14)	(15)20	(18)20	(0)15	55
A_3	(25)	(12)60	(17)	(22)	(0)10	70
需求量	30	60	20	40	25	175

经验证,该初始方案为最优方案运输。因为销地 B_5 是虚设的,所以方案中产地 A_2 到 B_5 的 15 个单位运量、产地 A_3 到 B_5 的 10 个单位运量,实际上并不存在真正的运量,即产地 A_2 和产地 A_3 保留了 15 个和 10 个单位的产品运量。

②供不应求的情况。

【例 5-5】 现有三个生产基地 A_1、A_2、A_3,联合供应某类产品给四个销售地 B_1、B_2、B_3、B_4,各自供应量、需求量和单位产品运价见表 5-14。问应该如何调运这些产品,使得在满足需要的前提下,总运输费用最小?

供需量数据表　　　　　　　　　　　　　　　　表 5-14

产地/销地	B_1	B_2	B_3	B_4	供 应 量
A_1	15	18	19	13	50
A_2	20	14	15	18	30
A_3	25	12	17	22	70
需求量	30	60	45	40	$\sum_{i=1}^{m} a_i \leq \sum_{j=1}^{n} b_j$

解:由题意可知,供应小于需求 25 个单位,因而这是一个产小与销(供小于需)的非平衡运输问题。所以可以在表中虚设一产地 A_4,表示需求超过的供应量,并规定从虚设产地 A_4 运往任何一个销地的单位运价为零,然后运用表上作业法求得最优解,得到最优运输方案。转化后的供需平衡表见表 5-15。

转化后的供需量数据表　　　　　　　　　　　　　　　　表 5-15

产地/销地	B_1	B_2	B_3	B_4	供 应 量
A_1	15	18	19	13	50
A_2	20	14	15	18	30
A_3	25	12	17	22	70
A_4	0	0	0	0	25
需求量	30	60	45	40	175

根据表 5-15 中的数据,用最小元素法求出初始运输方案,见表 5-16。

供不应求模型初始调运方案　　　　　　　　　　　　　　　　表 5-16

产地/销地	B_1	B_2	B_3	B_4	供 应 量
A_1	(15)10	(18)	(19)	(13)40	50
A_2	(20)	(14)	(15)30	(18)	55
A_3	(25)	(12)60	(17)10	(22)	70
A_4	(0)20	(0)	(0)5	(0)	25
需求量	30	60	20	40	175

经验证,调整后的方案为最优方案运输。因为产地 A_4 是虚设的,所以方案中安排产地 A_4 到 B_1 的 20 个单位运量、产地 A_4 到 B_3 的 5 个单位实际上并不存在,即销地 B_1 只由产地 A_1 发送了 10 个单位,另外 20 个单位则无法满足;销地 B_3 则由产地 A_4、A_4 发送了 30 个和 10 个单位的产品,另外 5 个单位也无法满足。

5.2.3 图上作业法

图上作业法,就是利用产品产地和销地的地理分布和运输线路示意图,采用科学规划方法,制定产品运输最小"tkm"的方法。图上作业法适用于交通线路呈树状、圈状,且对产销地点没有严格限制的情况。图上作业法的原则可以归纳为:流向画右方,不应当有对流;里圈、外圈分别算,要求不能过半圈长;如若超过半圈长,应去掉运量最小段;反复运算可得最优方案。因此,利用此法组织运输,得到车辆行驶最佳运输线路,可以减少车辆的空驶,提高车辆的里程利用率。

(1)运输线路不成圈的图上作业法。运输线路不成圈,就是不构成回路的"树"形线路,包括直线、丁字线、交叉线、分支线等。直线为图上作业法的基本路线。不论哪种路线,都要采取一定的办法,将此转化为一条直线的运输形式,以便作出流向线。对于运输线路不成圈的流向图,只要不出现对流现象,就是最优调运方案。运输线路不成圈的图上作业法较简单,就是从各端点开始,按"各地供需就近调拨"的原则进行调配。

【例 5-6】 某地区物资供应情况如图 5-1 所示,其中○表示起运地,◇表示目的地,其中,"+"表示供给,"−"表示需求。现要求通过图上作业法得到物资调运的最优方案。

解: 图 5-1 中,有 4 个起运地:A_1、A_2、A_3、A_4,供应量分别是 5、8、8、4;另有 4 个目的地 B_1、B_2、B_3、B_4,需求量分别为 2、8、9、6。为了便于检查对流现象,把流向箭头统一画在线路右侧,调运量用数字表示标注在箭头旁边。从起运地 A_1 开始,把 5 个单位的物资供应给 B_1,剩余 3 个单位的物资再调运给 A_2;起运地 A_2 的 8 个单位的物资供应给 B_2,从 A_1 调运过来的 3 个单位的物资供应给 B_3,这时,B_3 还缺 6 个单位的物资;A_4 地 4 个单位的物资调运给 A_3,连同 A_3 原有的 8 个单位共 12 个单位,供应 6 个单位给 B_4,另 6 个单位供应给 B_3,填补 B_3 所缺的 6 个单位的物资。具体步骤简述如下:

由 $A_1 \rightarrow B_2$,供 5 需 2 余 3;$A_2 \rightarrow B_2$,供 8 需 8 平衡;$B_1 \rightarrow A_2 \rightarrow B_3$,调 3 供 3 需 9 缺 6;$A_4 \rightarrow A_3 \rightarrow B_3$,调 4 供 6 需 6,$A_3 \rightarrow B_4$,供 6 需 6 平衡,如图 5-2 所示。

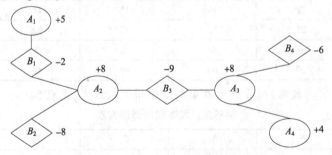

图 5-1 不成圈的交通线路示意图

图 5-2 没有出现对流现象,故此图为最优线路流向图,所对应的方案为最优调运方案。

(2)运输线路成圈的图上作业法。运输线路成圈,就是形成闭合回路的"环"形路线,包括一个圈(有三角形、四边形、多边形)和多个圈。成圈的线路流向图要同时达到既无对流现象,又无迂回现象的要求才是最优流向图。对于成圈运输线路的图上作业法,可按下述三个步骤寻求最优方案。

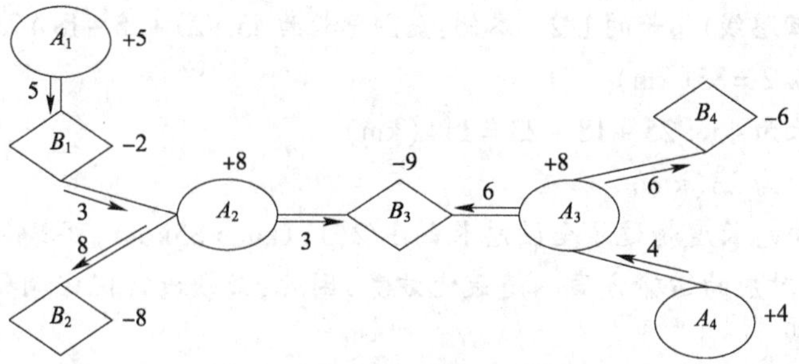

图 5-2 不成圈运输的最优线路流

①去段破圈确定初始运输方案。就是在成圈的线路中,先假设某两点间的线路"不通",去掉这段线路,把成圈线路转化为不成圈的线路,即破圈;按照运输线路不成圈的图上作业法,即可得到初始运输方案。

②检查有无迂回现象。因为流向箭头都统一画在线路右边,所以圈内圈外都画有一些流向。分别检查每个小圈,如果圈内和圈外流向的总长度都不超过全圈总长度的1/2,那么,全圈就没有迂回现象了,这个线路流向图就是最优的,对应的就是最优运输方案。否则转向第3步。

③重新去段破圈,调整流向。在超过全圈总长1/2的里(外)圈各段流向线上减去最小运量,然后在相反方向的外(里)圈流向线上和原来没有流向线的各段上,加上减去的最小运量,这样可以得到一个新的线路流向图,然后转到第2步检查有无迂回现象。如此反复,直到得到最优线路流向图为止。

如果全圈存在2个及2个以上的圈,则需分别对各圈进行是否存在迂回线路的检查,如果各圈的里、外圈都不超过全圈总线长的1/2,则不存在迂回现象,此方案为最优运输方案。

【例5-7】 某地区物资供应情况如图5-3所示,其中○表示起运地,◇表示目的地,"+"表示供给,"-"表示需求,线路间中括号中的数字表示起运地与目的地之间的距离(km),现要求物资调运最优方案。

解:图5-3中,有4个起运地:A_1、A_2、A_3、A_4,供应量分别是20、60、100、20;另有5个目的地:B_1、B_2、B_3、B_4、B_5,需求量分别为30、30、50、70、20。图中有一个圈,由$A_1 - B_1 - A_2 - B_4 - B_3 - B_2 - A_1$构成。

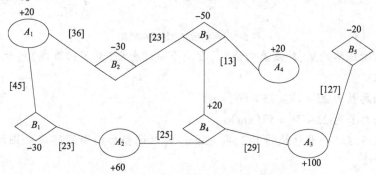

图 5-3 某地区物资供应交通线路

下面按照运输线路成圈的图上作业法3个步骤求物资调运的最优方案。

(1)去段破圈,确定初始运输方案。去掉A_1到B_2的线路,然后按照"各地供需就近调拨"的原则进行调运,即可得到初始运输流向线路图,如图5-4所示。

(2)检查有无迂回现象。由图5-4可看出不存在对流现象,但要检查里、外圈流向线长,看是否超过全圈(封闭回路线)总长的1/2。本例:全圈总长为 45 + 23 + 25 + 18 + 23 + 36 = 170(km)。

半圈长为 170/2 = 85(km)

外圈流向总长为 45 + 25 + 18 + 23 = 111(km)

里圈流向总长为 23(km)

因为外圈流向总长度超过了全圈总长的 1/2(111km > 85km),可以断定,初始运输线路存在迂回现象,所对应的运输方案不是最优方案,因此,必须进行优化调整。

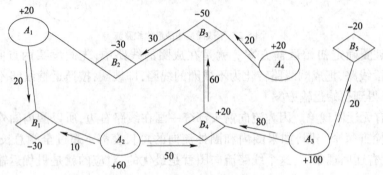

图 5-4 初始运输流向线路图

(3)重新去段破圈,调整流向。初始方案中里圈符合要求,外圈流向总长度超过全圈总长的一半,故需缩小外圈。因为外圈流向线路中运量最小的是 $A_1 \rightarrow B_1$ 的 "20",所以,去掉 A_1 到 B_1 的线路,并在外圈流向线上各段流线上减去 "20" 的运量,同时在里圈各流向线上以及原来没有流向线的 A_1 到 B_1 线上各加上 "20" 的运量,这样可以得到新的运输线路流向图,如图5-5所示。

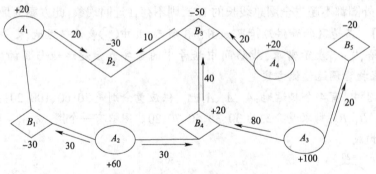

图 5-5 调整后的运输流向线路

检查新运输线路的里、外圈流向线长,看是否超过全圈(封闭回路线)总长的 1/2。本例新的线路流向:

外圈流向总长为 25 + 18 + 23 = 66(km)

里圈流向总长为 23 + 36 = 59(km)

两者均没有超过全圈总长的 1/2,即 85km,所以调整后的新线路流线图所对应的方案为最优运输方案。

此时,按调整后的新方案组织运输,运力消耗为:

20×36 + 10×23 + 20×13 + 30×23 + 30×25 + 40×18 + 80×29 + 20×127 = 8230(t·km)

按初始方案组织运输的运力消耗为:

20×45 + 10×23 + 50×25 + 80×29 + 20×127 + 20×13 + 30×23 + 60×18 = 9270(t·km)

由此可知,调整后的运输方案比初始运输方案节约运力1040t·km。

5.3 运输线路优化

5.3.1 起讫点不同的运输线路优化

对分离的、单一始发点和终点的网络运输线路选择问题,最简单和直观的方法是最短路线法。网络由节点和线组成,点与点之间由线连接,线代表点与点之间运行的成本(距离、时间或时间和距离加权的组合)。初始,除始发点外,所有节点都被认为是未解的,即均未确定是否在选定的运输线路上。始发点作为已解的点,计算从原点开始。一般计算方法如下。

(1)第n次迭代的目标。寻求第n次最近始发点的节点,重复$n=1,2\cdots\cdots$直到最近的节点是终点为止。

(2)第n次迭代的输入值。$n-1$个最近始发点的节点是由以前的迭代根据离始发点最短路线和距离计算而得的。这些节点以及始发点称为已解的节点,其余的节点是尚未解的点。

(3)第n次最近节点的候选点。每个已解的节点由线路分支通向一个或多个尚未解的节点,这些未解的节点中有一个以最短路线分支连接的是候选点。

(4)第n个最近的节点的计算。将每个已解的节点及其候选点之间的距离和从始发点到该已解点之间的距离加起来,总距离最短的候选点即是第n个最近的节点,也就是始发点到达该点最短距离的路径。

【例5-8】 图5-6所示的是某一公路网络示意图,其中A是始发点,J是终点,B、C、D、E、F、G、H、I是网络中的节点,节点与节点之间以统一路线连接,路线上标明了两个节点之间的距离,以运行时间(min)表示。要求确定从起点A到终点J的最短运输路线。

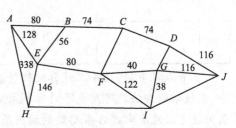

图5-6 公路网络示意

解:(1)首先列出一张如表5-17所示的表格。第一个已解的节点就是起点A。与A点直接连接的未解的节点有B、E、H点。第一步,可以看到B点是距A点最近的节点,记为AB,由于B点是唯一选择,所以它成为已解的节点。

(2)随后找出距A点和B点最近的未解的节点,列出距各个已解的节点最近的连接点,有$A-E$、$B-E$,记为第二步。注意从起点通过已解的节点到某一节点所需的时间应该等于到达这个已解点的最短时间加上已解的节点与未解节点之间的时间,也就是说,从A点经过B点到达E点的距离为$AB+BE=80+56=136(min)$,而从A点到达E点的时间为128min,现在E点也成了已解的节点。

(3)第3次迭代要找到与各已解节点直接连接的最近的未解节点。如表5-17所示,有3个候选点,从起点A到这3个候选点H、C、F所需的时间表,相应为338min、154min、208min,其中连接BC的时间最短,为154min,因此C点就是要找的节点。

(4)重复上述过程直到到达终点J,即第八步。最短的路线时间是344min,连线在表5-17上以星符号标出者,最优路线为$A-B-C-D-J$。

最短线路计算　　　　　　　　　　　　　表 5-17

步骤	直接连接到未解节点的已解节点	与其直接连接的未解节点	相关总成本（min）	第 n 个最近节点	最小成本（min）	最新连接
1	A	B	80	B	80	AB*
2	A B	E E	128 80 + 56 = 136	E	128	AE
3	A B	H C	338 80 + 74 = 154	C	154	BC*
4	A E C	H F D	338 128 + 80 = 208 154 + 74 = 228	F	208	EF
5	A E C F	H F D G	338 128 + 146 = 274 154 + 74 = 228 208 + 40 = 248	D	228	CD*
6	A E F D	H H G J	338 128 + 146 = 274 208 + 40 = 248 228 + 116 = 344	G	248	FG
7	A E F G D	H H I I J	338 128 + 146 = 274 208 + 122 = 330 248 + 38 = 286 228 + 116 = 344	H	274	EH
8	G D	J J	248 + 116 = 364 228 + 116 = 344	J	344	DJ*

在节点很多时，用手工计算比较繁杂，如果把网络的节点和连线的有关数据存入数据库中，最短路线方法就可用电子计算机求解。绝对的最短路径并不说明穿越网络的最短时间，因为该方法没有考虑各条路线的运行质量。因此，对运行时间和距离都设定权数就可以得出比较具有实际意义的路线。

5.3.2　起讫点相同的运输线路优化

起讫点相同的运输问题主要是指车辆从设施点出发访问一定数量客户后又回到原来的出发点的线路确定问题。现实生活中存在着许多类似的问题，如配送车辆送货、邮递员送报、送奶工送奶、垃圾车辆收集垃圾等。这些问题求解的目标是寻求访问各点的次序，并使运行时间或距离最小化。下面简要介绍几种求解方法。

（1）经验试探法。经验试探法是解决起讫点相同的运输问题较为简单、有效的方法。按照实际运输工作经验，当运行线路不发生交叉时，车辆经过各停留点的次序是合理的，同时，如有可能应尽量使运行路线形成泪滴状。通过各点的运行路线如图 5-7 所示，其中 5-7a）是不合理的运行路线，图

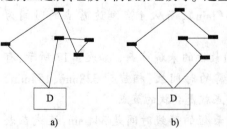

图 5-7　经验试探法

5-7b)是合理的运行路线。在实际工作中,运输管理人员可以很快画出一张路线图,这要比用电子计算机计算更为简单迅速。当然如果点与点之间的空间关系并不真正代表其运行时间或距离(如有路障、单行道路、交通拥挤等),或者运输线路较为复杂,则使用电子计算机寻求路线上的停留点的合理次序更为方便。

(2)数学求解法。在运筹学中,有关起讫点相同的运输问题可以归结为基本运输问题中的中国邮递员问题和旅行商问题(TSP),两者具有各自不同的求解思路和方法。

中国邮递员问题可以表述为:"一个邮递员每次送信,从邮局出发,必须至少经过他负责投递范围的每一条街道,待完成任务后仍然回到邮局,那么他如何选择投递路线,以使自己所走的路程最短?"该问题的基本求解思路是:如果某邮递员所负责范围的街道中没有奇点(即奇数条街道相连接所形成的端点),那么他可以从邮局出发,走过每条街道一次,且仅一次,最后回到邮局,这样他所走的路线就是最短路线;对于有奇点的街道,邮递员就必须重复走某条街道,但应该使重复街道的总权数(即总的路程或时间)最小,从而保证他所走的路线最短。

所谓旅行商问题,可以表述为:"一个旅行者从某城市出发,经过所以要到达的城市后,返回到出发地,那么他如何选择行程路线,以使总路程最短(或费用、时间最少)。"解决旅行商问题目前有多种算法,如最邻近法、节约算法、神经网络、遗传算法、免疫算法等。这里仅介绍运用节约算法求解旅行商问题的方法。

节约算法求解旅行商行程路线的基本思路是:如图5-8所示,假设P是出发点,A和B分别是所要到达地点,它们相互之间的道路距离分别为a、b、c。如果旅行商从P分别到A和B两地,那么总里程为$2a+2b$;如果旅行商从P到A再到B然后回到P,则总里程为$a+b+c$;两种方法的里程差是$(2a+2b)-(a+b+c)=a+b-c$,如果$a+b-c>0$,那么第二种方法将使总里程得到节约;如果旅行商需要到达许多地点,那么就可以根据节约距离的大小顺序连接各点并规划出旅行路线。下面用例子来说明节约算法的基本步骤。

【例5-9】 假设P是配送中心所在地,$A\sim F$是P的6个配送点。它们之间的距离如图5-9所示(单位为km),括号内的数字是配送量(单位为t)。现在可以利用的配送车辆是装载量为2t和4t的两种厢式货车,并限制车辆一次运行距离不超过30km。试求车辆的最佳配送路线。

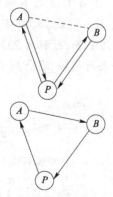

图5-8 节约算法

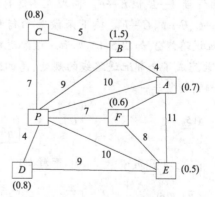

图5-9 配送中心配送线

解:求车辆的最佳配送路线属于旅行商问题。最佳配送路线的求解步骤如下:

(1)首先算出相互之间最短距离。根据图5-10中配送中心至各用户之间、用户与用户之间的距离,得出配送路线的最短的距离矩阵,如图5-11所示。

(2)根据最短距离矩阵图5-10,计算各用户之间的节约行程,如图5-11所示。

	P					
A	10	A				
B	9	4	B			
C	7	9	5	C		
D	4	14	13	11	D	
E	10	11	15	17	9	E
F	7	4	8	13	11	8	F

图5-10 最短配送路线距离矩阵

	A				
B	15	B			
C	8	11	C		
D	0	0	0	D	
E	9	4	0	5	E
F	13	8	1	0	9	F

图5-11 配送路线节约行程

(3)对节约行程按大小顺序进行排列,见表5-18。

配送路线节约行程顺序　　　　　表5-18

序 号	连 接 点	节约行程	序 号	连 接 点	节约行程
1	A—B	15	6	A—C	8
2	A—F	13	7	B—F	8
3	B—C	11	8	D—E	5
4	A—E	9	9	B—E	4
5	E—F	9	10	C—F	1

(4)按照节约行程顺序表,组合成配送路线图。

初始解:从配送中心向各配送点配送,如图5-12所示。此时配送路线6条,总运行距离94km,需用2t货车6辆。

二次解:按照节约行程的顺序大小,连接A—B、A—F、B—C及P—C、P—F,组成配送路线1,如图5-13所示。该路线装载量为3.6t,运行里程为27km,需用一辆4t货车。此时总配送路线3条,总运行距离55km,需要2t货车2辆,4t货车1辆。

最终解:按照节约行程的顺序大小,A—E和E—F都有可能连接到二次解的配送路线1中,但由于受车辆装载量和每次运行距离这两个条件的限制,配送路线1不能再增加配送点,所以不再连接A—E和E—F。同理也不能再连接B—E。A、B、C、F已在配送路线1中,不再考虑A—C、B—F、C—F。接下来按节约行程的顺序是D—E,连接D—E以及P—D、P—E,组成配送路线2,如图5-14所示。该配送路线装载量为1.3t,行程为23km,需用一辆2t货车。至此完成了全部配送路线的规划,总的配送路线一共有两条,运行距离为50km,需要2t货车一辆,4t货车一辆。

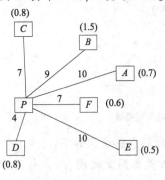

图5-12 初始解

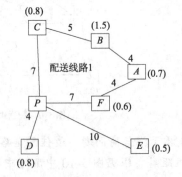

图5-13 二次解

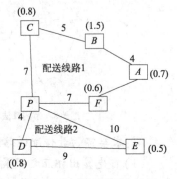

图5-14 最终解

5.4 货物配载积载与运能配备决策

5.4.1 公路运输货物配载优化

（1）货物配载的概念。当一个客户的配送订单没有达到一车的配送量,对于在同一配载线路上的配送货物,可以将其联合配送以提高车辆的利用率。但是要实现这一目的,需要考虑的因素很多。首先,由于配送的货物种类很多,有不同的特性,故对车辆的要求不同,所以应选择适宜的车辆类型进行配送,如果有必要还必须对特殊的货物进行单独配送。此外,由于货物的包装、性质等各异,如何最终确定配载的方案也会涉及很多因素。车辆配载要直接实现的就是尽可能提高车辆在容积和载货两方面的利用率,同时要充分保证服务质量,以达到提高资源利用率,节约成本,增加收益的根本目的。

（2）现有的货物配载方法及比较。

①层次分析法。层次分析法的基本原理是首先将复杂问题所涉及的因素分成若干层次,以同层各要素按照某一准则进行两两判断,比较其重要性,以此计算各层要素的权重,最后根据组合权重并按最大权重原则确定最优方案。与其他方法相比,层次分析法是将定性与定量的方法结合起来,即要尽可能全面的考虑所有的影响因素,得出比较准确科学的结论。

②分枝定界法。分枝定界法是以广度优先遍历的方式搜索问题的解空间树。可以继续搜索下去的节点称其为活节点,并加入到活节点队列中。利用不同的分枝定界法在活节点队列中选择节点成为下一层搜索的扩展节点,重复上述节点扩展过程一直持续到找到问题的最优解。

③割平面法。基本思想是,在求解相应的不含整数约束的货物配装问题上,增加线性约束条件,以将可行域切割掉一部分,使其切割掉的部分只包含非整数解,没有切割掉任何整数可行解,直到切割后得到的可行域有一个整数坐标的极点恰好是的最优解为止。

④动态规划法。基本思路是,将货物配载问题视为一个 n 阶段的决策问题进而将其转化为依次求解 n 个具有递推关系的单阶段的决策问题,从而简化计算过程。

⑤启发式算法。启发式算法属于人工智能方法,它在解决组合优化问题中效果显著。启发式算法包括遗传算法、蚁群算法和模拟退火算法。目前启发式算法,特别是智能化启发式算法,仍是求解货物配装问题的主要方法。

以上前四种方法可称为精确式的算法,对于货物配载问题,精确算法的计算量非常大,应用有限。启发式算法是现在最为流行的一种方法,它虽然能够快速有效地解决货物配载的问题,但算法的各项初始参数的选取会影响计算的结果和效率,因此启发式算法的有效性与算法的设计者和实际问题有很大关系。对于以上算法,在求解配载问题过程中,应根据各类算法的特点和适用范围,并针对配送中心的实际情况,来考虑最优化的货物配载的计算方法。对于货物型号比较多的配装优化问题、多约束的复杂货物配装问题或者是多优化目标的货物配装优化问题,可以考虑利用多种算法相结合的办法来解决。

（3）多车型多包装货物配载的概念。多车型就是当一批货物需要配载时,有两种或两种以上的车型可供选择。多车型不仅仅指可供选择的车辆中有厢式货车和普通货车,当可供选择的车辆都是厢式货车,但是存在着载质量与容积上的不同,这种情况也可以称之为多车型配载问题。

多包装指的是货物的包装形式或规格、材料等都有可能是不同的,至少也会存在规格的不同或者是形式的不同。不论是规格、形式还是材料,只要有其中一项是不同的,就认定是多包装货物的配载问题。

现实情况中,对于一个配送中心而言车型繁多,货物种类也千差万别,往往为了方便建立模型及计算,多车型多包装货物配载的概念可简化为:在车型方面以厢式货车为主,型号基本相同,多车型主要是针对车辆载质量和容积的不同而言;在货物类型方面以矩形瓦楞纸包装为主,多包装货物主要是针对货物外包装的大小不同而言。即便是圆柱形或者是其他形状的货物,也可以将其抽象为矩形形状。

(4) 多车型多包装货物配载模型的建立。由于多车型多包装货物配载的目标函数和约束条件众多,模拟配送过程中货物配载的实际过程,可将此模型拆分为两个子模型,即车辆选择模型和货物装载模型。在第一阶段,可通过车辆选择模型为一批配送货物选择最优车辆,第二阶段通过货物装载的模型确定货物的具体装载方案。可以称这种方法为两阶段法。

① 车辆选择模型的建立。

A. 问题的描述。

设第 i 辆车的相关信息 c_i 有:车辆的运费 CP_i、车辆类型 CM_i、车辆的运输方向 CD_i、车辆最晚到达时间 CT_i、车主的信誉度 CR_i、车辆全程行驶的距离 CS_i、车厢容积 CV_i、车辆最大载重 CW_i。即:

$$C_i = (CP_i, CM_i, CD_i, CT_i, CR_i, CS_i, CW_i, CV_i)^T \quad i=1,2,\cdots,n \tag{5-19}$$

第 j 批货物的信息 G_j 有:货主愿意运价 GP_j、符合货物性质的车辆类型 GM_j、货物运送方向 GD_j、货主要求到达时间 GT_j、货物的总质量 GW_j、运输货物的距离 GS_j、货物的总体积 GV_j。即:

$$G_j = (GP_j, GM_j, GD_j, GT_j, GS_j, GW_j, GV_j)^T \quad j=1,2,\cdots,n \tag{5-20}$$

车辆选择的模型可以描述为对第 j 批待装货物,选择出最优的车辆 i。具体过程为设计一个综合的评价指标体系,计算所有满足货主要求的车辆的一个评价指标值,最后从中选出评价得分最高的车辆。

B. 模型假设。

a. 针对配送中心的实际情况,货物配载优化问题可以看成是一车一货的优化配载问题。如果一批货物的质量或者体积超过车辆的最大载重或容积,就将这批货物拆分为多车,进而也就成为一车一货的优化配载问题。

b. 设车辆信息集合表示为 $C = \{C_1, C_2, \cdots, C_n\}$,货物信息集合表示为 $G = \{G_1, G_2, \cdots, G_n\}$,为了保证有足够的选择车辆来保证模型的实现,假设该模型中车辆数 n 和货物批量数 m 足够大。

c. 模型以配送中心的效益为出发点,同时考虑快速性、经济性、安全性的要求,以多目标最优实现运输多赢的局面。

C. 模型建立。

目标函数:

$$\min x_{1i} = \frac{|CS_i - GS_j|}{CS_i} \tag{5-21}$$

$$\min x_{2i} = \max\left\{\frac{GW_j}{CW_i}, \frac{GV_j}{CV_i}\right\} \tag{5-22}$$

$$\min x_{3i} = \frac{Q_i}{N_i} \tag{5-23}$$

$$\min x_{4i} = \frac{CP_i}{GP_j} \tag{5-24}$$

满足 $i \in \{i \mid GM_j = CM_i\ \text{且}\ GP_j \geq CP_i \text{、} GT_j \geq CT_i \text{、} GW_j \leq CW_i \text{、} GV_j \leq CV_i\}$。

其中,x_{1i} 表示车辆的空驶率,x_{2i} 表示车辆的利用率,车辆的利用率包括车辆的载重利用率和容积利用率。一般,期望的最好结果是车辆的载重利用率和容积利用率同时达到最大,但是为了计算方便起见,评价时以两者中的较大值为评价准则。

x_{3i} 表示车主的信誉度,该指标主要是对外雇车辆而言,自营车辆的信誉度最高。这是配送中心选择车辆配载的主要约束因素之一,因为货物能否在规定的时间内安全的到达目的地是配送中心最为关心的问题。对于自营车辆下配送中心自己的工作人员,车主的信誉度最高,都可取值为 1。对于外雇车辆而言,要收集和记录车主个人信息和业务信息,利用这些资料建立一个有关车主信誉度量化评价指标。为了建立一个动态的评价体系,现采用车主前三个月配载记录和完成任务的质量来测评车主的信誉度。式 (5-23) 中,N_i 为车主前三个月承担运输任务的总的次数,Q_i 则为前三个月总运输次数中按质量和要求完成任务的次数,车主信誉度的量化指标可以用两者的比值来基本确定。这一指标的取值介于 0~1 之间。当然,车主信誉度不完全由以上因素决定,还与车主的其他方面有关,这一点配送中心可根据自己的实际情况相应增加 x_{4i} 的其他评价方面。

x_{4i} 表示车主报价,该指标也主要是对外雇车辆而言。车主报价的取值范围应该为 0~1 之间,对于自营车辆而言取其值为 1。

对于此多目标规划问题,可以用加权平均法将多目标规划问题转化为单目标规划问题,这样,此模型的目标函数可化为:

$$\max_{i \in S} F_i = \lambda_1 x_{1i} + \lambda_2 x_{2i} + \lambda_3 x_{3i} + \lambda_4 x_{4i} \tag{5-25}$$

$$\lambda_1 + \lambda_2 + \lambda_3 + \lambda_4 = 1$$

其中,

$S = \{i \mid GM_j = CM_i\ \text{且}\ GD_j = CD_i \text{、} GP_j \geq CP_i \text{、} GT_j \geq CT_i \text{、} GW_j \leq CW_i \text{、} GV_j \leq CV_i\}$

约束条件:

a. 车辆的类型约束为:

$$GM_j = CM_i \tag{5-26}$$

即车辆的类型必须符合货物要求车辆类型,车辆类型主要是针对运输有特殊要求的货物而言,如对于货物需要用到保温车运输或者是有不能混装的要求。

b. 运输方向约束为:

$$GD_j = CD_i \tag{5-27}$$

车辆和货物的运输方向是否一致,也是决定配载的前提条件。对于市内及周边配送而言,由于公路四通八达,两点之间运输路线有多种选择,所以,这里所指的方向是主要线路相同(可用两点间运输距离最短的线路确定)。

c. 时间约束为:

$$GT_j \geq CT_i \tag{5-28}$$

对于货主而言,车辆能否在规定的时间内到达目的地,可以直接决定了车辆能否参与配载。如果货主要求的配送时间过于紧迫,无法找到合适的车辆,配送中心只能重新考虑配送的方案。

d. 运价约束为：
$$GP_j \geqslant CP_i \tag{5-29}$$
即车辆的运输费用必须小于货主愿出的运输费用。

e. 吨位约束为：
$$GW_j \leqslant CW_i \tag{5-30}$$
即车辆的最大载质量大于待装货物的总质量。

f. 容积约束为：
$$GV_j \leqslant CV_i \tag{5-31}$$
即车厢容积大于待装货物的总体积。

②货物配装模型的建立。

A. 问题描述。

拟使用一厢式货车同时配送一批货物，该车最大载质量是 G，最大容积是 V，该批货物由 n 种包装不同的货物组成。该批货物的信息有：每种货物的质量的集合为 $N(g) = \{g_1, g_2, \cdots, g_n\}$，体积的集合为 $N(v) = \{v_1, v_2, \cdots, v_n\}$，请确定合理的货物配装方案，使车辆的载质量和容积利用率最大化。货物及车辆的信息见表 5-19、表 5-20。

货物的信息　　　　　　　　　　　　　　　　　表 5-19

货物		y_1	y_2	$\cdots$	y_n
质量		g_1	g_2	$\cdots$	g_n
包装	长	l_1	l_2	$\cdots$	l_n
	宽	d_1	d_2	$\cdots$	d_n
	高	h_1	h_2	$\cdots$	h_n
体积		v_1	v_2	$\cdots$	v_n

车辆信息表示表　　　　　　　　　　　　　　　　表 5-20

最大载质量	最大容积	车厢长	车厢宽	车厢高
G	V	L	D	H

B. 模型的假设。

a. 每种货物的包装都为矩形，并且都可以测出长、宽、高，只是大小尺寸不同。

b. 每种包装的货物都在公路运输标准范围内。

c. 装车时一般按货物体积由大到小的顺序从下到上装车。

d. 货物的包装材料都满足配载条件。

C. 建立模型。

目标函数为：
$$\max U_k = \frac{\sum_{i=1}^{n} l_i d_i h_i}{V} \tag{5-32}$$

式中：U_k——车辆的空间利用率；

l_i、d_i、h_i——第 i 种货物的外包装的长、宽、高；

V——车厢的容积。

由实际情况可知，U_k 的取值小于 1，即 $U_k \leqslant 1$。

约束条件：

a. 质量约束为：
$$\sum_{i=1}^{n} g_i y_i \leq G \tag{5-33}$$
即所有待装的总质量必须小于车辆额定载质量的条件。

b. 体积约束为：
$$\sum_{i=1}^{n} v_i y_i \leq V \tag{5-34}$$
即所有待装货物的体积之和小于车辆的最大装载容积。

c. 摆放方向的约束：在具体的装载作业时，货物如何摆放与货物自身的要求有关，根据实际配载经验，将货物的方向约束归纳为三种，即不能旋转、水平旋转、任意旋转。

d. 货物的配置位置：这一约束主要是对货物与货物之间的关系而言，由于货物的性质不同，会出现不同的要求。例如有些货物不能摆放在其他货物位置之下。

e. 车辆稳定性约束：考虑到运输过程中的安全问题，货物装车完后，货物的重心应在车辆的中心位置。

f. 货物的装载顺序：根据配送路径的方向，装载货物的基本原则是后到先装、先到后装。

g. 容重比平衡约束：对于货物 i 的容重比 $c_i = v_i / g_i$，货车的容重比 $C = V/G$；将总的装货物容重比即 $c = \sum_{i=1}^{n} v_i / \sum_{i=1}^{n} g_i$ 与货车的容重比 C 做比较，然后选择最接近的一个为优先配装方案。即选择满足 $\min |C - c|$ 的货物组合来确定配载方案。

5.4.2 班轮航线配船决策

船公司在班轮营运中经常面临这样一类决策，即如何最合理地将班轮船队中不同类型、吨级的船舶配置到每条航线上，做到不仅要保证满足每条航线的技术、营运方面的要求，而且能够使船公司取得良好的经济效益，这样一类问题称为航线配船。

航线配船时首先要做到船舶的技术、营运性能与航线的任务、条件相适应。主要包括下列几个方面：

(1) 船舶的尺度性能要适应航道水深、泊位水深、码头和船闸的尺度要求。
(2) 船舶的结构性能、装卸性能和船舶设备等应满足航线货物、港口装卸条件的要求。
(3) 船舶的航行性能要适应航线营运条件。
(4) 船舶的航速应满足航线班期和船期表的要求。

在充分考虑了航线与船舶之间的技术、营运适应性的前提下，对不同的配船方案进行优化决策，通常选用线性规划方法。

以集装箱班轮运输为例，符号及变量说明：

(1) C 为系统总成本(元)；
(2) I 为船型编号, $i = 1, 2, \cdots, m$；
(3) J 为航线编号, $j = 1, 2, \cdots, n$；
(4) X_{ij} 为 i 型船舶在 j 航线上每季度完成的往返航次数，它是决策变量(次/季度)；
(5) Y_j 为航线上未被船舶承运的集装箱数量，它也是决策变量(TEU)；
(6) C_{ij} 为一艘 i 型船舶在 j 航线上完成一个往返航次所花费的成本(元/次)；
(7) P_j 为 j 航线每个 TEU 的机会成本(元/TEU)；
(8) n_{ij} 为每艘 i 型船舶在 j 航线上每季度可以完成的最大往返航次数(次/季度)；

(9) N 为 i 型船舶集装箱装载能力(TEU);
(10) m_i 为 i 型船舶的艘数(艘);
(11) Q_j 为航线的正向运量(TEU)。

集装箱班轮航线配船的线性规划模型如下。

目标函数为:

$$\min C = \sum_{i=1}^{m}\sum_{j=1}^{n} C_{ij} X_{ij} + \sum_{j=1}^{n} P_j Y_j \qquad (5-35)$$

约束条件为:

$$\sum_{j=1}^{n} \frac{1}{n_{ij}} X_{ij} \leq m_i \qquad (i=1,2,\cdots,m) \qquad (5-36)$$

$$\sum_{i=1}^{m} N_i X_{ij} + Y_j = Q_j \qquad (j=1,2,\cdots,n) \qquad (5-37)$$

$$X_{ij} \geq 0, Y_{ij} \geq 0 \qquad (i=1,2,\cdots,m; j=1,2,\cdots,n) \qquad (5-38)$$

在此模型中,目标函数是追求系统总成本最小,系统总成本包括船舶运输成本和机会成本。约束条件式(5-36)是船队能力约束,它表示 i 型船分配到所有航线的船舶数量不能超过该船舶总数;约束条件式(5-37)是运输需求约束,它表示 j 航线上所有船舶完成的运输量加上未被承运的部分正好等于该航线的运输任务。约束条件式(5-38)是决策变量约束。

各条航线上的机会成本是指由于运力不足,一部分货源不能被公司船舶所承运,船公司在某航线上承运每个 TEU 集装箱所能获得的净利润定义为该航线单位机会成本值。实际上利用机会成本的概念,此数值代表了对未被承运货物而引起的机会损失加以"处罚",目的是使货物尽可能地被承运。

5.5 装卸优化技术

5.5.1 运输车辆与装卸机械需要量计算

运输车辆与装卸机械需要量,除了与其工作对象本身的特性有关外,还取决于相互间工作的配合程度。为了提高运输生产率,运输车辆的工作制度应与装卸点的工作制度协调一致,以尽量减少非生产停歇时间损失。采用统一工作进度表进行运输与装卸工作组织,可以保证运输车辆与装卸机械工作的有效配合,有助于减少车辆等待装卸的时间和装卸机械等待车辆进入装卸货工位的时间。

影响运输车辆与装卸机械工作间配合程度的因素很多,其中主要有:在货运点同时服务的车辆数、货运点间距离、车辆行驶时间的分布以及随机变化的装卸停歇时间等。实际需要的车辆数与装卸机械数量,可以根据近似配合条件确定的简便算法进行计算。

假设在任一连续的足够大的时期 T(例如,从最先到达货运点车辆的首次装或卸货时刻算起,至该车末次装或卸货时刻止)内,车辆平均周期时间为:

$$\overline{t_0} = \frac{\sum_{i=1}^{n} t_{0i}}{n} \qquad (5-39)$$

式中:$\overline{t_0}$——车辆平均周转时间,min;

n——车辆在 T 时间内的周转次数;

t_{0i}——第 i 运次的周转时间，min。

装卸机械平均每车次装(卸)货及等车时间为：

$$\overline{t'_s} = \frac{\sum_{i=1}^{n} t'_{si}}{n} \tag{5-40}$$

式中：$\overline{t'_s}$——平均每次装(卸)货及等待车辆进入装(卸)货工位时间，min；

t'_{si}——第 i 运次的装(卸)货时间及等车时间，min。

为提高运输与装卸工作生产率，在 T 时间内运输车辆与装卸机械的配合工作，应保证两者的平均工作节奏相一致，即满足条件：

$$\frac{\overline{t_0}}{A} = \frac{\overline{t'_s}}{N} \tag{5-41}$$

式中：A——工作车辆数，辆；

N——装(卸)货机械数，台。

由于车辆平均周转时间为：

$$\overline{t_0} = \overline{t_r} + \overline{t_{1u}} \tag{5-42}$$

式中：$\overline{t_r}$——车辆在货运点装(卸)货结束至它又该返回该点的平均间隔时间，min；

$\overline{t_{1u}}$——平均每车次装(卸)货停歇时间，min。

平均装(卸)货停歇时间 $\overline{t_{1u}}$ 包括车辆在货运点平均等待装(卸)货时间 $\overline{t_w}$ 及装(卸)货作业本身所耗费的时间 $\overline{t_A}$，即：

$$\overline{t_{1u}} = \overline{t_w} + \overline{t_A} \tag{5-43}$$

则车辆平均周转时间又可表示为：

$$\overline{t_0} = \overline{t_r} + \overline{t_w} + \overline{t_A} \tag{5-44}$$

另外，装(卸)机械等待车辆进入装(卸)货工位及进行装卸货作业的平均时间 $\overline{t'_s}$ 也可表示为：

$$\overline{t'_s} = \overline{t'_w} + \overline{t_A} \tag{5-45}$$

式中：$\overline{t'_w}$——装卸机械等待车辆依次进入装(卸)货工位的平均时间，min。

为使时间定额 $\overline{t_w}$ 和 $\overline{t'_w}$ 合乎车辆与装卸机械数量的最佳配合关系，可令 $\overline{t_w} = \overline{t'_w} = 0$，即：

$$\overline{t'_s} = \overline{t_A} = \overline{t_{1u}} \tag{5-46}$$

则式(5-44)可以改写为：

$$\frac{\overline{t_0}}{A} = \frac{\overline{t_A}}{N} \tag{5-47}$$

由于影响运输车辆与装卸机械工作配合程度的因素很多，要达到上述充分、有效的配合是很困难的。为简化计算手续，可确定一个配合条件系数，并结合式(5-44)和式(5-46)将式(5-47)改写为：

$$\frac{\overline{t_r + t_A}}{A}\varepsilon = \frac{\overline{t_A}}{N} \tag{5-48}$$

式中：ε——运输车辆与装卸机械工作配合条件系数。

因此，与确定的装卸机械协同工作的车辆数和为保证汽车运输工作所需要的装卸机械数,可以根据式(5-48)来确定。

ε 值的选择应符合运输车辆与装卸机械工作停歇时间的最佳关系值。由于要实现工作中车、机之间充分协调一致(即 $\overline{t'_s} = \overline{t_A} = \overline{t_{1u}}, \varepsilon = 1$)是很困难的,所以为使配合条件有利,一般应取 $\varepsilon < 1$;在个别情况下,为了保证最小的装卸机械工作停歇时间,可取 $\varepsilon > 1$。

在某装货点,如果保证与规定的装卸机械协调配合的汽车数少于从各卸货点供给该装货点的汽车总数,则应减少所供汽车数或提高该装货点的装货效率,以保证满足条件:

$$A_i \leqslant \sum_{j=1}^{n} A_{ij} \quad (i=1,2,\cdots,m; j=1,2,\cdots,n) \tag{5-49}$$

式中:A_i——第 i 装货点固定汽车数的计算值;

A_{ij}——在第 i 点装货在第 j 点卸货的汽车数。

各卸货点都必须满足类似条件,利用式(5-48)确定所需车辆数及装卸机械数。

5.5.2 装卸搬运机械的配套方案计算

一个大型的货场每年吞吐量达几十万吨甚至上百万吨货物,装卸作业仅靠一两台机械设备是不能胜任的。这样,在采用几台相同设备或数台不同类型的设备协同作业时,机械设备如何做到配套,便成了一个非常重要的课题。

例如,为了能使运输物流顺畅地进行,各种机械在作业区就必须要相互联系、相互补充、相互衔接,如用叉车和各种运输机械,配合门座式起重机作业,在许多仓库、车站被广泛采用。装卸搬运机械的配套还表现在装卸机械在吨位上的配套、在作业时间上的紧凑性等。

常见的装卸机械配套的方法有下述三种。

(1)按装卸作业量和被装卸物资的种类进行机械配套。在确定各种机械生产能力的基础上,按每年装卸 1 万 t 货物需要的机械台数和每台机械所担任装卸物资的种类应与每年完成装卸货物的吨数进行配套。

装卸机械配置的计算公式如下:

$$Z_p = (Q_N \eta - Q_D) Z_1 \tag{5-50}$$

或

$$Z_p = \frac{Q_N \eta - Q_D}{G_T} \tag{5-51}$$

式中:Z_p——配置机械数,台;

Q_N——年装卸总作业量,万 t;

η——某种货物占 Q_N 的百分数;

Q_D——货主或地方单位担任的年装卸量,万 t;

Z_1——每年装卸 1 万 t 需要的机械台数,台/万 t;

G_T——1 台机械每年完成的装卸作业量,万 t/台。

(2)运用线性规划方法设计装卸作业机械的配套方案。运用线性规划方法是根据装卸作业现场的要求,列出数个线性不等式,并确定目标函数,然后求其最优解。

例如,以寻求物资装卸的最少费用为目标函数的设计方法如下。

目标函数:

$$\min G = \sum_{i=1}^{n} G_i X_i \tag{5-52}$$

约束条件：

$$\begin{cases} \sum_{i=1}^{n} X_i r_i \geq Q \\ \sum_{i=1}^{n} X_i t_i \leq T \\ \sum_{i=1}^{n} X_i u_i \leq U \\ X_i \geq Y_i, X_i \geq 0 \end{cases} \quad (5-53)$$

式中：G——各种设备的作业费用，元；

X_i——设计方案中的第 i 种机械设备数，台；

G_i——第 i 种设备的作业费用，元；

r_i——第 i 种设备的日作业量，t；

Q——现场需求的日最高装卸量，t；

t_i——第 i 种设备的耗电定额，kW/h；

T——现场耗电指标，kW/h；

u_i——第 i 种设备的油耗定额，L；

U——现场油耗指标，L；

Y_i——对第 i 种设备的限定台数，台。

应指出，用线性规划方法求出的各种设备的种类和台数，很可能与装卸作业现场的具体要求有一定差距。因此，在具体设置配套机械时，可在求解基础上作适当的、必要的调整。

(3)运用综合费用比较法来确定装卸机械的配套方案。运用综合费用比较法的原则是先比较初步方案的作业费用，再比较初步方案的利润情况，最后选出最佳方案。

5.5.3 装卸车辆配置计算方法

(1)装卸系统运行指标。应用排队理论，可将装卸现场车辆排队与装卸服务看成装(卸)车辆排队系统。一般来说，装卸现场是多个作业点并行作业，即属于多服务台并列的情况。对某装卸现场作业点与作业线配置情况可规划成"一列多点"式或"一列一点"式的系统。

对于随机型排队系统，在给定的输入和装卸服务的条件下，主要是研究系统的以下四个运行指标：

①在排队系统中车辆数的期望值 L_s，它是指正在被装(卸)货物的和排队等待的两部分车辆的期望值。

②排队等待的车辆期望值 L_q，它是指排队等待在装卸线上的车辆数。

③车辆在系统中全部时间的期望值 W_s，它是指车辆排队等待的时间和被装(卸)货物时间之和的期望值。

④车辆排队等待的时间的期望值 W_q。

从排队系统的角度分析"一列一点"式模型，可以把它看成是单服务台的 M/M/1 模型。

M/M/1 模型是指输入过程服从泊松流，即车辆相继到达间隔时间服从负指数分布，对于此模型它符合下列条件的排队系统。

①输入过程。车辆源是无限的，车辆单个到来，互相独立，车辆相继到达的间隔时间服从参数为 λ 的负指数分布。这里，"λ"表示单位时间内车辆平均到达率(辆/h)。

②排队规则。单队,且队长没有限制,先到先服务。

③服务机构。单服务台,各车辆的服务时间是互相独立的,服从相同的负指数分布。

在分析标准的 M/M/1 模型,即求出主要运行指标时,首先要求出系统在任一时刻 t 的状态 n(即系统中有 n 个车辆)的概率 $P_n(t)$。

在系统运行时间 t 充分大时,所得到的解称为系统的稳态解,此时,系统状态的概率分布已不随时间而变化,达到(统计)平衡。也就是说,在运行充分长时间以后,在任一时刻系统处于状态 n 的概率为常数。虽然在理论上,系统要经过无限长的时间才会进入稳态,但实际上,一般总是很快达到稳态,因而计算系统在稳态下的一些运行指标,是能够反映系统的正常情况的。

(2)装卸系统主要运行指标的计算。首先,根据系统的状态概率:

$$P_n = \left(\frac{\lambda}{\mu}\right)^n \cdot P_0 = (1-\rho)\rho^n \quad n \geq 1 \tag{5-54}$$

$$P_0 = 1 - \rho \quad \rho < 1 \tag{5-55}$$

式中:P_0——装卸系统中没有车辆时的概率。

用"λ"表示单位时间内车辆平均到达率(辆/h),μ 表示平均装(卸)车率(辆/h),则 $\rho = \frac{\lambda}{\mu}$,表示服务强度。

可根据概率论知识求得排队系统的稳态方程为:

$$P_0 = 1 - \frac{\lambda}{\mu} \tag{5-56}$$

这样,可求出"一列一点"式模型和"一列多点"式模型的主要指标。

①"一列一点"式模型。

A. 系统中的平均车辆数(队长期望值)L_s(辆)的计算公式为:

$$L_s = \sum_{n=0}^{\infty} n \cdot P_n = \sum_{n=0}^{\infty} n \cdot \rho^n(1-\rho) = \rho + \rho^2 + \rho^3 + \cdots = \frac{\rho}{1-\rho} = \frac{\lambda}{\mu-\lambda} \tag{5-57}$$

B. 在队列中等待的平均车辆数(队列长期望值)L_q(辆)的计算公式为:

$$L_q = \sum_{n=1}^{\infty}(n-1) \cdot P_n = \sum_{n=1}^{\infty} n \cdot P_n - \sum_{n=1}^{\infty} P_n = L_s - \rho = \frac{\lambda^2}{\mu(\mu-\lambda)} \tag{5-58}$$

C. 在系统中车辆逗留时间的平均值 W_s(h/辆)的计算公式为:

$$W_s = \frac{1}{\lambda} \cdot L_s = \frac{1}{\lambda} \cdot \frac{\lambda}{\mu-\lambda} = \frac{1}{\mu-\lambda} \tag{5-59}$$

即 W_s 为车辆到达间隔平均时间与车辆平均逗留数之积。

可以证明车辆在系统中逗留时间(随机变量),在 M/M/1 模型下,它服从参数为 $\mu - \lambda$ 的负指数分布,即:

分布函数

$$F(\omega) = 1 - e^{-(\mu-\lambda)\omega}$$

概率密度

$$f(\omega) = (\mu-\lambda)e^{-(\mu-\lambda)\omega} \quad (\omega \geq 0)$$

D. 在系统中车辆的平均等待时间(等待时间的期望值)W_q(h/辆)的计算公式为:

$$W_q = \frac{1}{\lambda} \cdot L_q = \frac{1}{\lambda} \cdot \frac{\lambda^2}{\mu(\mu-\lambda)} = \frac{\lambda}{\mu(\mu-\lambda)} \tag{5-60}$$

从排队系统中车辆数的期望值 L_s 和排队等待的车辆数的期望值 L_q 的计算公式可知,

两者都只与 ρ 服务强度有关，即与 $\frac{\lambda}{\mu}$ 有关，而与两者的绝对值大小没有关系。可见 $\frac{\lambda}{\mu}$ 的比值是反映装卸服务效率和装卸服务设施利用程度的重要标志。当 $\rho < 1$ 时，ρ 值越小，车辆等待装卸的时间越少，装卸人员的空闲时间越多，说明装卸设施的利用率越低。

②"一列多点"式模型。

一列多点式车辆排队系统的特征可描述为"泊松输入流、指数分布的服务时间、一列多点、先到先服务"。假设有 K 个装卸作业点。根据概率论原理，该系统相应的稳态方程为：

$$P_0 = \left\{ \sum_{n=0}^{K=1} \frac{1}{n!} \left(\frac{\lambda}{\mu} \right)^n + \frac{1}{k!} \left(\frac{\lambda}{\mu} \right)^K \frac{k\mu}{k\mu - \lambda} \right\}^{-1} \tag{5-61}$$

$$L_s = \frac{\lambda \cdot \mu \cdot \left(\frac{\lambda}{\mu} \right)^K \cdot P_0}{(K-1)! \ (K\mu - \lambda)^2} + \frac{\lambda}{\mu} = L_q + \frac{\lambda}{\mu} \tag{5-62}$$

$$L_q = \frac{\lambda \cdot \mu \cdot \left(\frac{\lambda}{\mu} \right)^K \cdot P_0}{(K-1)! \ (K\mu - \lambda)^2} \tag{5-63}$$

$$W_s = \frac{\mu \cdot \left(\frac{\lambda}{\mu} \right)^K \cdot P_0}{(K-1)! \ (K\mu - \lambda)^2} + \frac{1}{\mu} = W_q + \frac{1}{\mu} = \frac{L_s}{\lambda} \tag{5-64}$$

$$W_q = \frac{\mu \cdot \left(\frac{\lambda}{\mu} \right)^K \cdot P_0}{(K-1)! \ (K\mu - \lambda)^2} = \frac{L_q}{\lambda} \tag{5-65}$$

③两种模型的分析比较。以上模型定量地描述了装卸现场的装卸能力和装卸车辆排队等情况，在量化分析的基础上再结合定性分析，就可以对装（卸）系统提出改善措施。

如果装（卸）车辆排队形式由多路排队（即一列一点式）改为单路式（一列多点式），并允许单路队列中的第一辆车可开至任一个首先空闲的装（卸）服务点作业，就可以发现单路排队的装（卸）车组织形式优于多路排队的组织形式，这样可有效地减少车辆等待装（卸）的作业时间，从而在一定的出车时间内提高了运输效率。

从表面上看，一列一点式多路排队形式中，到达该装卸现场的车辆分散至各作业点，但实际上它们都受着排队待装（卸）线与装（卸）车作业点间的一一对应的约束，任一装（卸）车作业点，如因某种原因导致作业时间的延长，都会影响到该作业点前排队待装（卸）车辆的等待作业时间，严重时会出现邻队列待装（卸）车辆后到却先装（卸）的现象。而一列多点式排队形式就显得比较灵活，排队待装（卸）线上第一辆车可以行使至任一已完成装（卸）车的作业点进行装（卸）车作业。因此，从整个系统来看，车辆装卸工作停歇时间将减少，车辆周转速度加快。

在具体应用排队理论解决实际问题时，必须使用研究的问题符合应用该理论的基本前提，在装卸现场的组织方面还需采取一系列相应措施才能获得较满意的效果。

思考与练习

1. 简述运输车辆选择的依据与技术方法。
2. 阐述不同运输调配条件下的决策模型与求解方法。

3. 简述运输线路优化的节约法基本原理与基本步骤。
4. 简述公路货物配置的模型构建思路与求解方法。
5. 简述基于排队论的装卸车辆配置的技术方法。
6. 进行实地调查,了解运输组织与决策优化相关问题解决的技术方法。
7. 设配送中心 P_0 向 5 个客户配送货物,其配送网络、配送中心与客户的距离以及客户之间的距离如图 5-15 所示,图中括号内的数字表示客户的需求量(单位:t),线路上的数字表示两结点之间的距离(单位:km),现配送中心有 3 台 2t 的货车和 2 台 4t 的货车可供使用。

(1)试用节约里程法制订最优的配送方案;

(2)假定货车行驶的平均速度为 40km/h,则优化方案比单独向各客户分送方案可节约多少时间?

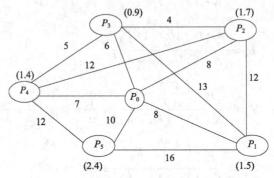

图 5-15　配送图

第6章 特殊货物运输组织

 学习目标

1. 理解危险货物的定义及分类;
2. 掌握各类危险货物的特征;
3. 掌握危险货物对运输工作和装卸工作的要求;
4. 熟悉危险货物受理托运、包装和储存保管要求;
5. 了解道路危险货物运输经营的基本条件;
6. 理解超限货物的定义;
7. 掌握超限货物运输组织工作要求;
8. 理解超鲜活易腐货物的运输特点;
9. 掌握鲜活易腐货物运输组织工作要求;
10. 掌握贵重货物的分类及运输组织工作要求。

货物运输过程中的部分货物,有危险、超限、鲜活易腐等特点,它们对装卸、运送和保管等作业有其特殊要求,这类货物统称为特殊货物。特殊货物的运输组织,应当符合普通货物运输组织的规定,同时也应当遵守特殊货物运输组织的特殊要求。

6.1 危险货物运输组织

危险货物是工业生产的原料、燃料或产品,危险货物运输是其流通过程的一个重要环节。随着国民经济的迅速发展,危险货物运输种类和运输量不断增长,对国民经济发挥着重要的作用。危险货物运输危险程度大,技术要求高,在国内外倍受重视。

6.1.1 危险货物概述

(1)危险货物的定义。危险货物是指具有爆炸、易燃、毒害、感染、腐蚀、放射性等危险特性,在运输、装卸、储存保管、生产、经营、使用和处置过程中,容易造成人身伤亡、财产损毁或环境污染而需要特别防护的货物。这一概念包含三层含义:

①具有爆炸、易燃、毒害、感染、腐蚀、放射性等性质。这是危险货物造成火灾、中毒、灼伤、辐射伤害与污染等事故的先决条件。

②容易造成人身伤亡和财产损毁。是指危险货物在运输、装卸、储存保管、生产经营、使

用和处置过程中,在一定外界因素作用下,比如受热、明火、摩擦、振动、撞击、洒漏以及与性质相抵触物品接触等情况下,发生化学变化所产生的危险效应,不仅使(危险)货物本身遭受损失,而且危及人身安全和破坏周围环境。

③需要特别防护。主要是指必须针对各类危险货物本身的物理化学特性所采取的特别防护措施。如某种爆炸品必须添加抑制剂,对有机过氧化物必须控制环境温度等,这是危险货物运输的先决条件。

(2)危险货物的分类。危险货物是一个总称,包括很多品种,我国颁布的《危险货物分类和品名编号(GB 6944—2012)》标准,按危险货物具有的危险性或最主要的危险性(即按危险货物多重特性的主次区别),将危险货物分为 9 个类别,每一类别又细分为诸多项别,见表 6-1。

危险货物分类表 表 6-1

类别	名称	项别	包含的物质和物品
第1类	爆炸品	1.1项	有整体爆炸危险的物质和物品
		1.2项	有迸射危险,但无整体爆炸危险的物质和物品
		1.3项	有燃烧危险并有局部爆炸危险或局部迸射危险或这两种危险都有,但无整体爆炸危险的物质和物品
		1.4项	不呈现重大危险的物质和物品
		1.5项	有整体爆炸危险的非常不敏感物质
		1.6项	无整体爆炸危险的极端不敏感物品
第2类	气体	2.1项	易燃气体
		2.2项	非易燃无毒气体
		2.3项	毒性气体
第3类	易燃液体		包括:a)易燃液体;b)液态退敏爆炸品
第4类	易燃固体、易于自燃或遇湿放出易燃气体的物质	4.1项	易燃固体,易于自燃的物质和固体退敏爆炸品
		4.2项	易于自燃的物质
		4.3项	遇水放出易燃气体的物质
第5类	氧化性物质和有机过氧化物	5.1项	氧化性物质,本身不一定可燃,但通常因放出氧或起氧化反应可能引起或促使其他物质燃烧的物质
		5.2项	有机过氧化性物,分子组成中含有过氧基的有机物质,该物质为热不稳定物质,可能发生放热的自加速分解
第6类	毒性物质和感染性物质	6.1项	毒性物质,经吞食、吸入或皮肤接触后可能造成死亡或严重受伤或健康损害的物质
		6.2项	感染性物质,含有病原体的物质,包括生物制品、诊断样品、基因突变的微生物、生物体和其他媒介,如病毒蛋白等
第7类	放射性物质		含有放射性核素且放射性活度浓度和总活度都分别超过 GB 11806 规定的限值的物质
第8类	腐蚀性物质		通过化学作用使生物组织接触时会造成严重损伤,或在渗漏时会严重损毁甚至毁坏其他货物或运载工具的物质
第9类	杂项危险物质和物品		具有其他类别未包括的危险的物质和物品,如:a)危害环境物质;b)高温物质;c)经过基因修改的微生物或组织

(3)危险货物的确认。结合自身的特殊性,我国各运输方式都颁布了本运输方式的《危险货物运输规则》(简称《危规》),并在其所附的《危险货物品名表》中收集列举了本规则范围内具体的危险货物的名称。各种运输方式在确认危险货物时,都采取列举原则。因此,危险货物必须是本运输方式《危险货物品名表》所列明的,方予确认、运输。在《危险货物运输规则》中未列明的、而性能确实危险的某些货物,必须根据各种危险货物的分类分项标准,由托运人提出技术鉴定书,并经有关主管部门审核或认可后,才能作为危险货物运输。

6.1.2 危险货物的特征及对运输装卸工作的安全要求

(1)爆炸品。

①特征。爆炸品是指在外界作用下(如受热、撞击等),能发生剧烈的化学反应,瞬时产生大量的气体和热量、使周围压力急剧上升,发生爆炸,对周围环境造成破坏的物品;也包括无整体爆炸危险,但具有燃烧、抛射及较小爆炸危险,或仅产生热、光、音响或烟雾等一种或几种作用的烟火物品。火药、炸药、起爆器材、烟花爆竹等都属于爆炸品。爆炸品具有以下的特性:

A. 爆炸性:爆炸性是爆炸品的主要危险,衡量爆炸性的重要指标是爆速和敏感度(在外界作用下发生爆炸的难易程度)。

B. 吸湿性:绝大多数爆炸性物质或物品具有较强的吸湿性,当吸湿受潮后会降低爆炸性能,甚至失去作用。但必须注意,有些物品当水分蒸发后仍可恢复其原来的爆炸性能。有些爆炸物质在受潮后会引起反应使它更加危险,在运输中应确保其干燥。

C. 不稳定性:爆炸品遇酸、碱分解,受日光照射分解,与某些金属接触产生不稳定的盐类等特性,归纳起来,称为不稳定性。

②对运输工作的安全要求。

A. 慎重选择运输工具。公路运输爆炸品货物禁止使用以柴油或煤气为燃料的机动车、自卸车以及畜力车。因为柴油车容易飞出火星,煤气车容易漏气发生火灾,三轮车和自行车容易翻倒,畜力车有时牲口受惊不易控制。

B. 汽车长途运输爆炸品时,其运输路线应事先报请当地公安部门批准,按公安部门指定的路线行驶,不得擅自改变行驶路线,以确保安全管理。

C. 驾驶人必须集中精力,严格遵守交通法令和操作规程。行驶中注意观察,保持行车平稳。多辆车列队运输时,车与车之间至少保持50m以上的安全距离。一般情况下不得超车、强行会车,非特殊情况下不得紧急制动。

D. 运输人员,必须严格遵守保密规定,对有关弹药储运情况不准向无关人员泄露。

③对装卸工作的安全要求。

A. 参与装卸人员应严格遵守保密协议和有关库、场的规章制度,听从现场指挥人员或随车押运人员的指导。

B. 装卸时,必须轻拿轻放,稳中求快,严防跌落、摔碰、撞击、拖拉、翻滚、投掷、倒置等。

C. 装车前应将货厢清扫干净,排除异物,装车时,应分清包装箱的种类、批号、点清数量,防止差错。

D. 装车不得超高、超宽,装载量不得超过额定负荷。押运人应负责监装、监卸、数量点收、点交清楚,所装货物高度超出部分不得超过货厢高的1/3;封闭式车厢货物总高度不得超过1.5m;没有外包装的金属桶只能单层摆放,以免压力过大或撞击摩擦引起爆炸。

E. 堆放要稳固、紧凑、码齐,非封闭式货厢应用苫布盖好,并用大绳捆扎牢固。

(2) 压缩、液化、加压溶解气体。

① 特性。

常温常压条件下的气态物质(一般临界温度低于50℃,或在50℃时的蒸气压力大于30Pa),经压缩或降温加压后,储存于耐压容器或特制的高绝热耐压容器或装有特殊溶剂的耐压容器中,均属于压缩、液化、加压溶解气体货物。常见的此类货物有氧气、氢气、氯气、氨气、乙炔、石油气等。其危险性主要表现在四个方面:容易爆炸;气体泄漏;氧气与油脂类接触易燃烧;比空气重的高压气体沉积,不易散发。

② 对运输工作的安全要求。

A. 夏季运输压缩、液化、加压溶解气体,车上必须有遮阳设施,防止暴晒。液化石油气槽车应配备橡胶导静电拖地带。

B. 运输可燃、有毒气体车辆,车上应备有相应的灭火和防毒器具。

C. 运输大型气瓶,行车途中应尽量避免紧急制动,以防止气瓶的巨大惯性力冲出车厢平台造成事故。

③ 对装卸工作的安全要求。

A. 操作人员必须检查气瓶安全帽齐全、旋紧,操作时要做到轻放、轻卸,严禁抛、滑或猛力撞击。

B. 徒手搬运气瓶,不准脱手滚瓶和传接。装车时,要注意保护气瓶头阀,防止撞坏。气瓶一般应横向放置平稳,妥善固定,气瓶头部应朝向一方,最上一层不准超过栏板高度。小型货车装运气瓶,其车厢宽度不及气瓶高度时,气瓶可纵向摆放,但气瓶头部应紧靠前车厢栏板,不得竖装。

C. 可以竖装的气瓶,如低温液化气体的杜瓦瓶、大型液化石油气气瓶等,必须采取有效的捆扎措施。

D. 易燃气体不得与其他危险品配载,不燃气体除爆炸品、酸性腐蚀品外,可以与其他危险品配载;助燃气体(如空气、氧气及具有氧化性的有毒气体)不得与易燃、易爆物品及酸性腐蚀品配载;有毒气体不得与酸性腐蚀品、氧化剂和有机过氧化物配载;同是有毒气体的液氯、液氨亦不得配载。

(3) 易燃液体。

① 特性。

易燃液体是指在常温下极易着火燃烧的液态物质,这类物质大都是有机化合物,其中很多属于石油化工产品。按照我国的规定,凡是闪点等于或低于60℃的液体都属于易燃液体。如乙醇(酒精)、苯、乙醚、二硫化碳(CS_2)、油漆类以及石油制品和含有机溶剂制品等。易燃液体的物理性质表现为:高度挥发性、高度流动扩散性、受热膨胀性、静电电荷集聚性;易燃液体的化学性质表现为:高度易燃性、蒸气易爆性、有毒性等。

② 对运输工作的安全要求。

A. 运输易燃液体,随车人员不准吸烟,车辆不得接近明火和高温场所。易燃液体槽车行驶时,导除静电装置应接地良好。

B. 装运易燃液体的车辆,严禁搭乘无关人员,途中应经常检查车上货物的装载情况,发现异常时及时采取措施。

C. 当夏季气温在30℃以上时,应根据当地公安消防部门的限运规定,按指定时间段进行运输,如公安部门无具体品名限制时,对一级易燃液体应尽量安排在早晚进行运输。如必须运输时,车上应具有有效的遮阳措施,封闭式车厢应保持通风良好。

D. 不溶于水的易燃液体货物原则上不能通过越江隧道,或按当地有关管理部门的规定进行运输。

③对装卸工作的安全要求。

A. 作业人员在装车时应认真检查包装(包括封口)的完好情况,发现鼓桶破损或渗涌的现象时,则不能装运。

B. 装卸作业必须严格遵守操作规程,轻装轻卸,防止货物撞击,尤其是内容器为易碎容器(玻璃瓶)时,严禁摔损、重压或倒置,货物堆放时应使桶口、箱盖朝上,堆垛整齐、平稳。

C. 易燃液体不能与氧化剂或强酸等货物同车装运,更不能与爆炸品、气体及易自燃物品拼车。易溶于水的或含水的易燃液体不得与遇湿易燃物品同车装运。

(4)易燃固体、易自燃物品和遇湿易燃物品。

①特性。易燃固体指燃点低,对热、撞击、摩擦敏感,易被外部火源点燃,燃烧迅速,并可能散出有毒烟雾或有毒气体的固体物品,但不包括已列入爆炸品范围的物品。本类危险品常见的有赤磷、硫黄、萘、铝粉等。易自燃物品指自燃点低,在空气中易于发生氧化反应,放出热量而自行燃烧的物品,如黄磷和油浸的麻、棉、纸及其制品。遇湿易燃物品指遇水或受潮时,发生剧烈化学反应,放出大量易燃气体和热量的物品。有些不需明火,即能燃烧或爆炸,如钠、钾等碱金属,(碳化钙)等。易燃性是本类物品的共同特性。

②对运输工作的安全要求。

A. 行车时,要避开明火高温场所,防止外来火星飞到货物中。

B. 定时停车检查车上货物的装载情况,尤其注意防止包装渗漏。

③对装卸工作的安全要求。

A. 装卸时要轻装轻卸,不得翻滚。尤其是含有稳定剂的包装件或内包装是易碎容器的,应防止因撞击、摩擦、摔落,致使包装损坏而造成事故。

B. 严禁与氧化剂、强酸、强碱、爆炸性货物同车混装运输。

C. 堆码要整齐、紧靠、平稳,不得倒置,以防稳定剂的流失或易燃货物的撒漏。

(5)氧化剂和过氧化物。

①特性。氧化剂和过氧化物是指易于放出氧气从而促使其他材料燃烧并助长火势的物质。本身未必燃烧,但一般因容易分解放出氧气并产生大量的热可导致或促成其他物质的燃烧,甚至引起爆炸。有机过氧化物绝大多数是燃烧猛烈的,能起强氧化剂的作用并易于发生爆炸性的分解,能严重损害眼睛。如硝酸钾、氯酸钾、过氧化钠、过氧化氢(双氧水)等。有机过氧化物,如过氧化二苯甲酰等。本类危险品的特性为:强氧化性;遇热分解;爆炸性;遇酸、遇水分解;有毒性和腐蚀性。

②对运输工作的安全要求。在危险货物的运输中,此类危险货物虽然从品种和运输量而言只占很小一部分,但造成的事故却占了不小比例。

A. 行车时,严格控制车速,防止货物剧烈振动、摩擦,并远离热源。

B. 控温货物在运输途中应定时检查制冷设备的运转情况,发现异常及时采取措施。

C. 车辆维修时严格控制明火作业,人不离车,同时注意周围环境是否安全,发现问题及时采取措施。

③对装卸工作的安全要求。

A. 装卸场所应远离火种、热源,夜间应使用防爆灯具,对光感的物品要采取遮阳、避光措施。

B. 操作中不能使用易产生火花的工具,切忌撞击、振动、倒置,必须轻装轻卸、捆扎牢固,包装件之间应妥帖整齐,防止移动摩擦,并严防受潮。

C. 用钢桶包装的强氧化剂(如氯酸钾等)不得堆垛。必须堆垛时,包装间必须有安全的衬垫措施。

D. 在雨、雪天装卸遇水易分解的氧化剂(如过氧化钠、过氧化钾、漂粉精、保险粉等),必须在具有防水条件下才能进行装卸作业。装车后,必须用苫布严密封盖,严防货物受潮。

E. 袋装的氧化剂操作中严禁使用手钩;使用手推车搬运时,不得从氧化剂撒漏物上面压碾,以防止受摩擦起火。

F. 氧化剂对其他物品的感染性强,因此严禁与其他绝大多数有机过氧化物、有机物、可燃物、酸类货物等同车装运。

(6)毒害品和感染性物品。

①特性。毒害品是指进入肌体后,累积达一定量,能与体液和组织发生生物化学作用或生物物理变化,扰乱或破坏肌体的正常生理功能,引起暂时性或持久性的病理状态,甚至危及生命的物品。感染性物品是指含有致病的微生物,能引起病态,甚至死亡的物质。本类危险品的特性为:毒害性;遇酸、氧化剂分解;遇水分解性。

②对运输工作的安全要求。

A. 防止丢失,这是行车中要注意的最重要事项。

B. 要平稳驾车,定时检查包装件的捆扎坚固情况。

C. 防止袋装、箱装毒害品淋雨受潮。

D. 用过的苫布,或被毒害品污染的工具和车辆,在未清洗消毒前不能继续使用,特别是装运过毒害品的车辆未清洗前严禁装运食品或活动物。

③对装卸工作的安全要求。

A. 作业人员必须穿戴好防护服装、手套、防毒口罩或面具。

B. 装卸操作时,人尽量站立在上风处,不能在低洼处久待;搬运装卸时,应做到轻拿轻放,尤其是对易碎包装件和纸袋包装件,不能摔损,避免损坏包装使毒物撒漏造成危害。

C. 堆垛时,要注意包装件的图示标志,不能倒置,堆垛要紧靠堆齐,桶口、箱口朝上,袋口朝里。易失落的小件货物(尤其是剧毒氰化物、砷化物、氰酸酯类货物),装车后必须用苫布严密封盖,并用大绳捆扎牢固。

D. 装卸操作人员不能在货物上坐卧、休息,要尽量减少与毒害品的接触时间。

E. 无机毒害品不得与酸性腐蚀品和易感染性物品配装。有机毒害品不得与爆炸品、助燃气体、氧化剂、有机过氧化物等酸性腐蚀物品配载。

(7)放射性物品。

①特征。

放射性物品是指能够自发地、连续不断地放射出穿透力很强但人的感觉器官不能察觉的射线,且其放射性比活度大于 $7.4 \times 10^4 Bq/kg$ 的物品。其主要特征表现为放射性、毒害性、不可抑制性(不能用化学方法中和、物理或其他方法使其不放出射线,只有通过放射性核素的自身衰变才能使放射性衰减到一定水平)。

②对运输工作的安全要求。

A. 对半衰期短的放射性物质品应优先运输,不能久储。对于在一个半衰期内不能送达目的地的放射性物品,公路运输不能受理,而应建议采用更快的运输方式。

B. 放射性货物运输装卸过程中要有辐射防护、屏蔽包装,将其辐射水平控制在一定水平内的。

③对装卸工作的安全要求。

A. 除特殊安排装运的货包外,不同种类的放射性货包(包括可裂变物质货包)可以混装、储存,但必须遵守总指数和间隔距离的规定。

B. 放射性货物不能与危险品配载或混合储存,但可与不受放射线影响的非危险品混合配载。

(8)腐蚀品。

①特性。

腐蚀品是指能灼伤人体组织并对金属等物品造成损坏的固体或液体。如硫酸、硝酸、盐酸、氯化氢、氯磺酸、冰醋酸、氢氧化钠、甲醛等。腐蚀品具有腐蚀性、毒害性和易燃性等特征。此外,有些腐蚀性物质具有强氧化性,当与有机材料接触时会着火燃烧,如溴及其溶液、硝酸、高氯酸等;有些腐蚀性物质遇水时会放出大量的热,如氯磺酸、三氧化硫、发烟硫酸等。

②对运输工作的安全要求。

A. 驾驶人要平稳驾驶车辆,特别是在载有易碎容器包装的腐蚀品的情况下,路面条件差、颠簸振动大而不能确保易碎品完好时,不得冒险通过。

B. 定时停车检查车上货物的装载情况,防止包装渗漏。

③对装卸工作的安全要求。

A. 腐蚀品的配载要注意:酸性腐蚀品与碱性腐蚀品不得配载;无机酸性腐蚀品与有机酸性腐蚀品不能配载;无机酸性腐蚀品不得与可燃品配载;有机腐蚀品不得与氧化剂配载;硫酸不得与氧化剂配载;腐蚀品不得与普通货物配载。

B. 装卸时要轻装轻卸,防止撞击、摔落,禁止肩扛、背负和揽抱、钩拖。

C. 堆垛时应注意指示标记,桶口、瓶口、箱盖朝上,不准横放倒置,堆垛要整齐、紧靠、牢固。没有封盖的外包装不得堆垛。

D. 装卸现场应视货物特性,备有清水、苏打水(对酸性起中和作用)或稀醋酸(对碱性起中和作用),以应付急需。

6.1.3 危险货物受理托运、包装和储存保管要求

(1)对受理托运的要求。

①在受理托运前必须对货物的名称、性能、防范方法、形态、包装、单件质量等情况进行详细了解并注明。

②问清包装、规格和标志是否符合国家规定的要求,必要时到现场进行直接了解。

③新产品应检查随附的技术鉴定书是否有效。

④检查按规定需要的"准运证件"是否齐全。

⑤做好运输前准备工作,装卸现场、环境要符合安全运输条件,必要时要到现场勘查。

⑥到达码头、车站的爆炸品、剧毒品、一级氧化剂、放射性物品(天然铀、钍类除外)在受理前应到现场检查包装等情况,对不符合安全运输要求的,应请托运人改善后再受理。

(2)对运输包装要求。

危险货物的包装对安全运输有直接影响,如果包装不良或包装方法不当,则很容易发生事故。危险货物的包装应与货物的性质、汽车运输特点等相适应,同时,还应尽可能降低包装费用。具体要求:

①危险货物一般应单独包装。

②包装的种类、材质、封口等应适应所装货物的性质。

③包装规格、形式及单位包装质量应便于装卸、搬运和保证运输过程中的安全。

④包装应能接受一定范围内温度、湿度的变化,内、外包装之间应适当衬垫。

⑤包装的外表必须有规定的危险货物标志。

(3)对储存保管要求。

①危险品入库必须检验。入库应有入库单和交接手续。入库后要登台账,出库后要销台账。入库时要详细核对货物品名、规格质量、容器包装等。发现品名不符、包装不符合规格或容器渗漏时立即移至安全地点处理,不得进库。

②化学危险品仓库的安全检查,每天必须进行2次。对性质不稳定、容易分解变质的物品,应定期进行测温,做好记录。入库储放的每种物品应明显标明其名称、燃烧特征及灭火办法,某些需要特别储存条件的应另外标明。

③仓库进出货物后,对可能遗留或散落在操作现场的危险品,要及时进行检查、清扫和处理。

④仓库内严禁一切明火。

⑤允许进入仓库区的运货汽车应有特殊防火设备。汽车与库房之间,应划定安全停车线,一般为5m。严禁在仓库内检修汽车。

⑥不准在库房或在危险品堆垛的附近进行试验、分装、打包、封焊及其他可能引起火灾的任何不安全操作。每天工作结束时,应做防火检查,关闭门窗,切断电源。库房内不准住宿,不准在库房内或危险品堆垛旁休息。

⑦仓库内的避雷针、电线和建筑设施,应定期检查。

⑧化学危险品仓库根据规模的大小,设有足够的消防水源、必需的消防器材及抢救防护用具等,并经常进行检查维护,以免失效。

⑨仓库应有严格的人员出入库、机械操作、明火管理等安全管理制度。对某些剧毒的、贵重的、易爆的危险品,要严格贯彻双人保管、双人收发、双人领料、双本账、双锁管理的"五双管理制度"。

⑩危险品出库必须认真复核。要准确按照合法凭证规定的货位编号、品名、规格、国别或产地、发站和收货人、包装、件数等,把货物交付提货人员或装入有关运输车辆及其他运输工具。在货物出仓前,对每批货物必须实行两人以上的复核制。

6.1.4 道路危险货物运输经营的条件要求

根据交通运输部《道路危险货物运输管理规定》(交通运输部令2013年第2号),申请从事道路危险货物运输经营,应当具备下列条件:

(1)有符合要求的专用车辆及设备。

①自有专用车辆(挂车除外)5辆以上;运输剧毒化学品、爆炸品的,自有专用车辆(挂车除外)10辆以上。

②专用车辆技术性能符合国家标准《营运车辆综合性能要求和检验方法》(GB 18565—2001)的要求;技术等级达到行业标准《营运车辆技术等级划分和评定要求》(JT/T 198—2004)规定的一级技术等级。

③专用车辆外廓尺寸、轴荷和质量符合国家标准《道路车辆外廓尺寸、轴荷和质量限值》(GB 1589—2004)的要求。

④配备有效的通信工具,专用车辆应当安装具有行驶记录功能的卫星定位装置。

⑤配备与运输的危险货物性质相适应的安全防护、环境保护和消防设施设备。

(2)有符合要求的停车场地。

①自有或者租借期限为3年以上,且与经营范围、规模相适应的停车场地,停车场地应当位于企业注册地市级行政区域内。

②运输剧毒化学品、爆炸品专用车辆以及罐式专用车辆,数量为20辆(含)以下的,停车场地面积不低于车辆正投影面积的1.5倍,数量为20辆以上的,超过部分,每辆车的停车场地面积不低于车辆正投影面积;运输其他危险货物的,专用车辆数量为10辆(含)以下的,停车场地面积不低于车辆正投影面积的1.5倍;数量为10辆以上的,超过部分,每辆车的停车场地面积不低于车辆正投影面积。

③停车场地应当封闭并设立明显标志,不得妨碍居民生活和威胁公共安全。

(3)有符合要求的从业人员和安全管理人员。

①专用车辆的驾驶人员取得相应机动车驾驶证,年龄不超过60周岁。

②从事道路危险货物运输的驾驶人员、装卸管理人员、押运人员应当经所在地设区的市级人民政府交通运输主管部门考试合格,并取得相应的从业资格证;从事剧毒化学品、爆炸品道路运输的驾驶人员、装卸管理人员、押运人员,应当经考试合格,取得注明为"剧毒化学品运输"或者"爆炸品运输"类别的从业资格证。

③企业应当配备专职安全管理人员。

(4)有健全的安全生产管理制度。

健全的安全生产管理制度包括企业主要负责人、安全管理部门负责人、专职安全管理人员安全生产责任制度;从业人员安全生产责任制度;安全生产监督检查制度;安全生产教育培训制度;从业人员、专用车辆、设备及停车场地安全管理制度;应急救援预案制度;安全生产作业规程;安全生产考核与奖惩制度以及安全事故报告、统计与处理制度。

6.2 超限货物运输组织

当今,世界各国科学技术发展趋势的一个重要表现是,工业品逐步向小型化、轻型化和微型化发展,而工业设备则逐步向大型、重型和超重型发展。电力、化工、石油、冶金、建材等工业设备的单套机组或单套设备的容量、生产能力越来越大,单件设备的质量往往达到数百吨、长度达几十米、宽度与高度也超出一般运输线路的限界。超限货物运输在国家经济建设中占有举足轻重的地位,随着我国经济的快速发展和工业化进程的加快,超限货物的运输量呈现逐年上升趋势,组织好这些与国民经济关系重大的运输工作具有重要的意义。

6.2.1 超限货物的定义

超限货物是指货物在装载后,其外形尺寸和质量超过常规(超长、超宽、超高、超重)车

辆、船舶装载规定的大型货物。不同的运输方式对超限货物的界定具有不同的标定。公路运输超限货物是指符合下列条件之一的货物:

(1) 货物外形尺寸条件:长度在 14m 以上或宽度在 3.5m 以上或高度在 3m 以上的单件货物或不可解体的成组(捆)货物。

(2) 质量条件:质量(毛重)在 20t 以上的单件货物或不可解体的成组(捆)货物。这类货物又称笨重货物。货物的毛重,即货物的净重加上包装材料质量和支撑材料质量后的总质量。根据笨重货物在车辆底板上的分布情况,又可将其分为均重货物和集重货物。质量能均匀地或接近均匀地分布于装载车辆底板上的货物为均重货物;质量集中于装载车辆底板上某一小部的货物为集重货物。

根据《道路大型物件运输管理办法》规定,公路超限货物按其外形尺寸和质量分成四级,见表 6-2。

公路超限货物分级 表 6-2

大件货物级别	长度 L(m)	宽度 B(m)	高度 H(m)	质量 M(t)
一级	$14 \leq L < 20$	$3.5 \leq B < 4.5$	$3 \leq H < 3.8$	$20 \leq M < 100$
二级	$20 \leq L < 30$	$4.5 \leq B < 5.5$	$3.8 \leq H < 4.4$	$100 \leq M < 200$
三级	$30 \leq L < 40$	$5.5 \leq B < 6$	$4.4 \leq H < 5$	$200 \leq M < 300$
四级	40 以上	6 以上	5 以上	300 以上

注:货物的质量和外廓尺寸中,有一项达到表列参数,即为该级别的超限货物;货物同时在外廓尺寸和质量达到两种以上等级时,按高级别确定超限等级。

水路运输超限货物,在远洋运输中是指单件质量超过 5t 或长度超过 9m 的货物,沿海运输中是指单件质量超过 3t 或长度超过 12m 的货物。按国际标准规定,凡单件质量超过 40t,或长度超过 12m,或宽度、高度超过 3m 的超高或超宽货物,如车辆、大型成套设备、集装箱、快艇等均属重大件货物。

6.2.2 超限货物运输的特殊性

超限货物的运输不同于其他货物运输,其特殊性主要表现在以下几个方面:

(1) 特殊装载要求。一般情况下笨重货物装载在超重型挂车上,用超重型牵引车牵引,而这种超重型车组是非常规的特种车组,车组装上超限货物后,质量和外形尺寸大大超过普通运输工具,因此超重型挂车和牵引车都是用价格昂贵的高强度钢材和大负荷轮胎制成。

(2) 特殊运输条件。超限货物运输对运输条件有特殊要求,沿途道路和空中设施必须满足所运货物车载和外形的通行需要。道路要有足够的宽度、净空以及良好的曲度。桥涵要有足够的承载能力。这些要求在一般道路上难以满足,必须事先进行勘测,运输前要对道路相关设施进行改造,运输中采取一定的组织技术措施,采取分段封闭交通,大件车组才能顺利通行。

(3) 特殊的安全要求。超限货物中许多大型设备都涉及国家经济建设的关键设备,稍有闪失,后果不堪设想。为此,其运输必须有严密的质量保证体系,超限货物运输安全的保证,是由超限货物运输车的设计性能、特定的超限货物装载加固设计的可靠性及线路条件等综合因素所决定的,任何一个环节都要有专职人员检查,未经检查合格,不得运行。

超限货物运输的特殊性除了表现在装载要求、运输条件和安全要求外,还表现为运输的高风险和高成本。

6.2.3 超限货物运输组织

（1）超限货物运输对车辆的要求。鉴于超限货物的特点，对于装运车辆的性能和结构，货物的装载和加固技术等都有一定的特殊要求。

①货物的装卸应尽可能地选用适宜的装卸机械，装车时应使货物的全部支撑面均匀地、平稳地放置在车辆底板上，以免损坏大梁。

②载运货物的车辆，应尽可能选用大型平板车等专用车辆。除有特殊规定者外，装载货物的质量不得超过车辆的额定吨位，其装载的长度、高度、宽度不准超过规定的装载界限。

③支撑面不大的笨重货物，为使其质量能均匀地分布在车辆的底板上，必须将货物安置在纵横垫木上，或起垫木作用的设备上。

④货物的重心应尽量置于车底板纵、横中心线的垂直线上。

⑤重车重心高度应有一定的限制，重车重心如偏高，除应认真进行装载加固外，还应采取配重措施以降低重心的高度。

⑥超限货物在运输时容易受到各种外力作用，而外力作用容易使货物发生水平移动，滚动甚至倾覆。因此在运输超限货物时，除应考虑它们之间合理装载的技术条件外，还应重视货物的质量、形状、大小、重心高度、车辆和道路条件、运送速度等具体情况，采取相应的加固捆绑措施。

（2）大件货物运输过程的受力分析。大件货物由于体积巨大，装载于车辆运输时，相比普通货物，更易受到各种外力的作用。包括横向离心力、纵向惯性力、垂直冲击力、风力以及货物支承面与车底板（或垫木）之间的摩擦力等，如图6-1所示。

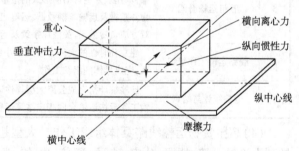

图6-1 大件货物受力示意图

①横向离心力。是指车辆转弯时，所产生的沿汽车横向（垂直于速度的方向）的离心力。力的大小与货物的质量、车辆转弯时的速度、转弯半径及弯道的倾斜角有关。

②纵向惯性力。指车辆在起动、加速或制动等情况下，所产生的与车辆的加速度相反的力。力的大小与货物的质量和加速度的大小成正比。

③垂直冲击力。指车辆在运行过程中，由于路面不平、上下颠簸振动所引起的垂直于水平面的上下交替的力。力的持续时间很短，一般为0.13~0.16s。力的大小与货物的质量、冲击的时间和速度，支持面的大小、道路的条件及车辆的性能有关。

④其他作用力。超限货物在运输过程中受到的坡道阻力和风力比较大。其中风力的大小与风速、货物的外形及迎风面积有关。

超限货物受以上各种力的影响均比较大，这些外力的综合作用往往会使货物发生水平移动、滚动甚至倾覆。所以在运输超限货物时，需非常重视货物的质量、形状、重心高度、车辆条件、道路条件、运送速度等因素，采取相应措施来保证运输安全。

（3）超限货物运输组织的业务流程。依据超限货物运输的特殊性，其组织工作环节主要包括办理托运、理货、验道、制订运输方案、签订运输合同、线路运输工作组织，以及运输结算等。超限货物业务流程及其内容见表6-3。

超限货物业务流程及其内容　　　　　　表6-3

序号	工作环节	有关内容
1	办理托运	由托运人向已取得运输经营资格的运输企业或其代理人办理托运。托运人必须在(托)运单上如实填写大型货物的名称、规格、件数、件重、起运日期、收发货人详细地址及运输过程中的注意事项
2	理货	理货是承运人对货物的几何形状、质量和重心位置进行了解,取得可靠数据和图样资料的过程。为确定货物级别及运输形式、查验道路以及制订运输方案提供依据。主要内容包括:调查大型物件的几何性质及质量,调查大型物件的重心位置和质量分布情况,查明货物承载位置及装卸方式,查看特殊大型物件的有关技术经济资料,以及完成书面形式的理货报告
3	验道	验道工作主要内容包括:查验运输沿线全部道路的路面、路基、纵向坡度、横向坡度及弯道超高处的横坡坡度,道路的竖曲线半径、通道宽度及弯道半径,查验沿线桥梁涵洞、高空障碍,查看装卸货现场、倒载转运现场,了解沿线地理环境及气候情况。根据上述查验结果预测作业时间,编制运行路线图,完成验道报告
4	制订运输方案	在充分研究与分析理货报告和验道报告,制订安全可行可靠的运输方案。其主要内容包括:配备牵引车、挂车组及附件,配备动力机组及压在块,确定限定最高车速,制定运行技术措施,配备辅助车辆,制订货物装卸与捆扎加固方案,制订和验算运输技术方案,完成运输方案书面文件
5	签订运输合同	根据托运方填写的委托运输文件及承运方进行理货分析、验道、制订运输方案的结果,承托双方签订书面形式的运输合同。主要内容包括:明确托运与承运甲乙方、大型物件数据及运输车辆数据、运输起讫地点、运距与运输时间,明确合同生效时间、承托双方应负责人、有关法律手续及运费结算方式、付款方式等
6	线路运输工作组织	建立临时性的大件运输工作小组负责实施运输方案,执行运输合同和相应对外联系,完成具体的组织工作
7	运输统计与结算	运输统计指完成公路大型物件运输工作各项技术经济指标统计;运输结算指完成运输工作后按运输合同规定结算运费及相关费用

(4) 超限货物运输线路具体组织工作。大型超限设备的运输是特种运输,涉及面广,牵扯到沿途的公路、桥梁、公安、交通、通信、电力、邮政等多家部门,是一项复杂的系统工程。为保证车辆的出行安全,设备的顺利运至施工现场,应做到如下要求。

①运行中挂车及设备的四周要放置明显的标志,白天悬挂三角旗,夜间车辆不允许在道路上停放。

②车组通过交叉口、铁道口和繁华路段,安全人员要配合当地交通民警进行疏导车辆工作,维护交通以便车组安全通过。

③为保证设备在途中的运输安全,在大型运载车组前面要设一部模拟车兼架线车,模拟车两侧要装有探测杆,杆的顶端设有接触触发信号装置,一旦碰到高空障碍,模拟杆的高度调整到行驶时设备的运行高度,车上还应配有架线杆和架线托架,沿途线缆高度不够时,随时进行托架。

④穿越大城市应夜间进行,经过无轨电车线路的路段,要选择在23时至凌晨5时电车停运的时间通过。

⑤沿途更换轮胎等需要停车时,特别是在高速公路上停车,应在车尾放置安全标志(大型停车牌),并派安全人员在车后疏导过往车辆。

⑥由于大型运载车组行驶较慢,在高速公路上行驶时,车组后方护卫车要打开警告灯,

提示后面车辆注意，防止追尾事件发生。

⑦为保证设备的绝对安全，大型运输车时速平坦道路为15km，车辆交会时，时速限制在8km，普通行驶时速15km，整个运输过程中严禁紧急制动、急加速。通过桥梁时，时速限制为5km，匀速前进，严禁加速，不允许剧烈振动。山区道路行驶时时速限制为5km，配有开道联络车随时监测道路情况，山路不允许停车，监护人员做好前后的防护。

⑧为保证车辆、设备、桥梁的安全，大型车组通过跨度较大的桥梁时，要断路通过，使桥上只行驶大型车辆，车组在桥上时速5km，居中匀速慢行，不准加速，不准换挡，不准停车，以减少对桥梁的冲击载荷。

⑨通过上下坡及弯道前，运行车辆必须进行全面的检查，尤其要保证制动系统良好，其他随车人员必须随车跟进，随时做好掩车准备，此外，开道安全人员必须做好封闭道路工作，以防止意外或造成中途停车。

⑩沿途每隔50km，安全技术人员必须对行驶车辆进行检查，发现问题及时处理。

⑪为保证运输车辆不出意外，运输过程中要请当地公安交警和路政部门派警车护送，特别是在上、下高速公路前后，经过人口密集地区要派警车开道，以保证交通顺畅。

⑫为保证运输车辆及货物的安全，必须为设备办理足额货物运输安全险；必须在运输前将货物用防水篷布完全包住，以防止在路上遇到大雨、下雪天气，对货物造成损坏；需在尾部安装三维冲击记录仪，监测运输途中设备垂直、水平和侧向的速度，保证设备在冲击仪安全范围内运达目的地。

6.3 鲜活易腐货物运输组织

6.3.1 鲜活易腐货物的概念及特点

(1) 鲜活易腐货物概念。

鲜活易腐货物是指在运输过程中，需要采取相应的保鲜、保活措施(控制湿度、温度、通风等)，以保持其鲜活或不变质，并且必须在规定的期限内运抵目的地的货物。

鲜活易腐货物分为易腐货物和活动物两大类，其中占比例最大的是易腐货物。易腐货物是指在一般条件下保管和运输时，极易受到外界气温及湿度的影响而腐坏变质的货物，包括鱼、肉、蛋、蔬菜、冰鲜、活植物等。活动物包括禽、畜、兽、蜜蜂、活鱼、鱼苗等。

(2) 鲜活易腐货物运输的特点。

①季节性强、运量变化大。鲜活易腐货物大部分是季节性生产的农副产品，运量随着季节的变化而变化。如水果蔬菜大量上市的季节、沿海渔场的渔汛期等，运量会猛增，而在淡季，运量会大大下降。

②运送时间要求紧迫。大部分鲜活易腐货物，极易变质。运输鲜活易腐货物时，虽然使用了特种车辆，采取了特殊措施，但是如果运输时间过长，仍然会影响鲜活货物原来的质量。因此，此类货物要求以最短的时间、最快的速度及时运到。

③运输途中需要特殊照料。鲜活易腐货物易受外界气温、湿度、卫生等条件的影响。为防止易腐货物的腐烂变质和活动物病残死亡，运输途中需要特殊照料。如牲畜、家禽、蜜蜂、花木秧苗等的运输，需配备专用车辆和设备，并有专人沿途进行饲养、浇水、降温、通风等。

运输鲜活易腐货物需要用一些特殊的工具，并采用相应的运输组织方法。

④品类多,部分货物运距长,组织工作复杂。我国出产鲜活易腐货物有几千种之多,性质各不相同,部分货物运距长,运输过程中外部环境变化大,运输组织工作与普通货物相比要复杂得多。

6.3.2 鲜活易腐货物保藏及运输的方法

在鲜活易腐货物运输中,除了少数部分确因途中照料或车辆不适造成死亡外,其中大多数都是因为微生物的繁殖和呼吸作用所致。因此,凡是能用以抑制微生物的滋长和减弱呼吸作用的方法,均可延长易腐货物的保藏时间。其中,冷藏是最常用的一种方法。

冷藏货物可分为冷冻货物和低温货物两种。冷冻货物是指运输温度在 $-20 \sim -10$℃ 之间,在冻结状态下进行运输的货物。低温货物是指运输温度在 $-1 \sim 16$℃ 之间,在尚未冻结或表面有一层薄薄的冻结层的状态进行运输的货物。一些具有代表性的冷冻货物和低温货物的运输温度,见表6-4和表6-5。

冷冻货物运输温度(℃)　　　　　　　　　　　　　　表6-4

货　名	运输温度	货　物	运输温度
鱼	$-17.8 \sim -15.0$	虾	$-17.8 \sim -15.0$
肉	$-15.0 \sim -13.3$	黄油	$-12.2 \sim -11.1$
蛋	$-15.0 \sim 13.3$	浓缩果汁	-20

低温货物运输温度(℃)　　　　　　　　　　　　　　表6-5

货　名	运输温度	货　名	运输温度
肉类	$-1 \sim 5.0$	葡萄	$6 \sim 8$
腊肠	$-1 \sim -5.0$	菠萝	$0 \sim 11$
黄油	$-0.6 \sim 0.6$	橘子	$2 \sim 10$
鸡蛋	$-1.7 \sim 15$	柚子	$8 \sim 15$
苹果	$-1.1 \sim 16$	红葱	$-1 \sim 15$
白兰瓜	$1.1 \sim 2.2$	土豆	$3.3 \sim 15$

用冷藏方法来保藏和运输鲜活易腐货物时,温度固然是主要的条件,但只有妥善处理好温度、湿度、通风、卫生四者相互之间的关系,才能保证鲜活易腐货物的运输质量。

6.3.3 鲜活易腐货物的运输组织工作

良好的运输组织工作,对保证鲜活易腐货物的质量十分重要。鲜活易腐货物的运输应坚持"四优先"的原则,即优先安排运输计划、优先进货装车、优先取送、优先挂运。

发货人在托运之前,应根据货物的不同性质,做好货物的包装工作。托运时,应向承运人提出货物最长的运达期限、某一种货物的具体运输温度及特殊要求,提交卫生检疫等有关证明,并在托运单上注明。检疫证明应退回发货人或随同托运单代递到终点站,交收货人。

承运鲜活易腐货物时,承运人应对货物的质量、包装、温度等进行仔细检查。承运人应根据货物的种类、性质、运送季节、运距和运送地方来确定具体的运输服务方法,及时地组织适合的车辆予以装运。

鲜活易腐货物装车前,应认真检查车辆及设备的完好状态,做好车厢的清洁、消毒工作,适当风干后再装车。装车时,应根据不同货物的特点,确定其装载方法。

对于鲜活易腐货物的运送,应充分发挥公路运输的快速、直达的特点,协调好仓储、配载、运送各环节,及时运送。运输途中,应由托运方派人沿途照料。天气炎热时,应尽量利用早晚时间行驶。

6.4 贵重货物运输组织

6.4.1 贵重货物的定义及分类

随着社会经济的发展和人们收入水平的提高,贵重物品的交易与消费变得更为常见,由此带来的贵重货物运输量也日益增加。过去贵重货物运输主要依赖于航空运输方式,目前利用水路运输、公路运输和铁路运输等方式的现象逐渐增多。

贵重货物是指单件货物价格比较昂贵的货物。在国内运输中,货物声明价值为毛重每千克超过人民币2000元的物品,在国际航空货物运输中,货物声明价值为毛重每千克超过1000美元的物品。贵重货物主要包括下属物品:

(1)贵金属及其饰物:主要指金、银和铂族金属(钌、铑、钯、锇、铱、铂)及金、银、铂制作的饰物。但上述金属以及合金的放射性同位素则不属于贵重货物,而属于危险品,应按危险品运输的有关规定办理。

(2)有价票据:合法的银行钞票、有价证券、股票、旅行支票等。

(3)钻石、珠宝及其他珍贵饰品:钻石(包括工业钻石)、红宝石、蓝宝石、绿宝石、蛋白石、珍珠(包括养殖珍珠),以及镶有上述钻石、宝石、珍珠等的饰物。

(4)珍贵文物:包括书、画、古玩等。

(5)声明价值毛重每千克超过定义规定值的其他任何物品。

6.4.2 贵重货物的运输组织工作要求

(1)贵重货物对运输包装的要求。

贵重货物应用硬质木箱或铁箱包装,不得使用纸质包装,必要时外包装上应用"#"字铁条加固,并使用铅封或火漆封志,封志要完好,封志上要有托运人的特别印记。贵重货物只能使用挂签;除识别标签和操作标签外,贵重货物不需要任何其他标签和额外粘贴物;货物的外包装上不可有任何对内装物作出提示的标记。包装箱内必须放置足够的衬垫物,保证箱内物品不致移动和互相碰撞。

贵重货物包装必须完好、牢固;在装载时必须做到轻搬、轻装,大不压小、重不压轻、标志朝外、箭头向上;货物间积载稳妥,不留空隙,质量分布均衡;严禁超高、超载,谨防湿损。

(2)贵重货物对运输人员的要求。

根据货物的性质,在运输过程中需要专人监护的货物,托运人应派人押运,否则,承运人将不予承运。贵重货物运输的操作人员有严格的准入标准,主要包括:品行端正、遵纪守法、无劣迹、无不良行为;身体健康、机智敏捷、文化程度较高;经过严格的培训上岗;工作作风良好,严格按照操作规程工作,组织纪律观念强。

(3)贵重货物的运输规定。

①贵重货物的运输应优先使用直达航班,并订妥全程舱位。同时,还应尽量缩短货物在始发站、中转站和目的站机场的时间,避开周末或节假日交运。

②贵重货物不得与其他货物混装在一起。贵重货物装机时,应填写贵重货物交接单,并

连同贵重货物一起与机长交接。

③总质量在45kg以下,单件体积不超过453020cm³的贵重货物,应放在机长指定的位置;超过上述体积和质量的,应放在有金属门的集装箱内或飞机散舱内。

④贵重货物运至目的站后,应安排专人监督卸机过程,直至货物入库。

⑤贵重货物应存放在贵重货物仓库内,并随时记录出、入库情况。

(4)贵重货物的装提要求。

贵重货物在装货过程中,至少应有三人在场,其中一人必须是承运人的代表。中转站接收中转的贵重货物,应进行复核。发现包装破损或封志有异,应停止运输,征求始发站的处理意见。如果发现贵重货物有破损、丢失或短少等迹象,应填写《货物不正常运输记录》并通知有关部门。收货人提取货物前,应仔细检查货物包装,如有异议时,应当场向承运人提出,必要时重新称重,并详细填写运输事故记录。

6.4.3 贵重货物的运输安全管理

各种运输方式对于贵重货物运输安全管理要求不同。以公路运输为例,贵重货物运输的安全管理包括货物安全管理、车辆安全管理、人员安全管理、雨天行车安全管理和安全制度约束五个方面。

(1)货物安全管理。在运输过程中,首先应该保证贵重货物的安全,推行保价运输。保价运输是指运输企业与托运人共同确定的以托运人声明货物价值为基础的一种特殊运输方式,保价就是托运人向承运人声明其托运货物的实际价值。对于按保价运输的货物,托运人除缴纳运输费用外,还要按照规定缴纳一定的保价费。

(2)车辆安全管理。在贵重货物运输中,还应该保证车辆安全。除运输车辆的必要维修外,还要做到人车协调、坚决杜绝疲劳驾驶、无证车辆上路现象的发生以及对运输车辆的实时监控。

(3)人员安全管理。人员安全管理主要是驾驶人员、押运人员的安全意识管理。驾驶人员要求除了执证(驾驶证、车辆管理证等)上岗、懂得交通法律法规外,还要有良好的爱心、耐心、宽容心和责任心。押运人员的作用在于指导运输安全、信息传达和保护运输的物品安全,还要具备处理各种运输业务和突发事件的能力。

(4)尽可能进行快运。应尽量缩短货物在始发站、中转站和目的站机场的时间。

思考与练习

1. 简述危险品的定义及分类。
2. 简述各类危险货物的特征及对运输和装卸工作的要求。
3. 道路危险货物运输经营的条件要求有哪些?
4. 简述超限货物的定义及大件货物的分类方法。
5. 简述超限货物运输组织工作的业务流程。
6. 简述超限货物运输线路具体组织工作。
7. 鲜活易腐货物的运输的特点有哪些?
8. 鲜活易腐货物对运输组织工作有哪些要求?
9. 简述贵重货物的定义及对运输包装的要求。

第7章 城市公共交通运营组织

 学习目标

1. 了解城市公交的类型及服务特征、客运线路及线网的类型与主要技术参数;
2. 熟悉城市公共交通车站的类型及站距站址确定方法;
3. 了解公交车辆调度形式的类型及选择原则;
4. 掌握公共汽车行车作业计划编制方法;
5. 掌握公共汽车现场调度的方法;
6. 理解城市公共汽车区域调度的形式;
7. 了解城市轨道交通运营管理模式;
8. 掌握城市轨道交通运输计划编制及大客流的组织方法;
9. 掌握城乡公交一体化的内涵及特征,城乡公交一体化的线网设置原则及经营模式选择。

随着城市化和机动化水平的不断提高,交通拥堵、环境污染等问题日益突出,大力发展公共交通是今后城市交通系统的主流方向。而城市公共交通能否正常和高效地运转,不仅取决于道路、车辆、场站等物质技术设施条件,而且有赖于科学有效的运营组织与管理。

7.1 城市公共交通概述

7.1.1 城市公共交通的类型及服务特征

(1)城市公共交通的类型。城市公共交通的分类方法众多。按各种交通方式在城市客运交通中的地位,城市公共交通可以分为常规公共交通、快速大运量公共交通、辅助公共交通和特殊公共交通四种类型。

常规公共交通包括公共汽车、有轨电车、无轨电车,其特点是灵活机动、成本低、使用最广泛,一般是城市公共交通的主体。快速大运量公共交通可以快速地运送大批量乘客,又称轨道公交,包括地铁、轻轨、通勤铁路,其特点是运量大、速度快、可靠性高,并可促进城市土地开发,但造价高,一般是大城市公共交通的骨架。辅助公共交通包括出租车、三轮车、摩托车,在城市公交系统中起着辅助和补充作用。特殊公共交通包括轮渡、缆车等,在特殊条件下使用。

在城市公共交通系统中,按固定的时刻表,运行于规定的线路上的常规公共交通和轨道公共交通是其最基本的形式。城市公共交通的分类如图7-1所示。

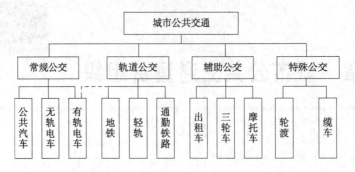

图7-1 城市公共交通的分类

(2)城市公共交通的服务特征。城市公共交通以人为服务对象,其服务特征主要体现在以下几个方面:

①城市公共交通为公众提供大众化、共享的出行方式。这是城市公共交通存在和发展的首要目的。城市公共交通必须具有足够吸引力的客运服务能力及服务水平,促使尽可能多的居民选择这种共享的大众化的出行方式,并为其提供良好的服务。

②城市公共交通是受多种因素影响的复杂系统。城市人口数量和密度、工作岗位数量和分布、城市用地性质和形态以及社会经济发展状况等都对城市公共交通产生直接或间接的影响。

③城市公共交通属于准公共产品,具有一定的社会公益性。衡量城市公共交通经营水平的标准,首先是对公众出行的安全、方便、及时、经济、舒适等要求的满足程度,其次是企业的经济效益。为实现社会公益性目标,政府通常对城市公共交通服务实行价格管制。公交企业由于低票价、减免票形成的政策性亏损,由财政部门审核后给予合理补贴。

④城市公共交通大都采用定线、定站式运营方式。定线、定站式运营方式的行车班次和行车时刻表完全按调度计划执行,有利于城市公共交通进行良好的营运组织和利用先进的信息技术提高服务的可靠性。

7.1.2 城市公共交通客运线路及线网

(1)客运线路及线网的类型及特征。

①客运线路的类型及特征。城市公共交通客运线路是城市公共交通运行的基础。按照平面形状和相对位置,主要有直径式、辐射式、绕行式、环形式、切线式以及辅助式几种基本类型,如图7-2所示。

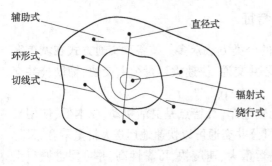

图7-2 客运线路基本类型

A. 直径式线路:以通过城市中心连接城市边缘为特征。

B. 辐射式线路:以沟通城市中心和城市边缘为特征。

C. 绕行式线路:以绕过城市中心区连接城市边缘为特征。

D. 环形式线路:以绕行城市中心区外缘,连接城市中心区以外主要客流点为特征。

E. 切线式线路:以与环形式线路相切,连接城市边缘而不通过城市中心为特征。

F. 辅助式线路:以担负主要交通干线之间交通联系或客流较小区域与交通干线之间交通联系为特征。

②客运线网的类型及特点。城市公共交通客运线网是指由各种公交客运线路和站场设施组成的网络系统。城市公交客运线网规定着公共交通营运范围,决定着网点分布和相互之间的衔接交叉。其布局的合理与否直接关系到乘客和公交企业的效益,也是衡量一个城市功能健全与否的重要标志。

城市公共交通线网的形成受城市规划、城市布局、道路网形状、客运交通方式结构、客流在时空上的分布特征等多种因素的影响和制约。主要有网格型、放射型、环型放射型、混合型等多种形式,如图 7-3 所示。

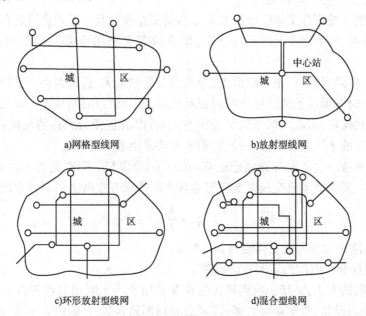

图 7-3 城市公共交通客运线网的类型

A. 网格型:也称棋盘型。由若干条相互平行排列的线路与另外若干条具有相同特点的线路大致相交成直角形成的。其优点是:乘客换乘次数少;通行能力较高;当客流集中时易于组织平行线路上的复线运输。缺点是:非直线系数大;换乘面积大;线网密度过大时易造成交通堵塞。

B. 放射型:也称辐射型。指大部分线路的一端汇集于市中心,另一端分别延伸至城市四周,与市郊、市区边缘客流集散点相连。放射型线网常出现在一些小城市。其优点是:方向可达性高,可为任何地区居民组织方便的公交服务;边远地区居民不须换车即可到达市中心。缺点是:给改建后的城市出现新的商业文化中心的交通带来了多次换乘的困难;要求市中心有足够的土地用于停车和回车;组织客运联系不方便,通行能力低。

C. 环型放射型:这是一种由城市中心向四周引出放射线,再由若干围绕市中心的环形线与放射线外缘连接起来的线网。常出现在大、中型城市。其优点是:市中心与各区以及各区之间联系方便、直接;非直线系数小。缺点是:易造成市中心压力过重;其交通的机动性较网格型差。

D. 混合型:是指根据城市的具体条件,由以上多种典型线型构成的综合性线网。

(2)客运线路及线网的技术参数。

城市公交客运线路及线网的技术参数主要包括线路的数目、线路的长度、线路非直线系数、线网密度以及线路重复系数等。合理选用这些参数,对乘客的乘车方便、快速运达、行车安全、提高公交车辆的运输效率和效益,改善驾驶人的劳动强度等均有重大影响。

①线路的数目(n_c)。线路数目,即线路条数。对一个城市来说,线路的数目主要取决于城市客流量的大小及其分布情况。它可由下式估定:

$$n_c = \frac{L_N}{\overline{L}_n} \tag{7-1}$$

式中:L_N——公交营运线路的长度,km;
$\overline{L}_n$——公交线路平均长度,km。

②线路长度。城市公交客运线路长度是指公交企业设置的固定营运线路的长度。它与城市的大小、形状、特征,居民的平均乘距,车辆载客量利用程度及行车组织方式等因素有关。

实践表明:线路过长,行车难以准点,沿线载客量波动大,运能利用不平衡;线路过短,乘客换乘较多,同时车辆在始末站停歇时间相对增加,实际运行时间减少。常用的方法是按城市的大小和形状确定,可取大城市的半径或中、小城市的直径为线路的长度;另一种方法是参照线路上乘客的平均乘距确定,一般取乘客平均乘距的2~3倍。

③非直线系数(η_n)。行车线路起讫点间的实际距离与空间距离之比称为非直线系数,也称曲线系数。用以表示公交线路走向与乘客实际需求在空间上的符合程度。即:

$$\eta_n = \frac{L_r}{L_I} \tag{7-2}$$

式中:L_r——线路起讫点间的实际距离;
L_I——线路起讫点间的空间直线距离。

非直线系数的大小,直接影响到乘客的乘车费用和乘车时间的经济性。非直线系数过大,会使线路距离较长,乘车耗时增多;同时造成局部载客多,车辆载客不均匀。非直线系数过小,会导致换乘频繁。在进行线路组织时,应注意降低线路非直线系数。若合理布置行车路线,η_n值可接近于1,一般不应超过1.4。

④线网密度。城市公交线网密度可用纯线网密度和运营线网密度两种方法表示。公交线路经过的街道长度与公交服务的城市用地面积之比称为纯线网密度;公交营运线路的实际长度与有公交服务的城市用地面积之比称为公交营运线网密度。即:

$$\delta_n = \frac{L_{sr}}{F} \tag{7-3}$$

$$\delta_N = \frac{L_N}{F} \tag{7-4}$$

式中:δ_n——纯线网密度,km/km²;
δ_N——营运线网密度,km/km²;
L_{sr}——公交线路经过的街道长度,km;
L_N——公交营运线路的长度,km;
F——有公交服务的城市用地面积,km²。

线网密度是用以评价乘客乘车方便程度的指标。在车辆既定的条件下,提高线网密度会使乘客乘车的步行时间缩短,但会导致乘客候车和乘车时间延长。反之,在车辆既定的条件下,减小线网密度会使乘客乘车的步行时间增加,但会减少行车间隔,缩短乘客候车和乘车时间。因此,任何一个城市的线网密度应保持适中。从理论上分析全市以 $2.5 \sim 3.0 \text{km/km}^2$ 为好,市中心区客流量大处可适当加密,市边缘地区客流密度低,则可减小。

⑤线路重复系数(μ_r)。公交营运线路的总长度与有公交线路经过的街道总长度之比称为公交线路的重复系数,它反映公交线路在城市主要道路上的密集程度。即:

$$\mu_r = \frac{L_N}{L_{sr}} \tag{7-5}$$

从乘客出行和企业的经济效益两方面考虑,公交的线路重复系数要有一定的限制。一般取 $1.2 \sim 1.5$。

(3)客运线路组织及线网优化原则。

城市公交客运线路组织及线网优化,就是在客流调查基础上,结合城市公交客流需求时空分布特点和道路网的布局特点,进行客运线路和线网的合理布设与整体优化,使城市公交线网的客流符合实际运行状况,以方便乘客出行,提高公交企业效益,促进城市交通的可持续发展。城市公交客运线路组织及线网优化,应该考虑下面几个原则。

①方便乘客出行原则。

A. 线路的走向应与主要客流方向相符,特别要使工作性乘客的乘车得到可靠保证。

B. 线路应直接沟通沿线各主要客流集散点,尽可能组织直达运输。

C. 线路应连通城市边缘与市中心,消除公交空白区。

D. 线路长度不宜过长或过短,平面上的线路不宜过多迂回和曲折,应使大部分乘客能节约乘车时间和乘车费用。

E. 密切城市内外各种客运网间的协作与配合,保证乘客在不同运输工具间的换乘的方便。

②提高公交企业效益原则。

A. 使服务区的线路网络覆盖率最大、路线重复系数最低。

B. 使线路上的客流分布均匀,充分发挥运载工具的运能。

③考虑城市交通的可持续发展原则。线路的组织及线网优化不仅要符合当前城市客流发生和分布的客观规律,而且要反映城市未来发展的交通变化,引导城市空间向合理方向发展。

7.1.3 城市公共交通车站

(1)城市公交车站的类型。

城市公共交通车站是指在公共交通营运线路上,专为乘客上下设置的停车地点。按其在线路上的位置,可分为设在线路途中的中间站、设在线路两端末的始末站以及与多条公交线路或多方式线路交汇的公交枢纽站。

城市公交车站设置是否合理,不仅影响到车辆的行驶速度、乘客步行时间与道路通行能力,而且直接影响到乘客吸引量的大小。

(2)平均站距的确定。

确定站距,主要考虑乘客的整体利益,即站距的大小应满足车上乘客乘行时间与车下乘客步行时间都最小的要求。站间距大,运送速度高,通行能力大,远距离乘客会节省时间,但短距离乘客的步行与候车时间就延长了。据此,可采用下列经验公式综合确定:

$$\overline{L}_c = \lambda \sqrt{\frac{V_{st}\overline{L}_P \overline{t'}_s}{30}} \tag{7-6}$$

式中：$\overline{L}_c$——平均站距，km；

λ——修正系数，一般取 1.0~1.3，通过市中心的线路可取较低值，接近市区边缘的线路可取较高值；

V_{st}——乘客步行平均速度，km/h；

$\overline{L}_P$——乘客平均乘距，km；

$\overline{t'}_s$——平均每站停站损失时间，min。即在平均运距内，乘客因车辆停站而延误的乘行时间，包括停站时间及车辆因起步加速及停车减速而损失的时间。

除上述算法外，也可采用经验方法来确定平均站距。即以国内外同类型城市采用的平均站距值（市区 0.3~0.8km，郊区 1~2km）作为参考。选择其一值作为平均站距，然后根据线路实际情况选定各停车站址，经过试运行后最后确定下来。

(3) 站址的确定。

①中间站站址的确定。中间站站址的确定应综合考虑以下因素：

A. 方便乘客乘车、换乘。中间站宜设在乘客较集中的地点和交叉口附近。若在同一地点有不同线路或不同运输方式线路的站点时，应尽可能设在相邻处，以便于乘客换车。如公交线路较多时，可以考虑一站两置且行车频率较大的线路站点设在靠前位置，以减少公交车辆排队。

B. 减少十字路口红绿灯对车辆运行速度的影响。中间站设在交叉口附近时，一般不越过路口设站，以减少红绿灯的影响所造成的速度损失。但如果道路狭窄或交通条件复杂或多数乘客下车后要越过路口时，可考虑越过路口设站。在实行自动交通信号控制的情况下，交叉路口附近的停车站一般应设在距十字路口 30~50m，以免影响交通安全。

C. 便于车辆起动和加速。中间站应尽量避免设在上坡路段。

D. 上下行对称的站点宜在道路平面上错开。错开距离一般应为 30~50m，只有在路面宽阔的情况下才考虑在道路两侧相对应的位置设站。

E. 提高道路通行能力。在快速路和主干路的双车道或人行道宽度足够，路段交通负荷较大的道路上应设置港湾式中间站。

F. 在道路转弯处、涵洞、桥梁、拱桥上端、陡坡、消防栓旁、铁路道路及危险地段、车辆进出路口及大型建筑物门前等地点不宜设站。

②始末站站址的确定。公交始末站是公交车辆掉头、停放，驾乘人员休息，管理人员调度作业之处。它既是公交场地的一部分，也可以兼做车辆停放和小规模维护之用。公交始末站设置的原则及技术要求如下：

A. 公交始末站应与城市道路网的建设及发展相协调。

B. 公交始末站应设置在城市道路以外，周围有一定空地。

C. 公交始末站应布置于人口比较集中的居住区、商业区等客流主要集散点和道路客流主要方向的同侧。

③公交枢纽站站址的确定。公交枢纽站是乘客换乘公交的站点。包括对外公交枢纽站和市内公交枢纽站两种类型。对外公交枢纽站在城市中的位置相对比较确定，通常设置在火车站、长途汽车站、水港、空港和城市出入口道路处，也是多条公交线路的交汇点。市内公

交枢纽站一般设置在轨道公交线路交汇点、市级骨干公交线路交汇站点及市区与市郊公交线路交汇处。

7.2 城市公共汽车运营组织

7.2.1 车辆调度形式的类型及选择

(1) 车辆调度形式的类型。

车辆调度形式是指根据客流在时间、方向、断面等方面的不同特点和要求,线路营运行车中所采取的运输组织形式。车辆调度形式基本可有两种分类方法。

① 按车辆工作时间的长短,分为正班车、加班车和夜班车。

A. 正班车:主要指车辆在日间营业时间内连续工作相当于两个工作班的一种基本调度形式,又称双班车、大班车。

B. 加班车:指车辆仅在某种情况下(通常为客运高峰期),在某一段或某几段营业时间内上线工作,并且一日内累计工作时间相当于一个工作班的一种辅助调度形式,又称单班车。

C. 夜班车:指车辆在夜间上线工作的一种辅助调度形式。在一个工作日内,如车辆夜班时间不足一个工作班时,常与日间加班车相兼组织。

上述三种车辆调度形式的基本分类关系见表 7-1。

车辆调度形式的基本分类 表 7-1

调度形式	班 制	工作时间
正班车	双班	日间或以日间为主
加班车	单班	日间或日夜相兼
夜班车	单班	夜间或以夜间为主

② 按车辆运行及停靠站点,分为全程车、区间车、快车、定班车和跨线车。

A. 全程车:指车辆从线路起点到终点,必须按规定时间在沿线各固定停车站依次停靠,驶满全程的一种基本调度形式,又称慢车。大部分正班车具有全程车的这个特征。

B. 区间车:指车辆仅在线路客流高区段间行驶,是一种辅助调度形式。

C. 快车:指为适用沿线长乘距乘车需要和加快车辆周转,采取的一种越站快速运行的调度形式。包括大站车与直达车两种,直达车是大站车的一种特殊形式。

D. 定班车:是为通勤通学而组织的一种专线调度形式。车辆可按定时间、定路线、定班次和定站点的原则进行运输服务。

E. 跨线车:是为平衡相邻线路之间的客流负荷,减少乘客转乘而组织的一种车辆跨线运行的调度形式。跨线车不受原来行驶路线的限制,根据当时客流集散点的具体情况确定起讫点。

实践证明,上述调度形式在平衡车辆及线路负荷,缓解乘车拥挤,提高运输生产率和运输服务质量以及促进客运发展方面都发挥了积极的作用。

(2) 车辆调度形式的选择。

① 车辆调度形式的选择原则。城市公共汽车运营线路以正班车和全程车作为基本调度形式,并根据线路客流的分布情况辅以采用其他调度形式,以全面、及时地满足乘客的出

行需要。

②区间车调度形式的选择。区间车的调度形式的选择,可通过计算路段客流量差或路段客流不均匀系数的方法来确定。

A.通过计算路段客流量差确定。路段客流量差(ΔQ_{Li}):指单位时间内运营线路某路段单向客流量与该单向的各路段平均客流量之差。即:

$$\Delta Q_{Li} = Q_{Li} - \overline{Q}_L \tag{7-7}$$

式中:i——线路路段序号,$i=1,2,\cdots,k$;

Q_{Li}——第i路段的单向客流量,人次;

$\overline{Q}_L$——该单向各路段的平均客流量,人次。

凡采用区间车调度形式必须满足下述条件(满载率定额较高时取小值,反之取大值):

$$\Delta Q_{Li} \geq (2 \sim 4)q_0 \tag{7-8}$$

式中:q_0——计划车容量,即车辆计划载客量定额,人,可按式(7-16)确定。

B.通过计算路段不均匀系数确定。路段不均匀系数(K_{Li}):指单位时间内运营线路某路段单向客流量与该单向的各路段平均客流量之比。即:

$$K_{Li} = \frac{Q_{Li}}{\overline{Q}_L} \tag{7-9}$$

当路段不均匀系数满足$K_{Li} \geq K_{Li}^0 (1.2 \sim 1.5)$时,应开设区间车。满载率定额较高时取小值,反之取大值。

③快车调度形式的选择。快车调度形式的选择,通过计算方向不均匀系数或站点不均匀系数来确定。

A.通过计算方向不均匀系数确定。方向不均匀系数(K_f):指在单位时间内运营线路高单向客流量与平均单向客流量之比。即:

$$K_f = \frac{Q_{fmax}}{\overline{Q}_f} \tag{7-10}$$

式中:Q_{fmax}——运营线路高单向客流量,人次;

$\overline{Q}_f$——运营线路平均单向客流量,人次。

当线路两个方向方客流很不均衡,方向不均匀系数满足$K_f \geq K_f^0 (1.2 \sim 1.4)$时,应考虑在客流较小的那个方向,选择沿途停靠站点开设快车,加快低客流方向车辆周转,以节省运力,增强效益。满载率定额较高时取小值,反之取大值。

B.通过计算站点不均匀系数确定。站点不均匀系数(K_{zj}):指单位时间内运营线路某停车站乘客集散量与各停车站平均乘客集散量之比。即:

$$K_{zj} = \frac{Q_{zj}}{\overline{Q}_z} \tag{7-11}$$

式中:j——线路站点序号,$j=1,2,\cdots,m$;

Q_{zj}——第j站点乘客集散量,人次;

$\overline{Q}_z$——线路平均乘客集散量,人次。

一般地,$K_{zj} \geq K_{zj}^0 (1.4 \sim 2.0)$的站点,并且长乘距客流较多时,可考虑连接这些站点开设大站快车,以缓和停车拥挤,疏导客流,消除留站现象。满载率定额较高时取小值,反之取大值。

④高峰加班车调度形式的选择。高峰加班车调度形式的选择通过计算客流时间不均匀

系数确定。时间不均匀系数(K_{ti})指运营线路日营业时间内某一时段(可取 1h)客运量与各时段平均客运量之比。即：

$$K_{ti} = \frac{Q_{ti}}{\overline{Q_t}} \tag{7-12}$$

式中：i——线路营业时间段，$i=1,2,\cdots,m$；

Q_{ti}——第 i 时段客流量，人次；

$\overline{Q_t}$——线路各时段平均客流量，人次。

客流高峰仅在线路个别营业时段内发生。如果时间不均匀系数 $K_{ti} \geq K_t^0(1.8 \sim 2.2)$，可根据客运服务要求及具体客运供需条件，在这一时段开设加班车。

⑤车辆调度形式的选择计算示例。

【例 7-1】 已知某公共汽车线路高峰期间高单向数据见表 7-2，试确定有无必要采用区间车与快车调度形式。

高峰小时高单向客流数据统计表　　　　表 7-2

停车站 项目	A	B	C	D	E	F	G	H	I
停车站序号 j	1	2	3	4	5	6	7	8	9
Q_{zj}(人次)	1864	465	467	924	1459	1010	674	616	1874
路段序号 i	1	2	3	4	5	6	7	8	
Q_{Li}/(人次)	1864	2231	2262	2649	2450	2386	1746	1874	
路段满载率 γ_i(%)	0.61	0.76	0.78	0.87	0.81	0.80	0.48	0.62	

解：(1)区间车调度形式的确定。首先计算各路段的平均客流量，即：

$$\overline{Q}_L = \frac{\sum Q_{Li}}{n} = \frac{1864+2231+2262+2649+2450+2386+1746+1874}{8} \approx 2182.8(人次)$$

然后分别计算各路段不均匀系数，即：

$$K_{L1} = \frac{Q_{L1}}{\overline{Q}_L} = \frac{1864}{2182.8} \approx 0.85$$

同理可得：$K_{L2} \approx 1.02$；$K_{L3} \approx 1.04$；$K_{L4} \approx 1.21$；$K_{L5} \approx 1.12$；$K_{L6} \approx 1.09$；$K_{L7} \approx 0.8$；$K_{L8} \approx 0.86$。

显然，由于各路段不均匀系数只有 E 到 F 一个路段达到 1.2，相邻路段均小于 1.2，因此无必要采用区间车调度形式。

(2)快车调度形式的确定。首先计算各站点的平均乘客集散量，即：

$$\overline{Q}_z = \frac{\sum Q_{zj}}{m} = \frac{1864+465+467+924+1459+1010+674+616+1874}{9} \approx 1039.2(人次)$$

然后分别计算各站点的站点不均匀系数，即：

$$K_{z1} = \frac{Q_{z1}}{\overline{Q}_z} = \frac{1864}{1039.22} \approx 1.79$$

同理可得：$K_{z2} \approx 0.45$；$K_{z3} \approx 0.45$；$K_{z4} \approx 0.89$；$K_{z5} \approx 1.4$；$K_{z6} \approx 0.97$；$K_{z7} \approx 0.65$；$K_{z8} \approx 0.59$；$K_{z9} \approx 1.8$。

由于 Q_{z1}、Q_{z9} 的站点不均匀系数均大于 1.4，Q_{z5} 达到判断标准 Q_z^0 低限，但该站点所在路段满载率较高($\gamma_i > 0.8$)，所以有必要考虑在 A、E 及 I 站采用大站快车调度形式。

7.2.2 公共汽车行车作业计划编制

公共汽车行车作业计划,是指在已定线路网布局的基础上,根据企业的运输生产计划要求和基本的客流变化规律来编制的指导线路运输作业的计划,是企业组织运营生产的基本文件。它规定了公共汽车运输企业各基层单位在计划期内应完成的一系列工作指标,从而为线路运营管理和调度工作提供依据。行车作业计划的编制质量直接影响到企业的经济效益和社会效益。

(1)行车作业计划编制的一般程序。行车作业计划的编制,必须在线路客流调查、预测与分析的基础上进行。行车作业计划编制的主要内容包括:确定线路的调度形式、确定车辆运行定额、计算车辆运行参数及编制行车作业计划图表。其编制的一般程序如图7-4所示。

图7-4 行车作业计划编制的基本程序

行车作业计划具有一定的稳定性,一般每季度编制(调整)一次。行车作业计划一经制定,调度人员和行车人员以及企业全体职工必须严格按照行车作业计划规定的线路班次、时间,按时出车、正点运行,保证计划的完整性。

(2)车辆运行定额的确定。车辆运行定额是指在营运线路具体工作条件下为完成运输任务所规定的运输劳动消耗标准量。车辆运行定额是城市公交企业的一项重要的技术经济指标,它与行车作业计划图表编制、线路调度工作落实和企业经营效果密切相关。运营车辆运行定额主要包括以下几个方面的内容。

① 单程时间(t_n)。单程时间是指车辆在一个单程的运输工作中,由始发站发车到终点站停靠为止所消耗的时间。包括单程行驶时间 t_{nt} 和中间站停站时间 t_{ns}。即:

$$t_n = t_{nt} + t_{ns} \quad (\text{min}) \tag{7-13}$$

其中,单程行驶时间是指车辆在一个单程中沿线各路段的行驶时间之和。通常采用分路段与时间段观测统计方法确定。即首先按不同的季节或时期确定行驶时间按路段与时间段的分布规律,然后相对不同路段与时间段取其均值作为标定行驶时间定额的依据,最后根据沿线交通情况按各时段分别确定行驶时间定额。

中间站停站时间是指车辆在中间站完全停车后经过开门、乘客上下车以及乘客上下车完毕关门后至起车前的全部停歇时间。统计观测表明:乘客平均每人次的上下车时间,一个车门约为1.5s,二个车门约为0.9s,三个车门约为0.7s;停车后从开车门至关车门后车辆起运前的准备时间,平均每站(或每路段)约为6s。

② 始末站停站时间(t_t)。始末站停站时间,包括为调度车辆、签发行车路单、车辆清洁、行车人员休息与交接班、乘客上下车以及停站调整车辆间隔等所必须的停歇时间。

在客流高峰期间,为加速车辆周转,车辆在始末站的停站时间原则上不应大于行车间隔的2~3倍;而在平峰期间始末站的停站时间的确定,需要考虑车辆清洁、行车人员休息、调整行车间隔、交接班以及车辆例行维护等因素综合确定。

在通常情况下,依据单程时间,可按下式确定平峰期始末站的平均停站时间。

$$\bar{t}_t = \begin{cases} 4 + 0.11 t_n & (10 \leqslant t_n \leqslant 40) \\ 0.21 t_n & (40 < t_n \leqslant 100) \end{cases} \tag{7-14}$$

另外,在平峰期内还需规定每一正班车的上下午班内,应各留出一次至少为 15~20min 的就餐时间。在气温较高的季节,一般在每日下午开始后一段时间内应适当增加始末站停站时间,以保证行车人员必要的休息,但增加的时间一般不宜超过原停站时间的 40%。

③周转时间(t_0)。车辆从起始站出发,运行到终点站后再运行回到起始站,称为一个周转。周转时间是上下行单程时间、始末站停站时间之和。即:

$$t_0 = 2(t_n + \bar{t}_t) \quad (\text{min}) \tag{7-15}$$

由于在一日之内,沿线客流及道路交通量的变化具有时间分布的不均匀性,因此车辆的沿线周转时间须按不同的客运峰期分别确定。

④计划车容量(q^0)。计划车容量是指公共汽车行车作业计划限定的车辆载客容量,又称计划载客量定额。计划车容量是根据计划时间内线路客流的实际需要、行车经济性要求和运输服务质量标准来确定的计划要完成的单车载客量,可按下列公式计算:

$$q^0 = q_0 \gamma^0 \tag{7-16}$$

式中:q^0——车辆额定载客量,客位;

γ^0——车厢满载率定额,%。一般高峰期间取 0.8~1.1,平峰期间取 0.5~0.6。

车辆额定载客量即车辆客位定员,由车内座位数和有效站立面积上的站位数构成。车辆额定载客量既受车辆载质量的大小约束,也取决于车辆座位数与站位数之比。

由于市内乘客乘车时间比较短,所以公交车辆站位比例可较高些。目前我国市区公共汽车的座位与站位之比为 1:2~1:3,郊区线路为 1:0.5~1:0.7,而城间公交等长途线路则不应设站位。

车厢有效站立面积的乘客站位数,根据国家有关标准确定。我国城市客运车辆的站位额定标准(GB/T 12428—1990)规定,每平方米有效站立面积的乘客站位数最高限定为 8 人。

(3)线路运行参数的计算。公共汽车线路运行参数,是指编制行车作业计划所需的有关线路行车组织的规范性数据。主要包括线路车辆数、行车间隔以及车班数等。

①线路车辆数。线路车辆数是指组织公共汽车线路营运所需的车辆数。包括线路营业时间内各时段所需要的车辆数和线路车辆总数。

A. 各时间段线路车辆数(A_i)。在一个客运工作日内,可以将整个营业时间按小时划分为若干时间段。假定只有全程车(可以按正、加班车调度形式运行),那么任意 t_i 时间段线路所需的车辆数,可以通过该时段的行车频率 f_i 和车辆周转系数 η_{oi} 来确定。即:

$$A_i = \frac{f_i}{\eta_{oi}} \quad (\text{辆}) \tag{7-17}$$

行车频率是指单位时间内通过营运线路某一站点的车辆次数。其计算公式为:

$$f_i = \frac{Q''_i}{q_0 \gamma^0_i} \quad (\text{辆}/t_i \text{ 或辆/h}) \tag{7-18}$$

式中:Q''_i——第 i 时间段内营运线路高峰路段的客流量,人次;

γ^0_i——第 i 时间段内客流量最高路段的计划车辆满载率定额,%。

周转系数 η_{i0} 是指单位时间内车辆沿线路运行所完成的周转次数,它与周转时间成倒数关系。即:

$$\eta_{0i} = \frac{60}{t_{0i}} \tag{7-19}$$

式中：t_{oi}——第 i 时间段内车辆的周转时间，min。

将 f_i 和 η_{oi} 分别代入式(7-17)，得：

$$A_i = \frac{Q''_i t_{oi}}{60 q_0 \gamma^0_i} \quad (辆) \tag{7-20}$$

B. 线路车辆总数(A)。线路车辆总数是线路每天需要配备和投放的车辆总台数，代表了该线路的最大运力水平。一般依据日客流高峰时段的最高路段客流量、计划车容量和周转系数来计算。

a. 当营运线路所有车辆都采用全程车形式时，线路营运车辆总数计算公式如下：

$$A = \frac{Q''_s t_{os}}{60 q_0 \gamma^0_s} \quad (辆) \tag{7-21}$$

式中：Q''_s——高峰小时高峰路段客流量，人次；
　　　t_{os}——高峰小时车辆周转时间，min；
　　　γ^0_s——高峰小时计划满载率定额，%。

b. 当有多种调度形式时，线路营运所需的车辆总数为各种调度形式所有车辆数的总和。即：

$$A = A_t + A_a + A_e \tag{7-22}$$

式中：A_t——高峰小时运行的全程车车辆数，辆；
　　　A_a——高峰小时运行的区间车车辆数，辆；
　　　A_e——高峰小时运行的快车车辆数，辆。

确定各种调度形式的线路车辆数，可以按照如图7-5的基本思路来进行。

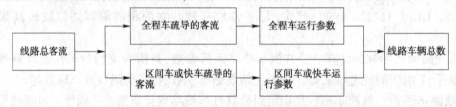

图7-5　确定多种调度形式的线路车辆数的基本思路

如营运线路仅采用全程车和区间车，无快车形式，则高峰小时运行的全程车车辆数(A_t)和区间车车辆数(A_a)分别按式(7-23)和式(7-24)计算。

$$A_t = \frac{\overline{Q''_s} t_{os}}{60 q_0 \gamma^0_s} \quad (辆) \tag{7-23}$$

$$A_a = \frac{\overline{Q''_a} t_{oa}}{60 q_0 \gamma^0_s} \quad (辆) \tag{7-24}$$

式中：$\overline{Q''_s}$——高峰小时双向平均路段客流量，人次；
　　　$\overline{Q''_a}$——高峰小时高峰路段区间双向平均路段客流量与线路双向平均路段客流量差值，人次；
　　　t_{oa}——高峰小时车辆沿高峰路段区间运行时的周转时间，min。

如果营运线路上全程车与快车配合使用，无区间车，则高峰小时运行的快车车辆数(A_e)按下式计算：

$$A_e = \frac{Q''_e t_{oe}}{60 q_0 \gamma^0_s} \quad (辆) \tag{7-25}$$

式中：Q''_e——高峰小时高单向平均路段客流量与线路双向平均路段客流量的差值，人次；

t_{oe}——高峰小时车辆按快车形式运行时的线路周转时间，min。

C. 正班车数(A_n)与加班车数(A_w)。正班车数通常可根据线路车辆总数A、客流时间不均匀系数K_t及高峰与平峰车辆计划满载率定额γ_s^0与γ_f^0，按下式确定：

$$A_n = W_a \frac{A\gamma_s^0}{k_t \gamma_f^0} \tag{7-26}$$

式中：W_a——车辆修正系数，一般取 1.0～1.25。当线路客流取于平峰期间时，可取较低值，反之应取较高值。

则加班车车数为：

$$A_w = A - A_n \quad （辆） \tag{7-27}$$

② 行车间隔。行车间隔指正点行车时前后两辆车到达同一停车站点的时间间隔，又称行车间距，简称车距。行车间隔确定是否合理，直接影响营运线路的运送能力和运输服务质量。

A. 行车间隔的计算。第i时间段内的行车间隔I_i可由下式确定：

$$I_i = \frac{t_{0i}}{A_i}$$

或

$$I_i = \frac{60}{f_i} \tag{7-28}$$

式中：A_i——第i时间段线路上的车辆数，辆；

f_i——第i时间段内的行车频率，辆/h。

行车间隔的最大值取决于客运服务质量的要求。一般地，公交车服务质量要求行车间隔不应大于 15～20min，而行车间隔允许的最小值，则应满足下列条件：

$$I_{\min} \geq \bar{t}_{ns} + t_f + t_y \tag{7-29}$$

式中：$I_{\min}$——行车间隔的最小值，min；

$\bar{t}_{ns}$——线路中间站的平均停站时间，min；

t_f——车辆尾随进出站时间，min；

t_y——必要时等待交通信号的时间，min。

在行车秩序正常的情况下，对大中城市客运高峰线路，$I_{\min}$以不低于 1～3min 为宜。

B. 行车间隔的分配。行车间隔的分配，即行车间隔计算值的分配。指为便于行车调度并满足客流动态需求，对呈现小数的行车间隔值取整数处理，使之确定为适当数值，或者将一个整数的行车间隔分为其他大小不同的整数行车间隔的过程。

假定某时间t_0内行车间隔的计算值为小数，记为$I = E.a$，其中E为I值的整数部分，a为I值的小数部分。若将I值的小数部分去掉使之取为整数E，则记为：$[E.a] = E$。

现将I值分解为I_b和I_c，即：

$$I = \begin{cases} I_b = [I + X_b] \\ I_c = [I - X_c] \end{cases} \tag{7-30}$$

式中的X_b与X_c为分解值所采用的非负数，即$X_b \geq 0$，$X_c \geq 0$，显然$I_c < I < I_b$。又设：$\Delta I = I_b - I_c$。

则按较大行车间隔(I_b)运行的车辆数A_b为：

$$A_b = \frac{t_0 - A \cdot I_c}{\Delta I} \tag{7-31}$$

按较小行车间隔(I_c)运行的车辆数 A_c 为:

$$A_c = A - A_b \tag{7-32}$$

式中:A——t_0 时间内的发车总数,辆。

由于 X_b 与 X_c 的取值不同,ΔI 值的大小也各不相同。一般在 $\Delta I = 1$ 的情况下,I_b 与 I_c 均为整数,但当 $\Delta I > 1$ 时,A_b 可能为小数。此时除将 A_b 取为整数外,尚需在行车间隔 I_b 与 I_c 之间增加一种行车间隔 I_y,然后按下式计算按此行车间隔运行的车辆数 A_y,即:

$$A_y = \frac{(t_0 - I_b A_b) - (A - A_b)I_c}{I_y - I_c} \tag{7-33}$$

则

$$A_c = A - A_b - A_y$$

显然

$$t_0 = \sum IA = I_b A_b + I_y A_y + I_c A_c$$

C. 行车间隔的排列。行车间隔的排列是指根据客流需要和一定的原则,将分配得到的大小不同的行车间隔进行排列次序。排列的目的是为了使运营发放车次时更加符合客流变化的动态趋势。通常有三种排列形式:

a. 由小到大顺序排列。在客流高峰向客流低峰过渡时,适宜采用这种排列。

b. 由大到小顺序排列。在客流低峰向客流高峰过渡时,适宜采用这种排列。

c. 大小相间排列。在客流变化不大时,可采用这种排列使各行车间隔镶嵌均匀。

【例 7-2】 已知某公交线路晚低峰期间的周转时间为 46min,根据客流估算拟投入运营车辆 11 辆,试确定其行车间隔(要求为整数)。

解: 首先计算行车间隔:

$$I = \frac{t_0}{A} = \frac{46}{11} \text{min} = 4.18 \text{min}$$

因 I 值为小数,须进行整数处理。令 $X_b = 1, X_c = 0$,可将 I 分解为:

$$I = \begin{cases} I_b = [4.18 + 1] = 5 \\ I_c = [4.18 - 0] = 4 \end{cases}$$

则按较大行车间隔运行的车辆数为:

$$A_b = \frac{46 - 11 \times 4}{5 - 4} = 2 (辆)$$

按较小行车间隔运行的车辆数为:

$$A_c = A - A_b = 11 - 2 = 9 (辆)$$

即:行车间隔为 5min 的有 2 辆,行车间隔为 4min 的有 9 辆。

因该车辆周转时间处于客运晚低峰,故行车间隔应由小到大顺序排列,即:

$$\sum IA = I_b A_b + I_c A_c = 4 \times 9 + 5 \times 2 = 46 (\text{min})$$

如果此例中,令 $X_b = X_c = 1$,则 I 被分解为:

$$I = \begin{cases} I_b = [4.18 + 1] = 5 \\ I_c = [4.18 - 1] = 3 \end{cases}$$

此时,按较大行车间隔运行的车辆数为:

$$A_b = \frac{46 - 11 \times 3}{5 - 3} = 6.5 (辆)$$

由于A_b为小数,说明需要在I_b与I_c之间增加一种行车间隔I_y。

因此,令$A_b=[A_b]=[6.5]=6$(辆),并增设$I_y=4$min的行车间隔($I_b>I_y>I_c$)。则按行车间隔I_y运行的车辆数A_y为:

$$A_y=\frac{(t_0-I_bA_b)-(A-A_b)I_c}{I_y-I_c}=\frac{(46-5\times6)-(11-6)\times3}{4-3}=1(辆)$$

则:

$$A_c=A-A_b-A_y=4(辆)$$

行车间隔排列的结果为:

$$t_0=\sum IA=I_bA_b+I_yA_y+I_cA_c=(3\times4+4\times1+5\times6)\text{min}=46\text{min}$$

③车班数。一辆营运车辆在一个工作日内,出车运行一班,计为一个工作车班。车班数包括车班总数及按不同车班工作制度运行的车班数。

车班总数的计算方法如下:

$$\sum B=\frac{(\sum T_d+\sum T_c)}{t_B} \tag{7-34}$$

式中:$\sum B$——车班总数,车班;

$\sum T_d$——线路工作总时间,h;

$\sum T_c$——全部车辆收发车调控时间之和,h;

t_B——车班工作时间定额,h。

车辆的线路工作总时间,即全部车辆在线路上的工作时间之和,其计算方法可分别按周转时间和营业时间段来计算。即:

$$\sum T_d=\sum_{j=1}^{k_0}t_{0j}A_j \text{ 或 } \sum T_d=\sum_{i=1}^{k}t_iA_i \tag{7-35}$$

式中:t_{0j}——第j次周转时间,h;

A_j——第j次周转时间内的车辆数,辆;

t_i——第i时间段的营业时间,h;

A_i——第i时间段内发车的辆数(次数),辆或次。

确定车班总数($\sum B$)之后,即可通过计算车班系数(ΔA)选定车班工作制度,从而确定按各车班工作制度运行的车班数(B_i),即:

$$\Delta A=\sum B-2A \tag{7-36}$$

式中:A——线路车辆总数,辆。

A. 如果$\Delta A>0$,则车班工作制度为三班工作制。其中,第一工作班和第二工作班的车班(辆)数均为A,即$B_1=B_2=A$,而第三工作班的车班(辆)数$B_3=\Delta A$。

B. 如果$\Delta A=0$,则全部车辆实行双班制,每工作班车班数均为A,即$B_1=B_2=A$。

C. 如果$\Delta A<0$,且$|\Delta A|<A$,则为单班与双班兼有的车班工作制。其中按单班工作的车班数$B_1=|\Delta A|$,按双班工作的车班数$B_2=B_3=A-|\Delta A|$。

D. 如果$\Delta A<0$,且$|\Delta A|=A$,则为单班制工作,车班数$B_1=A$。

【例7-3】 已知某公共汽车线路,车辆的周转时间$t_0=1$h,额定载客量$q_0=80$人,单车的调控时间$t_c=3.9$min,车班工作时间定额$t_B=6.7$h,线路营业时间内各时间段客流量见表7-3,取满载率定额$\gamma_0=1.0$,试确定该线路各时间段所需的车辆数、线路车辆总数、线路车班总数及车班工作制。

线路各时间段客流数据统计表（单位：人次） 表7-3

序 号		1	2	3	4	5	6	7	8	9
时间段		5~6	6~7	7~8	8~9	9~10	10~11	11~12	12~13	13~14
客流量	上行	72	84	135	160	240	360	496	505	480
	下行	336	1349	1352	1280	480	488	305	346	402
	高单向	336	1349	1352	1280	480	488	496	505	480
序 号		10	11	12	13	14	15	16	17	
时间段		14~15	15~16	16~17	17~18	18~19	19~20	20~21	21~22	
客流量	上行	436	464	816	1048	1040	800	384	344	
	下行	476	363	275	317	215	176	149	80	
	高单向	476	464	816	1048	1040	800	384	344	

解：(1)计算线路各时间段所需的车辆数，确定线路车辆总数。

由于第 i 时间段内车辆的周转时间 t_{oi} 均为 $60\min(i=1,2,\cdots,17)$，满载率定额 γ_0 均为 1，根据各时间段线路车辆数计算公式(7-20)，可得：

$$A_1 = \frac{Q''_1 t_{o1}}{60 q_0 \gamma_0} = \frac{336 \times 60}{60 \times 80 \times 1} = 4.2$$

取 $A_1 = 5$ 辆

同理类推可得：$A_2=17;A_3=17;A_4=16;A_5=6;A_6=6;A_7=6;A_8=6;A_9=6;A_{10}=6;A_{11}=6;A_{12}=10;A_{13}=13;A_{14}=13;A_{15}=10;A_{16}=5;A_{17}=5$。

显然，线路每天需要配备和投放的车辆总数 $A=17$ 辆。

(2)计算线路车班总数，确定车班工作制。

由于 $k_0=17$，$t_{0j}=1$，则车辆的线路工作总时间为：

$$\sum T_d = \sum_{j=1}^{k_0} t_{0j} A_j = \sum A_j$$
$$= 5+17+17+16+6+6+6+6+6+6+10+13+13+10+5+5 = 153(\text{h})$$

全部车辆收发调控时间为：

$$\sum T_c = \frac{t_c A}{60} = \frac{3.9 \times 17}{60} = 1.105(\text{h})$$

计算车班总数：

$$\sum B = \frac{(\sum T_d + \sum T_c)}{t_B} = \frac{(153+1.105)}{6.7} = 23(\text{车班})$$

计算车班系数：$\Delta A = \sum B - 2A = 23 - 2 \times 17 = -11 < 0$，且 $|\Delta A| < 17$。

因而车班工作制度为单班与双班混合制。其中按单班工作的车班数 $B_1 = |\Delta A| = 11$(车班)，按双班工作的车班数 $B_2 = B_3 = A - |\Delta A| = 17 - 11 = 6$(车班)。

(4)行车作业计划图表编制。

①行车时刻表的类型及主要内容。编制行车作业计划的核心内容是编排行车时刻表。行车时刻表是组织线路运营的具体作业计划，具有计划管理和经济核算的功能。编排行车时刻表即根据线路主要运行定额及运行参数，排列各分段(周转)时间内各车辆(次)的行车

时刻序列。城市公共汽车行车时刻表,通常有三种基本形式:

A. 线路行车时刻表:是按行车班次制定的车辆在线路上的运行时刻表,分线路编制。表内主要列有该线路所有班次的出场时间、始末站的开出时间等。

B. 车站行车时刻表:是指线路始末站及重要中间站的行车时刻表,分站点编制。表内规定了在该线路行驶的各班次车辆的每次周转内到达、开出该站的时间,行车间隔及人员换班或就餐时间等。

C. 车辆行车时刻表:是指按行车班次(路牌)制定的车辆沿线运行时刻表,分行车班次编制。表内规定了该班次车辆的出场时间,每周转时间内到达、开出沿线各站的时间,在一个车班内(或一日营业时间内)需完成的周转数及回场时间等。

②行车时刻表的编排方法。

A. 行车路牌的安排和确定。行车路牌是车辆在线路运行的次序或秩序,车辆的路牌号也称车辆运行次序号。行车路牌的起排方法有两种:一是从头班车的时间排起,按照时间顺序,自上而下、从左向右,依次填写每班次的运行时刻,直到末班车;二是从早高峰配足车辆的时间段排起,然后向前套排到头班车,向后套排到末班车,这种方法能较好地安排每辆车的出车顺序,也能较经济地安排运行时间。

采用上述任一方法排好全表后,再按照车辆先后的次序确定好路牌的序列号,如"1,2,3…"或"正班1,正班2,正班3…,加班1,加班2,加班3…",并填写各车次的进出场时间。确定各车辆路牌时,但要注意,车辆的安排方式要跟行车人员的工作班次相适应。

B. 行车间隔的排列。行车间隔按车辆周转时间除以该时间段内安排运行的车次数的计算方法确定,不得随意变动,避免车辆周转不及或行车间隔不均匀。

C. 增减车辆的安排。线路上运行的车辆是按时间分组的,随着客流量的变化有增有减。车辆不论加入或抽出,均要考虑前后行车间隔的均衡,要做到既不损失时间,又不产生车辆周转时间不均。车辆均匀地加入或抽出,就能做到配车数量、行车间隔虽有变化,但行车仍保持其均匀性。

D. 行车人员用餐时间的排列。线路行车人员的用餐时间,一般以 15~20min 为宜。安排人员用餐时间,一般有三种方法:增加劳动力代班用餐;增车增人填档,替代用餐的车辆上线运行;不增车不增人,拉大行车间距挤出用餐时间。在安排线路人员用餐时间时,要考虑用餐时间内客流量的供需适应情况,尽量避开客运高峰时间。

E. 多种调度形式的排列。在编制行车作业计划时,若线路存在多种调度形式的组织,如既有全程车又有区间车,由于各种车辆的周转时间不等,混合行驶时,不仅要注意区间断面上的行车间隔均衡,而且要求各种车辆配合协调、合理相间。

③行车作业计划运行图编制。

有的公共汽车运输企业将行车计划制成运行图的形式(图7-6),以更加直观地了解整个公交线路运行的情况和下阶段对公交运行进行实时的调整。

运行图的横坐标为营业时间,纵坐标上按线路全长依次排列线路始末站与重点中间站(即设有中间调度检查点的中途停车站)。车辆运行图就是依次把每班次车辆在沿途各站的发车与到站时刻用直线连接起来所构成的运行网络图。在图7-6中,连接两相邻停车站的直线,表示车辆行驶路线,而且该直线的斜率还表示车辆行驶速度的大小。斜率越小,行驶速度越低;反之,车辆的行驶速度就越高。

(5)行车作业计划表编制示例。

【例7-4】 某市开行从火车站到大学城的公交1号线,线路全长5.4km,车站数9个,运营时间为6:00～22:00。为保证车辆正点运行,结合线路的实际情况,规划车辆在始末站停站时间,客流高峰期为7min,平峰期为6min,中间站平均停站时间均为30s。全日分时段客流统计数据表明,该线路早、晚高峰客流增长明显,经历时间长,时间不均匀系数均大于1.8。高峰期线路路段通过量数据和站点集散量数据分析表明,此线路没有开行区间车和快车的必要。线路车辆运行定额及运行参数的其他资料,以及分时段车辆数与行车时间的间隔分配计算结果见表7-4。试根据所给的信息资料编制该线路的行车作业计划。

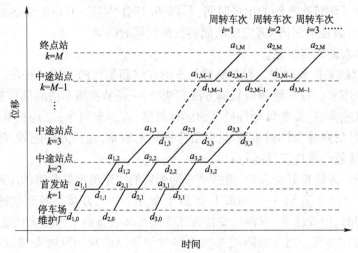

图7-6 公交线路运行示意图

××市公交1号线路数据汇总及处理结果表　　表7-4

序号	时间段	高单向高断面客通过量(人次/时段)	满载率定额(%)	车厢容量(人/辆)	周转时间定额(min)	单程时间定额(min)	始末站停站时间定额(min)	周转系数	线路车辆数(辆)		行车频率	周转时间内行车间隔	
									计算值	调整值	(min/时段)	平均值(min)	分配与排列方案
1	6:10～7:10	242	50	72	60	24	6	1.0	6.7	6	6.0	10	60 = 10min × 6
2	7:10～8:20	680	90	72	70	28	7	0.9	12.2	12	10.3	5.8	70 = 5min × 2 + 6min × 10
3	8:20～9:30	676	90	72	70	28	7	0.9	12.2	12	10.3	5.8	70 = 5min × 2 + 6min × 10
4	9:30～10:40	410	80	72	70	28	7	0.9	8.3	8	6.9	8.8	70 = 8min × 2 + 9min × 10
5	10:40～11:40	230	50	72	60	24	6	1.0	6.4	6	6.0	10.0	60 = 10min × 6
6	11:40～12:40	225	50	72	60	24	6	1.0	6.3	6	6.0	10.0	60 = 10min × 6
7	12:40～13:40	218	50	72	60	24	6	1.0	6.1	6	6.0	10.0	60 = 10min × 6
8	13:40～14:40	238	50	72	60	24	6	1.0	6.6	6	6.0	10.0	60 = 10min × 6
9	14:40～15:40	240	50	72	60	24	6	1.0	6.7	6	6.0	10.0	60 = 10min × 6

续上表

序号	时间段	高单向高断面客通过量（人次/时段）	满载率定额（%）	车厢容量（人/辆）	周转时间定额（min）	单程时间定额（min）	始末站停站时间定额（min）	周转系数	线路车辆数（辆）		行车频率	周转时间内行车间隔	
									计算值	调整值		平均值（min/时段）	分配与排列方案
10	15:40~16:40	208	50	72	60	24	6	1.0	5.8	6	6.0	10.0	60 = 10min × 6
11	16:40~17:50	588	80	72	70	28	7	0.9	11.9	12	10.3	5.8	70 = 5min × 2 + 6min × 10
12	17:50~19:00	735	90	72	70	28	7	0.9	13.2	12	10.3	5.8	70 = 5min × 2 + 6min × 10
13	19:00~20:00	378	80	72	60	24	6	1.0	6.6	7	7.0	8.6	60 = 8min × 3 + 9min × 4
14	20:00~21:00	220	50	72	60	24	6	1.0	6.1	6	6.0	10.0	60 = 10min × 6
15	21:00~22:00	160	50	72	60	24	6	1.0	4.4	4	4.0	15.0	60 = 15min × 4

解：(1) 确定调度形式。

根据已给资料，该线路选择正班车与高峰加班车相结合的调度组织形式。

(2) 确定正班车和加班车的营运时间和配车数。

在一天营运时间中，正班车和加班车的营运时间范围，可依据时区划分方法确定。公交行业习惯上把每个作业班行车人员工作 8h 称为一档劳动力，工作 4h 称为半档劳动力，并据此将线路全日营运服务时间划分为 6 个时区，每个时区以 4h 计，见表 7-5。本线路的全日运营时间为 16h，正班车参与全天运行，并承担早晚低峰的运行，其特点是出得早、收得晚，高峰加班车参与高峰时区的运行。

时区线路车辆数的确定原则：线路车辆数分布在各个时区内，且总有一个线路车辆数代表该时区的特征，这个车辆数就是时区配车数。在各时区配车数中，一、四时区取值最大；二时区由一时区减去加车数；三时区由二时区加上中午加车数；五时区由时区配车数减去四时区的加车数，再减去二档劳动力配备的正班车数。从表 7-4 中的"线路车辆数"一列中选择出具有代表特征的各时区车辆数，填入表 7-5 中。

公交车辆营运时区划分及线路车辆数　　　　表 7-5

时区代号	一	二	三	四	五	六
时间	4:00~8:00	8:00~12:00	12:00~16:00	16:00~20:00	20:00~24:00	0:00~4:00
俗称	早高峰	低谷	低谷	夜高峰	小夜	夜宵
线路车辆数	12	6	6	12	6	0

显然，该运营线路需要投入额定载客量为 72 人公交车辆 12 辆，其中正班车 6 辆，加班车 6 辆。

(3) 编排线路行车次序。

发车时刻的排定：按照已经设计好的各时间段内的"行车间隔分配与排列方案"，从时间段开始时刻依次列出各发车时刻。例如 6:10~7:10 时间段的行车间隔分配与排列方案为"10min × 6"，该时段的开始时间为 6:10, 6:20, 6:30, 6:40, 6:50, 7:00。

到达发时刻的确定:即上一个运行周转的结束时刻。例如在6:10~7:10时间段中,发车时刻为6:10,周转时刻为60min,则到发时刻为7:10,即该车辆最早在7:10就可以运行下一个周期。

在列出各时段车次的发车时刻和到发时刻后,就可排定线路的行车次序。表7-6为以火车站为起排站点的行车次序表,起排基准时间为6:00。

××市公交1号线路行车次序排列表(参照站点:火车站)   表7-6

周转车次	第1周转 6:00~7:00 (60min)		第2周转 7:00~8:10 (70min)		第3周转 8:10~9:20 (70min)		第4周转 9:20~10:30 (70min)		第5周转 10:30~11:30 (60min)		第6周转 11:30~12:30 (60min)		第7周转 12:30~13:30 (60min)		第8周转 13:30~14:30 (60min)	
	发车时刻	到发时刻	发车时刻	到发时刻	发车时刻	到发时刻	发车时刻	到发时刻	发车时刻	到发时刻	发车时刻	到发时刻	发车时刻	到发时刻	发车时刻	到发时刻
1	6:10	7:10	7:05	8:15	8:15	9:25	9:28	10:38	10:40	11:40	11:40	12:40	12:40	13:40	13:40	14:40
2	6:20	7:20	7:10	8:20	8:20	9:30	9:36	10:46	10:50	11:50	11:50	12:50	12:50	13:50	13:50	14:50
3	6:30	7:30	7:16	8:26	8:26	9:36	9:45	10:55	11:00	12:00	12:00	13:00	13:00	14:00	14:00	15:00
4	6:40	4:40	7:22	8:32	8:32	9:42	9:54	11:04	11:10	12:10	12:10	13:10	13:10	14:10	14:10	15:10
5	6:50	5:50	7:28	8:38	8:38	9:48	10:03	11:13	11:20	12:20	12:20	13:20	13:20	14:20	14:20	15:20
6	7:00	8:00	7:34	8:44	8:44	9:54	10:12	11:22	11:30	12:30	12:30	13:30	13:30	14:30	14:30	15:30
7			7:40	8:50	8:50	10:00	10:21	11:31								
8			7:46	8:56	8:56	10:06	10:30	11:40								
9			7:52	9:02	9:02	10:12										
10			7:58	9:08	9:08	10:18										
11			8:04	9:14	9:14	10:24										
12			8:10	9:20	9:20	10:30										
车数	6		12		12		8		6		6		6		6	

周转车次	第9周转 14:30~15:30 (60min)		第10周转 15:30~16:30 (60min)		第11周转 16:30~17:40 (70min)		第12周转 17:40~18:50 (70min)		第13周转 18:50~19:50 (70min)		第14周转 19:50~20:50 (60min)		第15周转 20:50~21:50 (60min)		结束营运 (返场)
	发车时刻	到发时刻	发车时刻	到发时刻	发车时刻	到发时刻	发车时刻	到发时刻	发车时刻	到发时刻	发车时刻	到发时刻	发车时刻	到发时刻	
1	14:40	15:40	15:40	16:40	16:35	17:45	17:45	18:55	18:58	19:58	20:00	21:00	21:05	22:02	
2	14:50	15:50	15:50	16:50	16:40	17:50	17:50	19:00	19:06	20:06	20:10	21:10	21:20	22:17	
3	15:00	16:00	16:00	17:00	16:46	17:56	17:56	19:06	19:14	20:14	20:20	21:20	21:35	22:32	
4	15:10	16:10	16:10	17:10	16:52	18:02	18:02	19:12	19:23	20:23	20:30	21:30	21:50	22:47	
5	15:20	16:20	16:20	17:20	16:58	18:08	18:08	19:18	19:32	20:32	20:40	21:40			
6	15:30	16:30	16:30	17:30	17:04	18:14	18:14	19:24	19:41	20:41	20:50	21:50			
7					17:10	18:20	18:20	19:30	19:50	20:50					
8					17:16	18:26	18:26	19:36							
9					17:22	18:32	18:32	19:42							
10					17:28	18:38	18:38	19:48							
11					17:34	18:44	18:44	19:54							
12					17:40	18:50	18:50	20:00							
车数	6		6		12		12		7		6		4		

（4）编排线路行车时刻表。

线路行车时刻表列有该线路所有班次的出场时间及始末站的开出时间。以表7-6为依据，结合线路各车次周转时间，以及正、加班车辆合理分配要求，得到的本线路的行车时刻表见表7-7。

线路行车时刻表编排要注意以下两点：

① 以正班为主要形式，连班时间应满足双班的要求。

② 加班或分段运行时间间隔一般不少于3h。

××市公交1号线路时刻表　　　　　　　　　　　　　　　　　表7-7

周转序号		1		2		3		4		5		6		7		8		9	
行车方向		上行	下行	上行	下行	上行	下行	上行	下行	上行	下行	上行	下行	上行	下行	上行	下行	上行	下行
		火车站	学校	火车站	学校	火车站	学校	火车站	学校	火车站	学校	火车站	学校	火车站	学校	火车站	学校	火车站	学校
车序号		开	开	开	开	开	开	开	开	开	开	开	开	开	开	开	开	开	开
加1	入场	6:10	6:40	7:10	7:45	8:20	8:55	退场											
正1	入场	6:20	6:50	7:22	7:57	8:32	9:07	9:45	10:20	11:00	11:30	12:00	12:30	13:00	13:30	14:00	14:30	15:00	15:30
正2	入场	6:30	7:00	7:34	7:59	8:44	9:19	9:54	10:29	11:10	11:40	12:10	12:40	13:10	13:40	14:10	14:40	15:10	15:40
正3	入场	6:40	7:10	7:40	8:15	8:50	9:25	10:03	10:38	11:20	11:50	12:20	12:50	13:20	13:50	14:20	14:50	15:20	15:50
正4	入场	6:50	7:20	7:52	8:27	9:02	9:37	10:12	10:47	11:30	12:00	12:30	13:00	13:30	14:00	14:30	15:00	15:30	16:00
加2	入场	7:00	7:30	8:04	8:39	9:14	9:49	退场											
正5		入场	7:05	7:40	8:15	8:50	9:28	10:03	10:40	11:10	11:40	12:10	12:40	13:10	13:40	14:10	14:40	15:10
正6		入场	7:16	7:51	8:26	9:01	9:36	10:11	10:50	11:20	11:50	12:20	12:50	13:20	13:50	14:20	14:50	15:20
加3		入场	7:28	8:03	8:38	9:13	退场											
加4		入场	7:46	8:21	8:56	9:31	退场											
加5		入场	7:58	8:33	9:08	9:43	10:21	10:56	退场									
加6		入场	8:10	8:45	9:20	9:55	退场											
车数		6		12		12		7		6		6		6		6		6	

周转序号		10		11		12		13		14		15		16		17		18	
行车方向		上行	下行	上行	下行	上行	下行	上行	下行	上行	下行	上行	下行	上行	下行	上行	下行	上行	下行
		火车站	学校	火车站	学校	火车站	学校	火车站	学校	火车站	学校	火车站	学校	火车站	学校	火车站	学校	火车站	学校
车序号		开	开	开	开	开	开	开	开	开	开	开	开	开	开	开	开	开	开
加1		入场	16:35	17:10	17:45	18:20	18:58	17:28	20:00	20:30	21:05	21:35	退场						
正1	16:00	16:30	17:04	17:39	18:14	18:49	退场												
正2	16:10	16:40	17:10	17:45	18:20	18:55	19:32	20:02	20:40	21:10	退场								
正3	16:20	16:50	17:22	17:57	18:32	19:07	退场												
正4	16:30	17:00	17:34	18:09	18:44	19:19	退场												
加2		入场	16:46	17:21	17:56	18:31	19:06	19:36	20:10	20:40	21:20	21:50	退场						
正5	15:40	16:10	16:40	17:15	17:50	18:25	退场												
正6	15:50	16:20	16:52	17:27	18:02	18:37	19:14	19:44	20:20	20:50	21:35	22:05	退场						
加3		入场	16:58	17:33	18:08	18:43	19:23	19:53	20:30	21:00	21:50	22:20	退场						
加4		入场	17:16	17:51	18:26	19:01	19:41	20:11	退场										
加5		入场	17:28	18:03	18:38	19:13	19:50	20:20	20:50	21:20	退场								
加6		入场	17:40	18:15	18:50	19:25	退场												
车数		12		12		7		6		4									

(5) 编排车站行车时刻表。

车站行车时刻表中的车站主要指线路始末站及重要中间站。本例以火车站为例,编制的公交线路在火车站的行车时刻表见表7-8。

××市公交1路线车站行车时刻表(火车站)　　　表7-8

周转序号		1		2		3		4		5		6		7	
		开	到	开	到	开	到	开	到	开	到	开	到	开	到
加班1	入线	6:10	7:04	7:10	8:13	8:20	9:23	退线							
正班1	入线	6:20	7:16	7:22	8:25	8:32	9:35	9:45	10:48	11:00	11:54	12:00	12:54	13:00	13:54
正班2	入线	6:30	7:28	7:34	8:37	8:44	9:47	9:54	10:57	11:10	12:04	12:10	13:04	13:10	14:04
正班3	入线	6:40	7:34	7:40	8:43	8:50	9:53	10:03	11:06	11:20	12:14	12:20	13:14	13:20	14:14
正班4	入线	6:50	7:46	7:52	8:55	9:02	10:05	10:12	11:15	11:30	12:24	12:30	13:24	13:30	14:24
加班2	入线	7:00	7:58	8:04	9:07	9:14	10:17	退线							
正班5		入线	7:05	8:08	8:15	9:18	9:28	10:31	10:40	11:34	11:40	12:34	12:40	13:34	
正班6		入线	7:16	8:19	8:26	9:29	9:36	10:39	10:50	11:44	11:50	12:44	12:50	13:44	
…																

(6) 编排车辆行车时刻表。

车辆行车时刻表按路牌分行车班次编制。以加班1车为例,编排结果见表7-9。

××市公交1号线车辆行车时刻表(加班1车)　　　表7-9

周转及时间开行方向	1(60min)				2(70min)				3(70min)			
	上行		下行		上行		下行		上行		下行	
	到	开	到	开	到	开	到	开	到	开	到	开
火车站	入线	6:10:00	7:04:00			7:10:00	8:13:00			8:20:00	9:23:00	退线
一医院	6:12:00	6:12:30	7:00:00	7:00:30	7:12:00	7:12:30	8:10:00	8:10:30	8:22:00	8:22:30	9:20:00	9:20:30
…												
体育馆	6:30:00	6:30:30	6:43:00	6:43:30	7:34:00	7:34:30	7:48:00	7:48:30	8:43:00	8:43:30	8:59:00	9:59:30
大学城	6:34:00		6:40:00	7:38:00			7:45:00	8:48:00			8:55:00	
周转及时间开行方向	11(70min)				…				15(60min)			
	上行		下行		上行		下行		上行		下行	
	到	开	到	开	到	开	到	开	到	开	到	开
火车站	入线	16:35:00	17:38:00							21:05:00	21:59:00	退线
一医院	16:37:00	16:37:30	17:34:00	17:34:30					21:07:00	21:07:30	21:56:00	21:56:30
…												
体育馆	17:01:00	17:01:30	17:13:00	17:13:30					21:26:00	21:26:30	21:37:00	21:37:30
大学城	17:05:00		17:10:00						21:29:00		21:35:00	

注:表内×:×:×表示时:分:秒。

7.2.3 城市公共汽车线路现场调度

(1) 现场调度的含义及基本任务。城市公共汽车现场调度是指在城市公共汽车运营线路的现场,调度人员为了使运营车辆的运行符合行车作业计划的安排及客流变化的要求,直接对运营车辆及有关人员下达调度指令的活动。现场调度是公交企业营运管理的重要内容，是保证行车作业计划切实执行的主要环节，也是提高公共交通服务质量的一种重要手段。城市公共汽车现场调度的基本任务为：

①确保正常的行车间隔。行车间隔是营运服务质量的重要标志之一。车辆在运行过程中，常常会遇到许多突发性干扰因素的影响，造成行车间隔的变动。为保证行车作业计划的执行，现场调度人员要及时采取措施，迅速恢复原来的行车间隔，或进行监督控制、均衡调节行车间隔，逐步纳入计划运行。

②及时恢复行车次序。线路上的车辆是按规定的前后次序运行的，但当车辆发生故障、事故、运输纠纷等非常情况，常常会使行车次序发生变化。因此，现场调度人员应在不影响服务质量的前提下，应将车辆序号临时重新组织，经过运行调整，恢复到原来的正常运行次序。

③及时增减车辆与运能。在行车作业计划中所安排的车辆与运能，仅能适应正常客流动态的一般规律。如果客流发生较大变化，在部分站段的实际客流量过分高于或低于原预计的客流量时，现场调度应采取措施，增加或减少车辆与运能，使之与客流需求相适应。

④灵活调整车辆行驶线路。车辆在运行中，由于受到道路阻塞、市政工程、道路交通事故等影响，而导致局部线路或全线不能正常通行时，这时现场调度就要当机立断，临时改变行驶路线，以满足乘客服务需要。

(2) 现场调度的基本方法。根据城市公共汽车现场调度的任务及工作范围，城市公共汽车现场调度的基本方法包括恢复行车秩序、调整运力和变更行车路线三大类。

①恢复行车秩序的基本方法。行车秩序的恢复包括行车间隔的正常化和行车次序恢复。其基本方法如下：

A. 提前发车。即压缩停站时间，在车辆误点到站时，如其误点时间不超过规定的停站调节时间，则可减少其停站时间，提前发车，以保证车辆按照预定的行车频率准点发车。

B. 拉长车距。当误点车晚点时间超过停站时间不多时，可适当拉长前几个车次的发车时刻，以使行车间隔均匀分布。

C. 放站发车。当车辆延误时间较长时，单独采取时间调整的方法已难以控制车辆运行的秩序，可对误点车辆放站发车。即由调度员指定误点车辆，使其开出后不停靠若干中间站，以节约中间站的停站时间，使误点车辆能快速恢复到原行车计划规定的行车安排。放站发车的具体形式多样，如空车放站、载客放站等。在一般情况下，平均每放一站可以争取40~60s。

D. 区间掉头。当车辆晚点时间较长，并产生若干车辆同时到站时，调度员可指定晚点车辆减少原计划的行驶全程，而在行车途中某个站点返回，以赶上下一车次的行车时刻。与放站发车比较，区间掉头能缩短较多的时间。一般车辆到达始末站的晚点时间超过全程周转时间的1/3时，可采用区间掉头法来弥补已损失的周转时间。

E. 调整车序。在线路上运行的车辆，除必须保持正常的行车间隔以外，还要按规定的行车次序行驶，否则会影响行车人员的交接班，扰乱行车作业计划的实施。因此，在线路调度时，需要将车辆前后顺序重新组织，经过运行调整，以恢复到原来正常运行的次序。根据互相对调的车辆数，调序法可以分为两车调序和多车调序。

F. 填补车次。当线路上的车辆因突发情况而停驶时，会使在计划规定时间内的车次缺失较多，为了不影响正常的班次运行，应设法利用某些车辆来填补缺失的车次。可用来填补车次的车辆主要有停站车辆、进场车、运行故障修复车、邻线停驶车、备用车等。

②调整运力的基本方法。调整运力的方法,概括起来可以通过增加或减少运行车次数和车辆数来实现。

A. 调整车次。调整车次一般通过调整行车频率的方法来进行。当线路上某个时间段内客流总量改变不大,但在该时间段内的客流分布已经发生疏密不均的变化,在这种情况下,线路并不需要额外增加运力,只需根据客流大小的变化适当调整行车频率,做到"客多车密、客少车稀"就可解决运力与运量的平衡问题。一般可以结合拉长车距、缩短车距及提前发车的手段来实现。

【例 7-5】 某公交线路上行方向在 7:00~8:00 计划发车次 10 次(表 7-1),由于 7:20 后客流增多,需将原来的行车频率进行调整。要求 7:20 前的行车频率减少 1 次,7:20 后的行车频率增加 1 次,但总行车频率不变。试编制变更后的行车时刻修正表。

解:采用拉长车距、缩短车距,行车时刻修正结果见表 7-10。

××公交线路行车时刻修正表(7:00~8:00)　　　　表 7-10

车次序号	原计划行车时刻	调整后行车时刻	车次序号	原计划行车时刻	调整后行车时刻
1	7:00	7:00	6	7:30	7:35
2	7:06	7:08	7	7:36	7:40
3	7:12	7:16	8	7:42	7:45
4	7:18	7:24	9	7:48	7:50
5	7:24	7:30	10	7:54	7:55

B. 调整车数。这是在原计划车辆的基础上增加或抽停部分车辆的现场调度方法。在某个时间段内,当线路上的客流增减较多,仅用调整车次的方法已难以解决运力与运量的平衡问题时,如条件许可,考虑调整投放的车辆数。

当运量超过运力时,可动员本线即将退出运行的车辆加班行驶,如本线没有车辆可用,可组织队内或机动点的备用车辆或其他线路的车辆来支援。当运量小于运力时,可适当减少班次,或抽调车辆入库。

【例 7-6】 某公交线路原计划行车时刻见表 7-10。根据客流动态分析,估计从 7:15~8:00 的客流比往常增加很多,现需增加发车 3 次,试修正加后的行车时刻。

解:为使增加车辆的前后行车间隔均匀,需要对线路的行车间隔进行调整。一般地,调整行车间隔的影响时间范围,应在客流增加的范围内。该线路加后的行车时刻修正结果见表 7-11。

××公交线路加车行车时刻修正表(7:00~8:00)　　　　表 7-11

原 计 划		修 正 计 划		原 计 划		修 正 计 划	
路牌号	发车时刻	路牌号	发车时刻	路牌号	发车时刻	路牌号	发车时刻
原1	7:00	原1	7:00	原8	7:42	原6	7:32
原2	7:06	原2	7:06	原9	7:48	原7	7:36
原3	7:12	原3	7:12	原10	7:54	加3	7:40
原4	7:18	加1	7:15			原8	7:45
原5	7:24	原4	7:20			原9	70
原6	7:30	原5	7:24			原10	7:55
原7	7:36	加2	7:28				

③变更行车路线的基本方法。变更行车路线的基本方法有绕道行驶、分段行驶、缩短行驶线路和跨线行驶。

A. 绕道行驶：即临时变更行车路线，绕过堵塞路段。采用绕道行驶其行程长度和行车时间必然有所增减，此时需根据周转时间和车辆行驶条件，另行安排临时行车计划。

B. 分段行驶：就是把一条线路的行车组织，以阻塞点为界分成两段行车路线的行车组织方法。这时必须对分段路线分别制订行车作业计划和行驶车辆数。

C. 缩短行驶线路：堵塞路段若无其他道路可以绕行，可采用缩短行驶线路。其行车作业计划需重作安排。

D. 跨线行驶：当相邻线路客流高峰时间有明显差异、本线路运力富裕时，现场调度常采用跨线行驶来挖掘线路的运力潜能，提高车辆的利用率。跨线行驶可在本线路中途，载客跨入顺行邻线行驶和载客至本线首末站跨出本线，进入邻线行驶。

临时采取的现场调度方法是针对客观环境变化的应急措施，需要灵敏的信息反馈。无论采取什么样的现场调度措施，都要求必须符合客流规律，保证行车秩序，提高运营效率，实现车辆均衡满载。

7.2.4　城市公共汽车区域调度

(1) 区域调度的定义及形式。

①区域调度的定义。城市公共汽车区域调度是国外大城市普遍采用的、高效率的调度模式。随着我国城市公交信息化的建设和城市道路交通条件的进一步改善，国内城市公交企业传统的线路调度模式必将为区域调度模式所取代。区域调度是未来大城市公交调度的发展方向。

公交区域调度，又称网络调度或线间调度，是指将在一定地域范围内、原来各自独立运营线路上的车辆、人员，通过一定的技术手段和管理组织协调起来共同运营，以达到资源的最有效配置和充分利用的一种调度组织模式。区域调度模式是基于运量平衡思想提出的。由于公交客流存在着方向、时间上的不均匀性，因此，可通过不同线路间运力的动态组合，实现车辆运量的均衡，从而最大限度地节省运营车辆总数和司乘人员总数，提高公交车辆的利用率和司乘人员的劳动效率。区域调度是面向任务，而非面向线路的调度模式。

②区域调度的形式。区域调度包括单车场调度和多车场调度形式。单车场调度就是指在同一调度区域内(若干条公交线路)的所有运营车辆均由一个车场管理，即同一车场发车、同一车场存放。单车场区域调度的车辆运行过程为：早上车辆从同一车场发出，至各条公交线路的起始站开始运行。运行中，车辆在某条线路上完成若干运输任务后，根据调度安排跨线进入另一条线路运营，完成若干运输任务后再一次跨线进入其他线路，直至该轮任务结束返回车场，等待下一轮次的运输任务。一般情况下，每日每车要完成多轮运输工作。单公交车辆区域调度形式如图 7-7 所示。

多车场区域调度就是指在同一调度区域内(若干条公交线路)的运营车辆由多个车场管理，即运营车辆从多个车场发车、完成任务后又返回各自车场。整个运营过程中，所有车辆服从统一调度指挥，旨在使全局效益最佳。其车辆运行过程与单车场调度过程相似。多车场公交车辆区域调度形式如图 7-8 所示。

相对于线路调度,区域调度是一种集中程度更高的调度模式,它的特点是取消了线路(车队)一级的车辆调度,因此在组织形式也有别于线路调度。一般来说,对于规模较大的公交企业,宜采用二级调度制,即由公司总调中心和分公司调度中心组成,分公司调度中心成为区域调度的核心部分。对于规模相对较小的企业,可采用集中调度形式,即由总调度中心直接对全市运营车辆发布调度命令,一级调度到车辆。

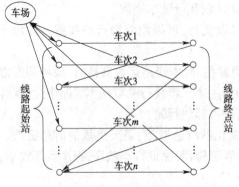

图 7-7 单车场公交车辆区域调度形式 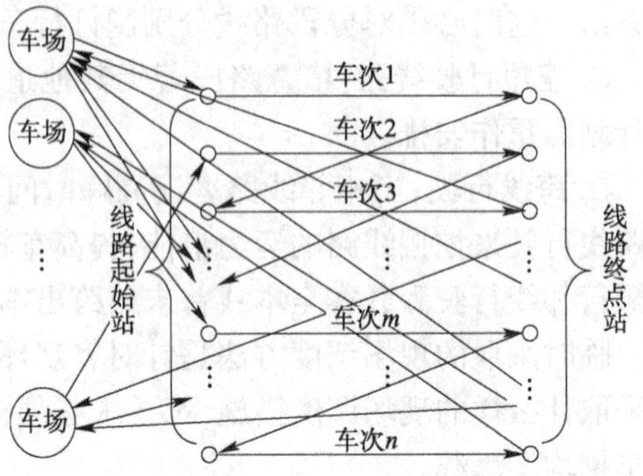　　　　图 7-8 多车场公交车辆区域调度形式

实施区域调度对车辆运营时间的准确性有着较高的要求,因此良好的行车环境是开展该项工作的先决条件。发达国家应用公交区域调度较为成功的城市大都具备了齐全的设施和成熟的技术,如普遍设置了公交专用道、交通信号优先系统等公交优先通行技术,公交线路的交通环境能够得到充分的保证。同时,由于公交信息技术的大量采用,对于运营过程中的非正常情况可以得到及时、有效的处理,这也为区域调度的成功实施创造了条件。

(2) 单车场调度优化模型。

① 问题描述。

为了便于说明问题,把区域调度问题以网络图形式描述。令 P 为生产班次集合,则 $P = \{1,2,\cdots,l\}$ 表示该调度区域内每日有 l 次生产班次。令 I 为生产班次间弧集,则 $arc(i,j) \subset I$ 表示车辆从班次 i 的终点到班次 j 的始点的连接。令 D 为停车场。由此,区域调度网络图可以 $G = \{N, A, C\}$ 表示,其中:

$N = P \cup D$ ——表示网络点集合。若把车场编号为"0",生产班次编号为 $1,2,\cdots,l$,则整个网络节点编号为 $i = \{1,2,\cdots,l\}$;

$A = I \cup D \cdot P \cup P \cdot D$ ——表示弧集合。这里 $D \cdot P$ 和 $P \cdot D$ 为直积;

$C = \{c_{ij} | (i,j) \subset A\}$ ——费用矩阵,表示对应弧段 (i,j) 所花费用,可为时间、距离、花费等。

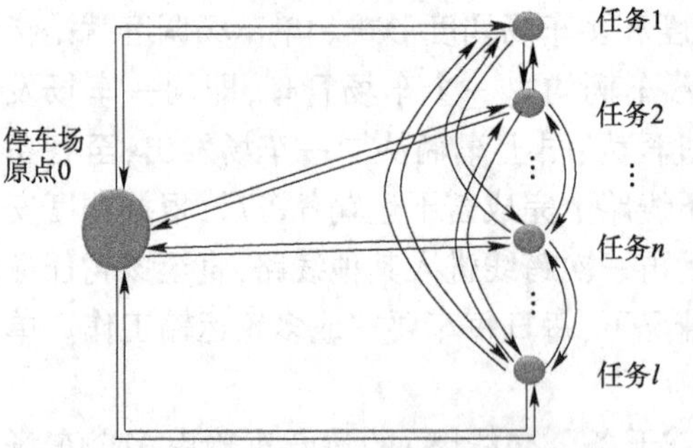

图 7-9 单车场公交车辆区域调度网络图

区域调度网络图如图 7-9 所示。

另定义流变量 x_{ijk}、y_{ki} 如下:

$$x_{ijk} \begin{cases} 1 & \text{若车辆 } k \text{ 从 } i \text{ 行驶到 } j \text{ 点}, (i,j) \subset A \\ 1 & \text{车辆完成 } i \text{ 任务}, i = j, \text{且 } i \neq 0 \\ 0 & \text{其他} \end{cases}$$

$$y_{ki} = \begin{cases} 1 & \text{任务 } i \text{ 由车 } k \text{ 完成} \\ 0 & \text{其他} \end{cases}$$

求解该问题即要求在有向赋权图 G 中找到合理回路。可以根据公交企业的预期目的，有针对性选择不同的目标进行优化，包括公交企业运营成本最低，调度方案可操作程度高以及所需公交车辆最少等。因此，在建立数学模型时应该综合考虑上述因素，建立相应的优化调度模型。

②模型假设。

区域调度优化是一个非常复杂的过程，涉及的因素也较多，因此有必要对原问题进行简化。在建立单车场车辆调度优化模型时，有如下基本假设：

A. 交沿线道路交通环境较好，能够保证必要的行车速度，不堵车；

B. 线路运营计划已知。即每一次生产班次的起始和终止时间、起始和终止地点确定；

C. 车辆跨线时空跑时间已知；

D. 车场位置已知，车场至哪条运营线路的起、终点的运行时间确定；

E. 车场内有足够等待调用的车辆，即不受车辆数约束；

F. 车场内所有车辆为同一车型。

③符号说明。

$ST(j)$——第 j 次生产班次的开始时刻；

$ET(i)$——第 i 次生产班次的终止时刻；

t_{ij}——车辆经过网络图弧段 (i,j) 所对应路径的运行时间；

x_{ijk}, y_{ki}——流变量，具体含义见"问题描述"部分；

W_t——跨线后最大容许等待时间；

KT——车辆某一行车轮次允许的最大工作时间；

MT——车辆每一轮次的最大容许生产班次数；

l——生产班次的总次数；

m——出场（回场）的总车次数。

车辆从车场出发，完成预定任务后又回到车场的整个过程称为轮次。

④模型的建立。

该问题实际上是一个有时间约束的多重旅行商问题，多重旅行商问题（mTSP）是指 m 个旅行商从一个城市出发，欲访问若干城市，要求对每个城市访问一次，应如何安排旅行路线，使 m 个旅行商的总旅行费用最少；所谓时间约束是指跨线运行在满足时间可行性限制，即车辆必须在下一项任务开始之前到达指定地点的同时，还对车辆进入下一项任务前的等待时间的上限作了规定。

以 mTSP 模型为基础，构造如下模型：

目标函数：

$$\min z = \sum_{i=0}^{l} \sum_{j=0}^{l} \sum_{k=1}^{m} t_{ij} x_{ijk} \tag{7-37}$$

约束条件：

$$\sum_{i=0}^{l} x_{ijk} = y_{kj} \qquad j=1,2,\cdots,l; k=1,2,\cdots,m; i \neq j \qquad (7\text{-}38)$$

$$\sum_{j=0}^{l} x_{ijk} = y_{ki} \qquad i=1,2,\cdots,l; k=1,2,\cdots,m; i \neq j \qquad (7\text{-}39)$$

$$\sum_{k=1}^{m} y_{ki} = \begin{cases} m & i=0 \\ 1 & i=1,2,\cdots,l \end{cases} \qquad (7\text{-}40)$$

$$X = \{x_{ijk}\} \in S \qquad (7\text{-}41)$$

$$x_{ijk} = 0 \text{ 或 } 1 \qquad i,j=1,2,\cdots,l; k=1,2,\cdots,m \qquad (7\text{-}42)$$

$$y_{ki} = 0 \text{ 或 } 1 \qquad i=1,2,\cdots,l; k=1,2,\cdots,m \qquad (7\text{-}43)$$

$$0 < [ST(j) - ET(i) - t_{ij}] x_{ijk} \leq W_t \qquad \forall i,j,k \qquad (7\text{-}44)$$

$$\sum_{i=0}^{l} \sum_{j=1}^{l} x_{jk} \leq MT \qquad \forall k \qquad (7\text{-}45)$$

该模型以整体成本消耗最小为目标函数，对于成本消耗而言，在各条线路的生产任务明确后，生产出行部分的消耗是不能减少的，而"空跑"是区域调度产生的额外成本，减少"空跑"时间意味着成本的降低，"空跑"时间之和最小也就意味着调度方案成本最低。

约束条件式(7-41)中，S 为支路消去约束，即消去构成没有构成一条完整的线路的解。

约束条件式(7-44)为时间约束条件，表示跨线运行需满足时间可行性限制，即车辆必须在下一项任务开始之前到达指定地点。同时，为了避免产生过长时间的等待，对车辆进入下一项任务前的等待时间的上限作了规定，即不得超出可接受的等待时间值。

约束条件式(7-45)对每一行车轮次的跨线次数进行了限制。主要是为车辆留出足够的维修、加油等时间，以保证车辆运营的正常。同时也是为了防止公交车辆利用不均衡，使得某些车辆被过度使用，而有些车辆则不能发挥其作用。

⑤模型的启发式求解方法。

旅行商问题是一个典型的 NP(Non-deterministic Polynomial)难题。到目前为止还没有一种有效的方法获得其精确解，只能借助诸如启发式算法、遗传算法等优化算法获得近似最优解或满意解。启发式方法就是在遵循一定搜索规则的前提下，通过迭代过程得到满意解。以下单车场区域公交车辆调度模型的求解，采用 C-W 节约启发式方法的修正算法。

A. 所需数据。生产班次总数；各班次的起始与终止时间；所有生产班次的终点至其他生产班次行起点的车辆走行时间；车场至所有生产班次起点的车辆走行时间；所有生产班次终点至车场的车辆走行时间。

B. 改进的 C-W 节约启发式算法原理。C-W 节约启发式是由 Clark 和 Wright 针对 TSP 问题于 1964 提出的，它的基本原理是利用三角形中的一边之长必定小于另外两边之和的原理，依次将运输问题中的两个回路合并为一个回路，每次使合并后的总运输距离减小的幅度最大。C-W 节约算法并未考虑车辆工作量限制和时间约束。因此，改进算法在点对连接时，增加了时间和工作量限制。即如模型中式(7-44)、式(7-45)所描述的，一个轮次中生产班次总次数不应大于容许次数，以及点对的连接必须满足时间可行性和对等待时间上限的限制。只有符合约束条件的点对才有可能被连接,否则放弃连接,寻找下一个点对。

另设 TA 为连接点对 (i,j) 时,线路上生产班次总次数;WA_{ij} 为连接点对 (i,j) 时,车辆需等待的时间,则:

$$WA_{ij} = ST(j) - ET(i) - t_{ij} \tag{7-46}$$

⑥求解步骤。

根据前述算法原理,设计具体求解步骤如下:

Step1:将任务按起始时间先后排序,并调整任务序号,先开始的任务赋予较小的序号(这样可避免反向比较,减少计算量)。

Step2:计算 $s(i,j)$。当 $i \geq j$ 时,令 $s(i,j)=0$,并构造 $l \cdot l$ 上三角矩阵 $S=[s(i,j)]$。

Step3:在矩阵中选择最大元素 $s(i,j)$。

Step4:考察 $s(i,j)$ 对应的点对,检查是否满足下述条件,若满足下述条件之一,刻转入下一步。

A. 点 i 和点 j 均不在构成的线路上。

B. 点 i 或点 j 在已构成的线路上,但不是与线路源点"0"相连的内点。

C. 点 i 和点 j 位于已构成的不同线路上,且均不是线路内点。

Step5:考察点 i 和点 j 连接后,线路上生产班次总次数 TA,若 $TA \leq MT$,则转下一步;否则 $s(i,j)=0$,转入 Step3。

Step6:考察点 i 和点 j 连接时,车辆等待时间 WA_{ij},若 $0 \leq WA_{ij} \leq W_t$,则转下一步;否则置 $s(i,j)=0$,转入 Step3。

Step7:连接点 i 和点 j。

Step8:将矩阵中的第 i 行和第 j 列元素置"0"。即点 i 不能再到达其他点,点 j 也不能从其他点到达。

Step9:若 $S=0$,则已得到完整线路,算法终止,否则,转入 Step3。

(3) 多车场调度优化模型。

多车场调度模型的求解一般基于单车场调度的求解结果,其模型假设、符号意义与单车场调度模型相同,目标函数和约束条件与单车场调度模型相似。多车场调度优化模型可如下构建。

目标函数:

$$\min z = \alpha_1 l_c + \alpha_2 \sum_i \sum_j \sum_k w_{ijk} + \alpha_3 \sum_i \sum_j \sum_k t_{ij} x_{ijk}$$

$$= \alpha_1 \sum_{i=d+1}^{d+l} \sum_{j=d+1}^{d+l} \sum_{k=1}^{m} l_{ij} x_{ijk} + \alpha_2 \sum_{k=1}^{m} \sum_{i=d+1}^{d+l} \sum_{j=d+1}^{d+l} [ST(j) - ET(i) - t_{ij}] x_{ijk} + \alpha_3 \sum_{i=1}^{l+d} \sum_{j=1}^{l+d} \sum_{k=1}^{m} t_{ij} x_{ijk}$$

$$\tag{7-47}$$

式中:α_1、α_2、α_3——分别为跨线次数、等待时间和空跑时间的权重;

l_{ij}——路线变量,$l_{ij}=1$ 表示 i、j 不在同一条线路上,$l_{ij}=0$ 表示 i、j 在同一条线路上;

l_c——调度过程中车辆跨线总次数;

w_{ijk}——车辆 k 完成跨线后,由 i 进行下一次生产班次 j 前的等待时间。

多车场调度优化模型针对网络图中的节点以及车次的编号进行了重新约定。在编号集合 $N = \{1,2,\cdots,d,d+1,\cdots,d+l\}$ 中,子集 $N_1 = (1,2,\cdots,d)$ 为车场集合,即共有 d 个车场,子集 $N_2 = (d+1,\cdots,d+l)$ 为生产班次集合。编号 m 为全区域内所有行车轮次次数,即车次总数。

约束条件:

$$\begin{cases} \sum_{i=1}^{d+l} x_{ijk} = y_{kj} & j=1,2,\cdots,l; k=1,2,\cdots,m \\ \sum_{j=1}^{d+l} x_{ijk} = y_{ki} & i=1,2,\cdots,l; k=1,2,\cdots,m \\ \sum_{k=1}^{m} y_{ki} = \begin{cases} m & i=0 \\ 1 & i=1,2,\cdots,l \end{cases} \\ X = \{x_{ijk}\} \in S \\ x_{ijk} = 0 \text{ 或 } 1 & i,j=1,2,\cdots,l; k=1,2,\cdots,m \\ y_{ki} = 0 \text{ 或 } 1 & i=1,2,\cdots,l; k=1,2,\cdots,m \\ 0 < [ST(j) - ET(i) - t_{ij}]x_{ijk} \leq W_t & \forall i,j,k \\ \sum_{i=d+1}^{l} \sum_{j=d+1}^{l} x_{ijk} \leq MT & \forall k \end{cases} \quad (7\text{-}48)$$

多车场调度模型可运用遗传智能算法等智能算法进行求解。

7.3 城市轨道交通运营组织

7.3.1 城市轨道交通运营管理模式

(1) 城市轨道交通运营管理模式类型。轨道交通是指城市中使用车辆在固定导轨上运行并主要用于城市客运的交通系统。由于它具有速度快、容量大的基本特性,因而特别适用于市内和城郊之间大规模的、集中性的、定点、定时、定向的出行需求,成为现代城市公共客运交通体系的骨干,起到客流组织的主导作用。

运营管理模式是指对企业经营过程的计划、组织、实施和控制的各项管理工作的总称。简单来说,运营管理模式就是经营管理方法。由于世界各个城市发展轨道交通的历史条件和经营环境不同,形成了各种各样的城市轨道交通运营管理模式。从所有权与经营权的关系来看,城市轨道交通主要有以下几种运营管理模式。

① 国有国营模式。国有国营模式可分为无竞争条件下的国有国营模式和有竞争条件下的国有国营模式两种。无竞争条件下的国有国营模式是指由政府负责轨道交通的投资建设,所有权归政府所有,运营由政府部门或国有企业负责。世界上绝大多数城市都采用这种模式,代表性城市如纽约、柏林、巴黎、北京、广州等。在此模式下,政府能对建设与运营同时管理,从而保证了票价水平能在大多数人所承受的范围内,体现轨道交通的公益性。然而在这种无竞争条件下的国有国营,地铁运营效率低下,对政府财政补贴依赖程度较高。

有竞争条件下的国有国营模式的轨道交通线路为政府所有,两家或两家以上的运营单位通过招标方式获得运营权。在体现轨道交通公益性的同时带有计划性质的市场竞争,有助于地铁服务水平的提高,代表性的城市如首尔。不过由于存在政府过多干预,也存在效率低下的问题。

②国有民营模式。国有民营模式是指城市轨道交通的线路完全由政府投资建设,建成后委托企业负责运营管理,代表性的城市如新加坡。国有民营模式把市场机制引入轨道交通的运营管理,实行市场化运作,降低了运营成本,使公司提高自身服务管理水平,实现市场盈利,降低了政府的财政压力。

③公私合营模式。公私合营模式是指由政府与企业共同出资设立公司,负责城市轨道交通的投资、建设和营运,代表性的城市有伦敦、香港。公私合营的模式使公司在建设与经营的同时更要重视企业的盈利问题,而政府的参与也能保证轨道交通的福利性。不过此种条件下的轨道交通产业的产权难以分清,而且公司中的股份参与不一,在利益分配方面较为复杂。

④民有民营模式。民有民营模式是指由私人集团投资建设,并由私人集团经营,代表性城市如曼谷。民有民营模式能最大限度地激发私人投资者的兴趣,但在票价和路线安排等敏感问题上政府没有影响力,所以轨道交通的公共福利性难以得到保证。

(2)城市轨道交通运营管理模式的适用性。城市轨道交通的运营管理模式在世界各国呈现出多样化的格局。不同的管理模式是在不同的社会环境下发展起来的。不同的管理模式均存在自身的优势与不足,有自己的适应范围。

①无竞争条件下的国有国营模式适用于客流量小[客流密度为 $0 \sim 1.5$ 万人/(km·日)],或客流量大,城市经济能力强大,着重体现公益性的城市。

②有竞争条件下的国有国营模式适用于有一定的客流量[客流密度为 $1.5 \sim 2.5$ 万人/(km·日)],可能通过一定的财政补贴实现盈利的城市。

③国有民营模式适用于客流量大[客流密度达到 2.5 万人/(km·日)]、市场化程度较高、市场环境和市场机制较好的城市。

④公私合营模式适用于客流量大、混合经济多,且能保证投资渠道通畅的城市。

⑤民有民营模式适用于客流量大,政府财政短缺的城市。

在城市轨道交通营运管理模式的选择时应立足城市的实际状况,设计和选择适用具体城市的管理模式,以利于城市轨道交通持续、健康、稳定的发展。

(3)城市轨道交通线路运营组织方式。城市轨道交通无论采用哪种营运管理模式,其代表性的线路运营组织方式有以下三种。

①独立运营。城市轨道交通系统的独立运营是指各条轨道交通线路被设计成非连通的,列车在各自的线路上运行的运输组织方式。

独立运营的优点:A.行车组织简单,运营安全性较好;B.各线路相互独立,运输能力、组织等不受其他线路的影响;C.无各线路制式兼容问题。

缺点是:A.部分乘客出行换乘增多;B.运营时需设置较多的折返线。

②共线运营。城市轨道交通系统的共线运营是指在连通型城市轨道交通网络中,在相邻的两条或多条轨道交通线路中,运营列车交路从一条线路跨越到另一条线路,存在着两条或多条列车交路共用某一区段的运输组织方式。

共线运营与独立运营相比的主要优点是:A.节省建设资金,提高城市轨道交通线路的利用率;B.减少换乘,方便了乘客的出行;C.充分利用线路通过能力,可使得共线区段的线路通过能力得到充分发挥。

缺点是:A.列车运营组织复杂;B.会造成线路列车运营不均衡。

③独立—共线运营相结合。独立—共线运营相结合是指在轨道交通网络中部分线路共线运营,另一部分线路独立运营和联合运营相结合。

独立—共线运营相结合的优点:A.有利于对于分段建成的线路依据其各区段的客流情况选择适宜的运营方案;B.既满足了部分乘客的换乘直达,又减少了完全共线运营所造成的乘客虚乘及其能力浪费;C.有利于长短交路结合的高效率运行。

缺点:对车站的组织工作要求非常高,难度大。要同时兼顾列车组织方案的稳定性和灵活性。

7.3.2 城市轨道交通运输计划

城市轨道交通系统是一个复杂的、技术密集型的公共交通系统,运输计划是城市轨道交通系统日常运输组织的基础。从社会服务效益看,轨道交通系统应充分发挥运量大和服务有规律的特点,安全、迅速、正点、舒适地将乘客运送至目的地。从企业经济效益看,轨道交通系统的运营应实现高效率和低成本。为实现这个目标,轨道交通系统的运输组织必须以运输计划作为基础,即根据客流的特点,合理编制运输计划,合理调度指挥列车运行,实现计划运输。城市轨道交通运输计划主要包括客流计划、全日行车计划、车辆配备计划以及列车开行方案等内容。

(1)客流计划。客流计划是指计划期间城市轨道交通客流的规划,它是其他计划的基础和编制依据。对新线来说,客流计划要根据客流预测资料来编制,既有线路则可根据统计和调查资料来编制。

客流计划的主要内容包括站间到发客流量,各站分方向上下车人数,全日分时段断面客流量,全日分时段最大断面客流量等。

客流计划以站间到发客流量数据作为原始资料,最基本的站间客流资料可用站间交换量 OD 矩阵表来表示。根据 OD 矩阵可以计算出各站上下车人数和断面客流量数据。表 7-12 是某城市轨道交通线路 7:00~8:00 时段站间的到发客流量 OD 矩阵,A 站至 B 站方向为下行方向。根据表 7-12 站间到发客流量 OD 矩阵计算的对应时段的各站上下车人数,以及根据各站上下车人数计算出的对应时段的断面客流量数据见表 7-13;根据表 7-13 资料绘制的对应时段的断面客流图如图 7-10 所示。

线路站间客流 OD 表(7:00~8:00)(单位:人次)　　表 7-12

车站	A	B	C	D	E	F	G	H	合计
A	—	2341	2033	2518	1626	2104	3245	4232	18099
B	2314	—	575	1540	1320	2282	2603	3112	13746
C	1887	524	—	187	281	761	959	1587	6186
D	2575	1736	199	—	153	665	940	1638	7906
E	1556	1253	322	158	—	143	426	1040	4898
F	3100	2337	662	691	162	—	280	1895	9127
G	4191	3109	816	956	448	388	—	711	10619
H	3560	2918	1569	1728	967	1752	671	—	13165
合计	19183	11877	4143	5260	3331	5991	5879	9983	65647

各站分方向上下车人数与断面客流量表(7:00~8:00)(单位:人次)　　表 7-13

	下 行		车 站	上 行		
断面客流量	上车	下车		上车	下车	断面客流量
18099	18099	0	A	19183	0	19183
27190	11432	2341	B	11517	2314	28386
28357	3775	2608	C	3568	2411	29543
27508	3396	4245	D	3533	4150	28926
25737	1609	3380	E	1577	3289	27214
21957	2175	5955	F	2140	6952	22402
14215	711	8453	G	671	9908	13165
	0	14215	H	0	13165	

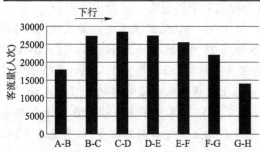
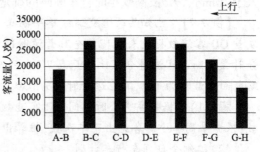

图 7-10　线路区间断面客流量图(7:00~8:00)

(2)全日行车计划。全日行车计划是轨道交通系统全日分时段开行的列车对数计划。它决定着城市轨道交通系统的输送能力和列车运用计划,也是列车运行图表编制的依据。

①全日行车计划的编制依据。

A. 营运时间。城市轨道交通系统营运时间的安排主要考虑两个因素:一是城市居民出行活动的特点;二是轨道交通系统各项设备检修养护的需要。根据资料,世界上大多数城市的轨道交通系统营运时间都在 18~20h,个别城市 24h 运营。适当延长营运时间,是城市轨道交通系统提高服务水平的体现。

B. 全日分时最大断面客流量。全日分时最大断面客流量通常是在高峰小时断面客流量的基础上,根据全日客流分布模拟图来计算确定。

C. 列车定员数。列车定员数是列车编组辆数和车辆定员数的乘积。列车编组辆数的确定以高峰小时最大断面客流量作为基本依据。车辆定员数的多少取决于车辆的尺寸、车厢内座位布置方式和车门设置数。

D. 线路断面满载率。线路断面满载率是指在单位时间内特定断面上的车辆载客能力利用率。

②全日行车计划编制步骤。

A. 根据各站上下车人数推算全日分时最大断面客流量。

B. 计算营运时间内各时段应开行的列车数。计算公式如下:

$$n_i = \frac{P_{\max,i}}{P_{列} \cdot \beta} \tag{7-49}$$

式中:n_i——第 i 时段应开行的列车数,列或对;

$P_{\max,i}$——第 i 时段单向最大断面客流量,人次;

$P_{列}$——列车定员数，人；

β——线路断面满载率，%。

C. 计算各时段行车间隔时间(I_i)。计算公式如下：

$$I_i = \frac{60}{n_i} \quad (\text{min}) \tag{7-50}$$

D. 确定全日开行的列车对数(N)。计算公式如下：

$$N = \sum_i n_i \tag{7-51}$$

在已经计算得到各小时应开行列车数和行车间隔时间的基础上，应检查是否存在某段时间内行车间隔过长的情况。为方便乘客、提高服务水平，轨道交通系统在非高峰运营时间 9:00~21:00 内，行车间隔一般不大于 6min；而在其他非高峰运营时间内，行车间隔也不应大于 10min。另外，高峰小时行车间隔的确定应检验与列车折返能力是否相适应。

【例 7-7】 已知某轨道交通线路早高峰小时为 7:00~8:00，客流量为全日最大，站间到发量 OD 客流数据见表 7-12。全日营运时间为 5:00~23:00，晚高峰为 17:00~18:00；全日分时最大断面客流量分布比例见表 7-14；列车编组为 6 辆，车厢定员 310 人/辆；高峰小时线路断面满载率为 1.1，其他运营时间为 0.9。试根据上述资料编制该线路的全日行车计划。

解：(1) 根据早高峰小时站间 OD 客流数据(表 7-12)，推算出早高峰小时各站上下车人数；根据早高峰小时各站上下车人数，推算出早高峰各站上下行断面客流量，结果见表 7-14。

(2) 编制全日列车行车计划。

从表 7-14 可知，早高峰小时最大断面客流量为 29543 人。根据全日分时最大断面客流分布比例可计算出全日分时单向最大断面客流量，见表 7-14。

由已知条件知：高峰小时的列车载客人数为：

$310 \times 6 \times 1.1 = 2046(\text{人})$

其他时间的列车载客人数为：

$310 \times 6 \times 0.9 = 1674(\text{人})$

根据式(7-51)和式(7-50)，可分别计算出分时列车开行对数和行车间隔。

对计算结果进行检查，非高峰运营时间内的部分小时的行车间隔较长(超过了 10min 或 6min)，需对开行列车数进行调整，最终确定的全日行车计划见表 7-14。

全日开行的列车对数：

$N = \sum_i n_i = 166(\text{对})$

全日开行列车计划表　　　　　　　　　　　表 7-14

时间	分时最大断面客流量分布比例(%)	单向最大断面客流量(人次)	分时开行列车数		行车间隔(min:s)	
			计算值	调整值	计算值	调整值
5:00~6:00	18	5318	4	6	15	10:00
6:00~7:00	42	12408	8	8	7:30	7:30
7:00~8:00	100	29543	15	15	4:00	4:00
8:00~9:00	74	21862	13	13	4:35	4:35
9:00~10:00	49	14476	9	10	6:40	6:00
10:00~11:00	52	15362	10	10	6:00	6:00
11:00~12:00	64	18908	12	12	5:00	5:00

续上表

时间	分时最大断面客流量分布比例（%）	单向最大断面客流量（人次）	分时开行列车数 计算值	分时开行列车数 调整值	行车间隔(min:s) 计算值	行车间隔(min:s) 调整值
12:00~13:00	59	17430	11	11	5:25	5:25
13:00~14:00	55	16249	10	10	6:00	6:00
14:00~15:00	57	16840	10	10	6:00	6:00
15:00~16:00	68	20089	12	12	5:00	5:00
16:00~17:00	86	25407	13	13	4:35	4:35
17:00~18:00	63	18612	12	12	5:00	5:00
18:00~19:00	44	12999	8	10	7:30	6:00
19:00~20:00	33	9749	6	10	10:00	6:00
20:00~21:00	28	8272	5	10	12:00	6:00
21:00~22:00	25	7386	5	6	12:00	10:00
22:00~23:00	16	4727	3	6	20:00	10:00

（3）车辆配备计划。车辆配备计划是为完成全日行车计划而制订的车辆保有数安排计划。包括运用车、检修车和备用车的安排计划。

①运用车。运用车是为完成日常运输任务而配备的技术状态良好的车辆。运用车的需要数与高峰小时开行列车对数、列车旅行速度及在折返站停留时间等因素有关。按下式计算：

$$N_{运用} = \frac{n_{高峰} \theta_{列} m}{60} \tag{7-52}$$

式中：$N_{运用}$——运用车辆数，辆；
$n_{高峰}$——高峰小时开行的列车数，对；
$\theta_{列}$——列车周转时间，min；
m——列车编组辆数，辆。

列车周转时间是指列车在线路上往返一次所消耗的全部时间。它包括了列车在区间运行，列车在中间站停车供乘客乘降，以及列车在折返站进行折返作业的全过程。

考虑到地铁车辆有时是以动车组形式编组，此时运用车辆数可用下式计算：

$$N_{运用(车组)} = \frac{n_{高峰} \theta_{列} L}{60} \tag{7-53}$$

式中：$N_{运用(车组)}$——运用车数，组或列；
L——每列车内动车组组数，组。

【例7-8】 已知某地铁区段线路上远期高峰小时开行最大列车对数为17对，列车以动车组编组，平均每列车编组为5辆，列车周转时间是48min，试问该区段上应配备多少组运用车？

解：$N_{运用(车组)} = \frac{n_{高峰} \theta_{列} L}{60} = 17 \times 48 \times 5 \div 60 = 68$（组）

②检修车。检修车是指处于定期检修状态的车辆。车辆的定期检修分成月检、定修、架修和大修（又称厂修），有的轨道交通线路还增设了双周检与双月检。

车辆的检修级别和检修周期依据车辆各部件使用寿命以及车辆运用环境等因素综合考虑确定。在实行预防性维修制度时,车辆定期检修通常是按车辆运用时间和走行里程先达到者执行。表7-15是某城市轨道交通线路的车辆检修级别和检修周期。

某城市轨道交通线路的车辆检修级别和检修周期　　　　　　表7-15

检修级别	检修周期		检修停时（日）
	运用时间	走行里程（万km）	
双周检	2周	0.4	0.5
双月检	2月	2	2
定修	1年	10	10
架修	5年	50	25
大修	10年	100	40

除车辆的定期检修外,车辆的日常检修有日检(又称列检),检修停时每日2h。此外,还应考虑车辆临修,车辆临修的停时按运用列车平均每年一次,每次2天确定。

③备用车。备用车是为轨道交通系统完成临时或紧急的运输任务、预防车辆故障的发生而储备的技术状态良好的车辆。一般来说,这部分车辆可控制在10%左右。

(4)列车开行方案。列车开行方案是日常运营组织的基础。列车开行方案包括列车编组方案、列车折返方式、列车交路、列车停站方案等内容。列车编组方案规定了列车是固定编组还是非固定编组,以及列车的编组辆数;列车折返、列车交路方案规定了列车折返方式、列车的运行区段与折返车站;列车停站方案规定了列车停站的方式。此外,列车开行方案还规定了按不同编组、交路和停站方案开行的列车数。

①列车编组方案。根据车辆数量及固定与否,列车编组可分为大编组、小编组、大小编组三种方案。大编组方案是指在运营时间内列车编组辆数固定且相对较多,如地铁列车采用的6或8辆编组的情形;小编组方案是指在运营时间内列车编组辆数固定且相对较少,如地铁列车采取3或4辆编组的情形;大小编组方案是指在运营时间内列车编组辆数不固定,如在客流非高峰时段编组辆数相对较少,在客流高峰时段编组辆数相对较多,另一种是在全日运营时间内采用大小编组。

影响列车编组方案的主要因素是客流、车辆选型和通过能力。此外还应考虑乘客服务水平、车辆运用经济性和运营组织复杂性等因素。

②列车折返方式。列车折返是指列车通过进路改变、道岔的转换,经过车站的调车进路由一条线路至另一条线路运营的方式。具有列车折返能力的车站称为折返站。列车折返是设置列车交路需要考虑的基础。根据折返线的位置布置情况,列车折返可分为站前折返和站后折返两种方式。

站前折返是指列车在中间站或终点站经由站前渡线进行折返(图7-11)。其优点是列车空车走行少,折返时间较短;上下车乘客能同时上下车,可缩短停站时间。缺点是列车折返会占用区间线路,从而影响后续列车闭塞,对行车安全有一定威胁;客流量大时,可能会引起站台客流秩序的混乱。城市轨道交通行车组织中较少采用这种折返模式。

站后折返是指列车在中间站或终点站由站后渡线进行折返(图7-12)。其优点是不存在进路交叉,行车安全,而且站后列车进出站速度较高,有利于提高旅行速度。缺点是列车折返时间较长。站后折返是国内外城市轨道交通通常采用的列车折返方式。

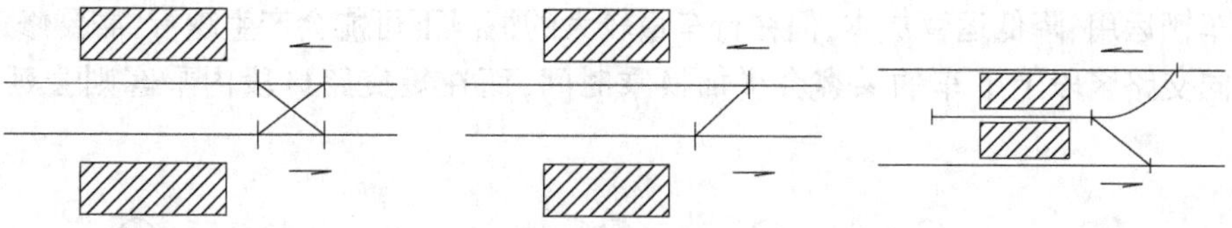

图 7-11 站前折返示意图

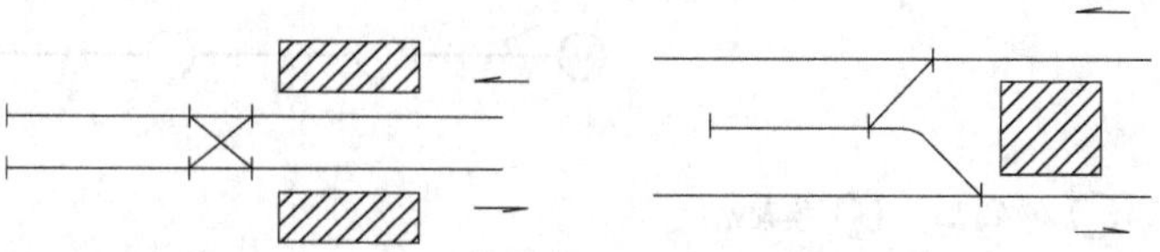

图 7-12 站后折返示意图

③列车交路方案。列车交路有常规交路、混合交路和衔接交路三种。常规交路又称为长交路,列车在线路的两个终点站间运行,到达线路终点站后折返,如图 7-13a)所示。采用常规交路方案行车组织简单、乘客无须换乘、不需要设置中间折返站。但如果线路各区段断面客流不均衡程度较大,则会产生部分区段列车运能的浪费。

混合交路又称为长短交路,长短交路列车在线路的部分区段共线运行,长交路列车到达线路终点站后折返、短交路列车在指定的中间站单向折返,如图 7-13b)所示。采用混合交路方案可提高长交路列车满载率、加快短交路列车周转,但部分乘坐长交路列车乘客的候车时间增加,以及需要设置中间折返站。

衔接交路又称为短交路,是若干短交路的衔接组合,列车只在线路的某一区段内运行、在指定的中间站折返,如图 7-13c)所示。采用衔接交路方案可提高断面客流较小区段的列车满载率,但跨区段出行的乘客需要换乘,以及需要设置中间折返站。短交路列车在中间站是双向折返,增加了折返作业的复杂性。

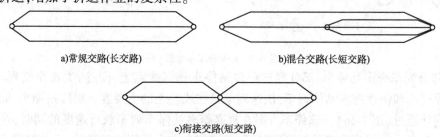

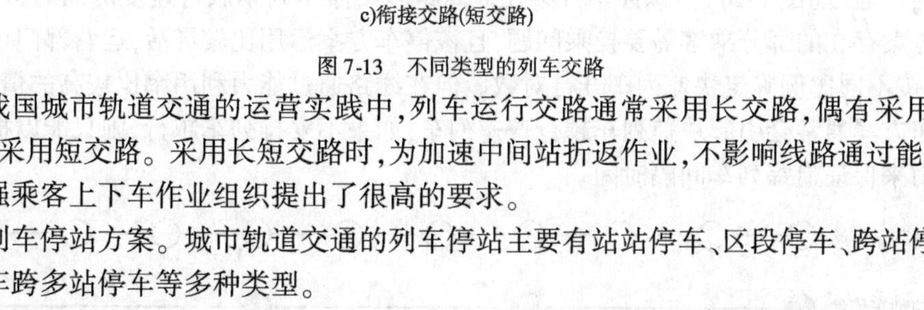

a)常规交路(长交路)　　　b)混合交路(长短交路)

c)衔接交路(短交路)

图 7-13 不同类型的列车交路

在我国城市轨道交通的运营实践中,列车运行交路通常采用长交路,偶有采用长短交路,很少采用短交路。采用长短交路时,为加速中间站折返作业,不影响线路通过能力,对折返站加强乘客上下车作业组织提出了很高的要求。

④列车停站方案。城市轨道交通的列车停站主要有站站停车、区段停车、跨站停车以及部分列车跨多站停车等多种类型。

A. 站站停车:线路上开行列车种类简单、不存在列车越行,乘客无须换乘、也无须关注站台上的列车信息显示。在跨区段、长距离出行乘客比例较大时,站站停车在车辆运用与服务水平方面均未达到最佳状态。

B. 区段停车:在长短交路情况下采用。长交路列车在短交路区段外每站停车,但在短交路区段内不停车通过;而短交路列车则在短交路区段内每站停车,短交路列车的中间站同时又是乘客换乘站(图 7-14)。采用区段停车方案有利于压缩长距离出行乘客的乘车时间和减少车辆运用、降低运营成本,但在行车量较大的情况下可能会产生越行,需要修建侧线,且在不同交路区段上下车的乘客会增加换乘时间,而在短交路区段内乘客则会延长乘车时间。

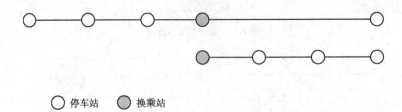

图 7-14 区段停车方案示意图

C. 跨站停车:在长交路的情况下采用。该方案将全线车站分成 A、B、C 三类。A、B 两类车站按相邻分布原则确定,C 类车站按每隔 4 或 6 个车站选择一站原则确定。所有列车均应在 C 类车站停车作业,但在 A、B 两类车站则分别停车作业(图 7-15)。跨站停车减少了列车停站次数,能压缩列车旅行时间和乘客乘车时间。同时,由于车辆周转加快,能够减少车辆使用,降低运营成本。但该由于 A、B 两类车站的列车到达间隔加大,乘客候车时间有所增加,且在 A、B 两类车站间乘车的乘客需在 C 类车站换乘,带来不便。该方案比较适用于 C 类车站客流较大,而 A、B 两类车站客流较小,并且乘客平均乘车距离较远的情况。

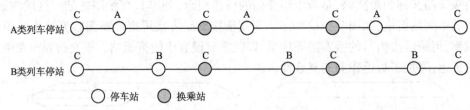

图 7-15 跨站停车示意图

D. 部分列车跨多站停车:部分列车跨多站停车是指线路上开行两类长交路列车,即普速站站停列车和快速跨多站停列车,快速列车只在线路上的主要客流集散站停车,而在其他站则不停站通过(图 7-16)。该停车方案在提高跨多站停车列车旅行速度的同时,避免了跨站停车方案存在的部分乘客需要换乘问题,且该停车方案运用比较灵活,运营部门可根据客流特征、按不同比例确定快速列车开行对数。但在线路通过能力利用率比较高的情况下,采用该停车方案通常会引起快速列车越行普速列车,如果不安排列车越行,则只能以损失线路通过能力来保证追踪列车间隔时间。

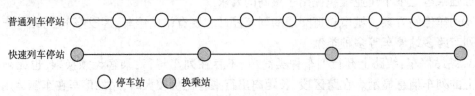

图 7-16 部分列车跨多站停车示意图

影响列车停站方案比选的主要因素为站间 OD 客流特征、乘客服务水平、列车越行、运营经济性和运营组织复杂性等。

7.3.3 城市轨道交通车站大客流组织

客流组织是通过合理布置客运相关设备、设施,以及对客流采取有效的分流或引导措施来组织客流运送的过程。城市轨道交通作为一个大容量的快速运输系统,主要通过合理的、科学的客流组织来完成其大容量的客运任务。城市轨道交通乘客进出站流线图如图7-17所示。

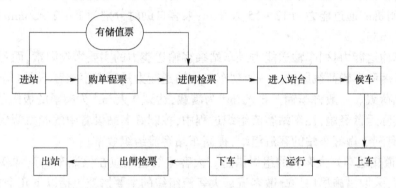

图 7-17　乘客进出站流线图

在正常客流情况下,城市轨道交通车站客流组织相对容易。然而,由于轨道交通主要站点大多设置在商业繁华区域或大型活动场所附近,这类站点在节假日或遇有大型活动时往往会产生瞬时大客流,这就增加了客流组织的难度。

(1)大客流的定义及分级。大客流是指车站在某一时段集中到达的,客流量超过车站正常客运设施或客运组织措施所能承担的客流量时的客流。城市轨道交通大客流一般在大型文体活动散场时或重要节假日发生。大客流是一种非常规的集散客流,主要表现为:客运车站非常拥挤或极度拥挤、乘客流动速度明显减缓、客流交叉干扰严重等。大客流对乘客的出行造成不利影响,对运营安全造成较大威胁。

根据大客流产生的影响和后果不同,城市轨道交通车站大客流可分为一级大客流和二级大客流。

①一级大客流:跟车站正常客流比较,站台聚集人数达到或大于站台有效区域的80%,并且持续时间大于实际行车间隔时间。一级大客流对乘客及轨道交通运营存在明显的安全隐患。

②二级大客流:跟车站正常客流比较,站台聚集人数达到站台有效区域的70%,并有持续不断上升的趋势。二级大客流对乘客的正常出行和轨道交通所提供的服务水平受到一定程度的影响,车站比较拥挤,但未对乘客及轨道交通运营安全造成影响。

(2)客流组织的影响因素。不同类型的车站其客流组织内容有所的区别。例如,中小型车站的客流组织比较简单,而大型车站和换乘站客流组织比较复杂;侧式站台的车站容易将不同方向的客流分开,而岛式车站有利于乘客换乘和集中管理。因此,不同的车站具有不同的客流组织方案。一般情况下,影响轨道交通车站客流组织的主要因素有以下几个方面。

①车站出入口及通道的设置:其数量、规模和位置应根据车站进出客流的方向和数量确定;从运输安全和消防疏散的角度考虑,每个车站必须保持开通两个以上出入口通道。

②站厅、站台面积:站厅分为付费区和非付费区,通过栏杆隔离;站台主要供列车停靠时乘客上下车使用。根据实际客流组织经验,站厅、站台的容纳率一般为 $2 \sim 3$ 人$/m^2$。

③通道的通过能力：一般以线路远期客流设计。单向通行时，每米净宽通道通过能力为 75~85 人/min；双向通行时，每米净宽通道通过能力为 50~65 人/min。

④乘降设备通过能力：一般指楼梯、自动扶梯的通过能力。楼梯单向向上、单向向下的通过能力为 60~70 人/min 和 50~65 人/min，双向通过能力为 45~60 人/min；自动扶梯通过能力为 100~120 人/min。

⑤自动售检票设备的通过能力：引导充分时自动售票的通过能力为 3~4 人/min，进站闸机、出站闸机的通过能力为 12~15 人/min；乘客自助时分别为 1~2 人/min、8~9 人/min 和 8~10 人/min。

⑥列车输送能力：列车输送能力是车站乘客输送能力的主要影响因素，而列车输送能力又受行车密度和车辆荷载影响。一般列车最大输送能力是以考察乘客不再上车而等待下一列车的车辆荷载。一般将车辆上 6 人/m^2 为满载，达到 9 人/m^2 为超限的极限值。

根据实际运营经验，在车站客流组织过程中，控制好车站设备中的能力薄弱环节并合理引导客流，有利于做好车站的客流组织，提高车站客流组织效率。

(3) 轨道交通车站大客流的组织措施。大客流的组织应在保证车站正常秩序和客流安全的前提下，采取措施尽快地疏散客流。大客流组织的主要措施包括以下几个方面。

①增加列车运能。根据大客流的方向，在大客流发生时，利用就近的折返线、存车线组织列车运行方案，实施增开临时列车，增加列车运输能力，从而保证大客流的疏散。增加列车的运能是大客流组织的关键。

②增加售检票能力。售检票能力是大客流疏散的主要障碍，因此车站在设置售检票位置时应考虑提供疏散大客流的通道。在大客流疏散时，可采取事先做好票务服务及相关服务设备设施的准备工作。例如：准备足够的车票和零钱，在地面、通道、站厅增设售票点，增设临时检票位置来疏散大客流。

③控制车站客流。车站客流控制的方式有站台客流控制、站厅付费区客流控制、出入口(站厅非付费区)客流控制。车站客流控制遵循"安全第一、统一指挥、分级控制、合理引导、及时疏散"的"由下至上、由内至外"的三级控制原则。车站出入口、进站闸机、站厅与站台的楼梯、自动扶梯处为重点控制处。

A. 一级控制的时机及现场响应。一级控制为站台客流控制。当车站站台较拥挤，同方向连续 2 列列车经过后站台还有大量乘客滞留，并且还有持续不断的乘客进入站台时实施站台客流控制。具体响应为：

a. 撤除临时兑零点，减少售票点，减缓售票速度。

b. 在站厅与站台的楼梯(或自动扶梯)口做好限流措施，将站厅与站台之间的扶梯改为向上方向，避免客流交叉；若还不能控制时，现场采用设置隔离栅栏、警戒绳等措施在站厅通向站台楼梯口进行拦截乘客，分批向站台放行乘客。

B. 二级控制控制的时机及现场响应。二级控制为站厅付费区客流控制。当车站站台及站厅付费区都较为拥挤，采取一级客流控制措施后，还有持续不断的乘客通过闸机进入付费区，站厅付费区乘客滞留时间超过 5min 不能下到站台，站厅付费区乘客严重影响到站台向上的出站乘客时实施站厅付费区客流控制。具体响应为：

a. 撤除兑零点，关闭部分或全部自动售票机，减缓售票速度。

b. 在进站闸机处，关闭部分或全部进站闸机，将双向闸机设置为只出不进模式。

c. 在闸机通道外设置隔离栅栏，拦截乘客进入付费区，减缓乘客进入付费区的速度。

C.三级控制控制时机及现场响应。三级控制为出入口(站厅非付费区)客流控制。当车站站台及站厅都较为拥挤,采取二级客流控制措施后,还有持续不断的乘客通过出入口进入站厅,站厅非付费区乘客滞留时间超过10min不能购票进闸,站厅非付费区、付费区乘客严重影响到出站客流时实施出入口客流控制。具体响应为:

  a.控制进入车站乘客人数,在站外设置迂回的限流隔离栏杆,延长进站时间,或组织乘客排队分批进站。

  b.采取出入口分流,一部分只出不进,一部分只进不出,有必要时可选择关闭部分出入口,最大程度缓解站厅及站台客流压力。

  当车站控制还无法缓解客流,应实行单线控制或线网控制。

  ④增设临时导向标志,加强广播宣传以及车站显示屏、车站公交信息系统的即时信息发布,做好乘客的宣传、引导工作。

7.4 城乡公交一体化

7.4.1 城乡公交一体化的内涵及特征

(1)城乡公交一体化的内涵。城乡公交一体化是指为适应城乡一体化需要,在城乡一体化发展的区域内,通过政府推动、市场化运作,引导农村客运向以公益性为主的农村公共交通转变,城市公交逐步向农村延伸、与农村公交融合,实现城乡公交基础设施完善、公交线路有效衔接,最终形成布局合理、资源共享、方便快捷、畅通有序的城乡一体化公交服务体系。城乡公交一体化发展,是在城镇化发展和新农村建设全面推进和实施统筹城乡协调发展战略的背景下,提出的一项重要行业发展政策,体现了新时期交通运输业发展的显著阶段性特征。

城乡公交一体化是城乡客运的一种组织和运营形式,其实质是在城乡道路十分畅通的条件下,实行城乡公交一体化规划、建设、运营与管理,为城乡客流提供高效、快捷、安全的交通保障。城乡公交一体化内涵主要表现为:

①线网布局一体化。即城乡客运网络统一构建,以方便人们在各线路间的换乘。

②运营管理一体化。即城市公交、城镇公交和农村公交由同一部门调度管理,满足城乡居民出行需求。

③政策一体化。即在优惠政策上通盘考虑,避免城市公交、城镇公交和农村公交优惠政策的二元化。

④基础设施建设一体化。即城乡公交基础设施建设统一规划、统一布局,避免各自为政。

⑤服务体系一体化。即实行标准化公交服务,构建统一的服务网络。

(2)城乡公交一体化的特征。从城乡公交一体化的内涵看,城乡公交一体化的特征主要表现为整体性、衔接性、公平性和共享性。

①整体性是指城乡公交是一个有机整体,城市公交、城镇公交和农村公交在规划和布局上要统筹考虑、整体布局和协调发展。

②衔接性是指城市公交、城镇公交和农村公交要相互对接、有机连接、合理搭接、无缝链接,城乡公交内部没有分割、断头和瓶颈。

③公平性是指城市公交、城镇公交和农村公交在发展机会、享受政策、交通服务等方面的公平一致。

④共享性是指城乡公交系统的路网、站场、线路、信息等资源共享，有效整合、充分利用、优化配置，以发挥运输资源的最大效能。

7.4.2 城乡公交一体化的线网设置

（1）城乡公交客运线网设置原则。城乡公交客运线网设置关系到城乡公交一体化实施的效率和效益，其线网设置应遵循以下的主要原则：

①与市域用地布局相协调。城乡公交客运线网布设必须适应市域社会经济发展的需要，线路走向要结合城镇空间规划和产业结构布局，要与农村的产业布局、镇村企业的发展、小城镇建设、人口分布、资源开发等特点相适应，并充分考虑城市新居住区的开发和建设，推进城乡客运统筹发展。

②方便出行与换乘。城乡公交客运线路起点站适宜设置在城市边缘重要活动中心附近，如医院、贸易市场、商业区等地点，且提供乡镇居民直达城市中心区的公交服务；终点站尽量设置在城镇汽车客运站以及集镇的中心或主要客流集散点；线路应分布均匀，主要客流的集散点应方便乘客停车与换乘；实现市区、城乡、乡村公交出行"三位一体化"。

③充分利用现有道路资源。城区内站点停靠应集中利用城市公交线路与站点资源，农村公交线路应紧密衔接城市道路，充分利用现有的农村客运班车线路。部分公交一体化线路可考虑利用城市公交线网延伸的方法来提供服务。

④线路建设和站点建设同步进行。城乡公交一体化线路布置应结合公路和城市道路网规划，及时填补线路空白，提高公交线网的覆盖率。在线路建设过程中，应及时做好始末站及中途站建设。

（2）城乡公交客运线网层次结构。根据区域内社会经济发展特征以及居民出行需求特征的不同，城乡公交线网可划分为三个层次：主干线网、次干线网和支线网。公交主干线网由服务于城区内重要节点客流的集散线及中心城区与重要乡镇之间的连接线构成，是城、乡连接的通道，具有车辆发车频率高、运行速度快的特征；公交次干线网由服务于一般节点的集散线及镇与镇之间的通达线构成；公交支线网由服务于各乡镇至行政村之间的连接线构成，是直接服务于乡村居民的公交线路。城乡公交网结构如图 7-18 所示，城乡公交线网层次特征见表 7-16。

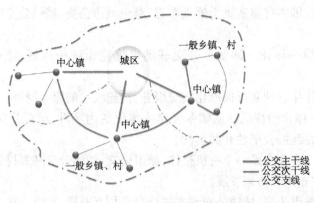

图 7-18 城乡公交网结构图

城乡公交线网层次特征表　　　表 7-16

层次结构	主干线网	次干线网	支线网
构成线路	重要客流节点的集散线	一般客流节点的集散线及镇与镇之间的通达线	镇村之间的连接线
主要功能	直达快速,提升公交服务	可达,优化公交服务	便利,扩大服务面
运行道路	快速路、主干路	快速路、主干路、次干路	次干路、支路
线路形状	弯曲少、迂回少	允许适量的弯曲和迂回	允许弯曲和迂回
平均站距	800~1500m	500~1000m	无要求
运行车辆	性能好、车速快、车型大	多种车型混合	小型车
线路长度	20~50km	5~20km/h	3~20km/h
平均车速	>25km/h	10~25km/h	<15km/h
配车调度	配车数多、发车频率高	配车数和发车频率较高	依据客流和车型
首末站	大型公交枢纽站	乡镇等级客运站	一般无要求

7.4.3　城乡公交一体化经营模式

从国际经验看,城乡公交市场的发展经营模式主要有垄断经营、多家经营、区域专营和线路专营四种,这四种模式各有优缺点。

(1)垄断经营。垄断经营是政府委托一家企业来经营公交市场。这种经营模式的好处是避免了企业间的恶性竞争和资源配置浪费,最易于进行一体化的整合,也有利于行业管理;其不足之处是,缺乏必要的竞争,会形成完全垄断市场,阻碍公交的良性发展。

(2)多家经营。多家经营是指运输市场由多家企业来竞争经营。该种经营模式容易造成经营主体分散,资源整合难度大,区域内公交网络功能混乱。

(3)线路专营。线路专营是以单条线路为基础单位,经营者通过竞争投标的方式进入公交市场。线路专营模式由于分散经营,较难实现一体化。一般在经济发展较为落后,规模较小的小城镇,其线路少,功能单一,需求不大,在城镇公交的发展初期可以选择线路专营模式,由主管部门统一规划线路,进行冷热线(捆绑)搭配,并对运营企业给予一定的政策优惠和利益协调。

(4)区域专营。区域专营是指将整个运输市场划分为不同的专营区域,以一个区域内所有公交班线经营权为资源配置单位,通过招标由一家企业进行经营。在取得经营权的区域内,经营企业自行布局客运网络、安排班次、设立站点、调配车辆。区域专营模式在经营区域内易于进行一体化整合,同时专营区域间也存在适度竞争,对于经济较为发达、规模较大、城镇公交已具一定规模的城镇,区域专营化是一个有效可行的模式。

从上述四种经营模式来看,区域专营化是一种非常适合城乡公交客运市场的资源配置模式。通过区域专营,经营企业可以灵活安排线路走向和车辆数量,合理安排班次,实现网络化经营,提高车辆使用率,降低运营成本,还可以实现区域内冷热线的经济效益互补,解决客运企业"重热轻冷"的矛盾;另外,农村班车通达率可实行包干制,实现村村通公交,还彻底解决了一条线路多家公司经营的局面,减少了行业内的不良竞争。但同时要建立一套完善的质量评价体系,对区域内的经营行为进行有效监管,使其成为公交区域专营化的质量保证。

思考与练习

1. 城市公共交通的服务特征有哪些?
2. 城市公交客运线路及线网的技术参数有哪些?
3. 简述公交车辆调度形式的类型及实施条件。
4. 简述公共汽车行车作业计划编制方法。
5. 简述公共汽车现场调度的方法。
6. 简述城市公共汽车区域调度的形式。
7. 简述城市公交区域调度优化模型的构建思路。
8. 城市轨道交通有哪几种运营管理模式?
9. 简述城市轨道交通线路运营组织方式。
10. 简述城市轨道交通运输计划编制的主要内容。
11. 简述轨道交通大客流的组织方法。
12. 简述城乡公交一体化的内涵及特征。
13. 简述城乡公交线一体化主要经营模式及其优缺点。
14. 对某公交企业的一条营运线路进行实地客流调查,编制该线路的行车作业计划。

第8章 运输组织绩效评价

学习目标

1. 熟悉运输组织绩效评价的步骤;
2. 掌握运输组织绩效评价指标选取的原则;
3. 能够结合具体的情况建立合理的评价指标体系;
4. 掌握运输组织绩效评价的方法与步骤,并能熟练运用;
5. 掌握交通碳排放指标的计算;
6. 熟悉运输节能减排的方式。

运输组织绩效评价是运输组织工作的重要内容和运输组织科学化的重要手段,在运输组织工作中占有重要的地位,并作为运输企业管理的一项独立职能来实施。运输组织的开展是为了达到一定的技术、经济、环境和社会目标,做好运输组织绩效评价,可以有效地改善运输绩效管理,促进运输组织管理水平及管理效益的提高。

8.1 运输组织绩效评价概述

8.1.1 运输组织绩效评价的概念

运输组织绩效评价是指按照统一的评价标准,采用一定的评价指标,按照一定的评价程序,运用定性和定量相结合的方法,对一定时期内的运输组织活动的效果和效益(运输产量、运输服务质量、运输效率以及运输成本与效益等方面)作出综合评估。以有效地改善运输绩效管理,实现运输企业运输效益的最大化。

8.1.2 运输组织绩效评价的步骤

运输绩效评价的步骤设计得合理,就能够将运输绩效评价体系落到实处,为有效地进行绩效评价提供保证。一般运输绩效评价的步骤如图 8-1 所示。

(1)确定评价对象。即对谁进行绩效评价,主要是指企业的运输活动或运输过程。
(2)明确评价目标及原则。绩效评价目标是整个绩效评价工作的指南,它服从和服务于企业目标。评价原则即在评价工作中需要掌握的一些基本准则。
(3)确定评价内容。说明从哪些方面对运输绩效进行评价。

(4) 制定评价标准。它是判断评价对象绩效优劣的基准,也是设立评价指标的依据。一般来讲,可以考虑以下几个方面建立评价标准:

图 8-1　运输组织绩效评价步骤

① 历史标准。这是以企业运输活动过去的绩效作为评价标准,进行自身纵向的比较,以判断运输活动绩效发展状况。

② 标杆标准。这是将行业中优秀企业运输活动的绩效水平作为标准,这样可以判断出本企业的竞争力,认清自己在市场中的位置,找到自身的不足。

③ 客户标准。这是按照客户对运输的货物的要求设立的绩效标准。将此标准用来衡量运输活动的业绩水准,可以更好地提高客户的满意度,与客户建立良好的合作伙伴关系。

(5) 建立评价指标体系。即评价运输活动的各个具体指标及其体系。

(6) 选择评价方法。评价方法是运输组织绩效评价的具体手段。

(7) 实施绩效评价,撰写评价报告。这是具体实施运输绩效评价的阶段。在这个过程中,应该随时关注实施过程,及时发现可能会产生的偏差,并作出纠偏的决策,并对运输组织绩效进行一定的反馈,以指导其更加合理化。撰写评价报告是实施绩效评价的最终结果,是进行运输绩效评价所得出的结构性文件以及其他相关材料,内容包括对评价对象绩效优劣的结论、存在问题及原因分析等。

不同的运输组织活动,会有不同的评价目标、指标、标准和方法,因此运输组织绩效评价要结合实际情况来展开。

8.1.3　运输组织绩效评价的影响因素

运输组织绩效评价的主要影响因素包括内外环境因素、评价标准因素、考评者及被评价者等因素。

(1) 环境因素。环境因素主要包括时间因素和地点因素。时间因素是指在考核过程中时间对绩效评价结果的影响。例如,在较长时间完成的任务,如果在短期内就加以考核,则会产生误差。地点因素则是在考核时不同地点对绩效评价的影响。例如,对于同样批量的同种货物,交通发达的大城市间的运输与边远地区运输的营业额和利润会有较大区别。

(2) 评价标准因素。评价标准不明确,即含义模糊,或不同的人可能有不同的解释,这样会导致不同考评者在考评时,使用不一致的评价标准与方法,或者评价标准与实际情况差距较大,这都会造成评价结果出现较大偏差。

(3) 考评者的因素。在考评过程中,考评者的一些主观因素,如晕轮效应、成见效应、对比效应、优先效应和近因效应、心境与健康都会影响到考评的客观结果。

(4) 被考评者的因素。在考评时,相关的运输行为或活动与原计划差距较大,造成原考评标准或方法不太适应,这会影响评价的客观性、准确性。被考评的相关人员如果有抵触情绪、夸张效应或心境与健康问题等,都会影响其工作绩效,并对考评产生直接或间接的影响。

8.2 运输组织绩效评价指标体系构建

8.2.1 评价指标选取原则

评价指标的选取是构建评价指标体系的关键一步,评价指标的选取是否合理直接影响到评价指标体系的科学性和实用性。由于运输组织工作涉及方方面面,运输组织活动评价的侧重点不同,评价指标会有所不同。在实际运用中,评价指标的选取要结合评价对象和评价目标灵活考虑,遵循以下的几个基本原则:

(1)关键性原则。运输组织活动评价指标众多,在评价过程中,应依据评价指标在评价过程中作用的大小,选择既能涵盖达到评价目标要求,又能很好地反应评价对象某方面的特性的具有代表性的关键性指标。

(2)独立性原则。每个指标要清晰,相对独立;指标体系要层次分明,构成评价指标体系同层次的指标间应尽量不重叠,不交叉。

(3)可行性原则。指标要符合客观实际,有稳定的数据来源,易于操作,具有可测性,评价指标含义要明确,数据要规范,标准要一致,资料搜集要简单易行。

8.2.2 评价指标体系构建

运输组织绩效评价主要是运营阶段的效果评价,通过设定和分析评价指标,计算运输效益水平,发现运输过程中存在的问题,挖掘组织中的潜力,使企业的效益和服务水平提高。

不同的运输方式由于其自身的特点,其评价指标的内涵有一定的差异性,因此很难给出一套通用的运输组织绩效评价指标体系。但不管哪种运输方式的绩效评价指标,其基本指标类型一般包括运输产量指标、运输质量指标、运输效率指标、运输成本与运输效益等方面的指标,如图8-2所示。

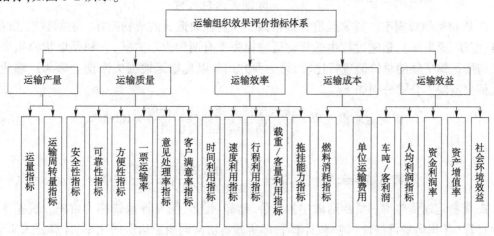

图8-2 运输组织绩效评价指标体系图

(1)运输产量指标。运输组织绩效,首先应该体现在最大限度地满足社会各物质部门和人民生活的需要方面,即完成运输量的多少。反映运输量多少主要有两个具体指标:

①客货运量。运量是统计期内运送的客货数量(人或吨)。它实际上体现了运输部门的绝对生产成果,也是衡量运输规模的重要指标。

②客货周转量。周转量是统计期内客货运量与其(平均)运距的乘积。它综合反映了运输部门为社会提供的运输劳务,同时它也是衡量劳动消耗、运输效率、运输效益的主要依据。

(2)运输质量指标。运输质量是满足社会需要的必要前提。运输质量反映在运输的安全性、可靠性、可达性、联运水平及客户满意度等方面。

①安全性指标。安全性是运输组织活动的首要特征。衡量运输组织安全性的指标主要有行车责任事故频率、安全行车间隔里程、行车责任死亡频率、旅客安全运输率等。

A.行车责任事故频率。行车事故按其造成的损失大小分为小事故、一般事故、大事故和重大事故四类。每类事故又按责任大小分为责任事故和非责任事故两种。行车责任的划分,以交通警察部门的裁定为准。行车责任事故频率是营运车辆在一定时期(年、季、月)内发生的行车责任事故次数与总行程之比。计算行车事故频率是以一般以上的责任事故次数为考核数。计算公式如下:

$$行车责任事故率 = \frac{报告期行车责任事故次数}{同期营运总里程(百万车公里)} \times 100\% \qquad (8-1)$$

B.安全行车间隔里程。安全行车间隔里程是指报告期内两次行车事故之间的行驶里程。该指标是事故频率的倒数,计算公式如下:

$$安全行车间隔里程 = \frac{报告期营运总里程}{同期行车事故次数} \times 100\% \qquad (8-2)$$

C.行车责任死亡率。行车责任死亡频率是运输企业在一定时期(年、季、月)内发生的运行责任致死人数与总行程之比。计算公式如下:

$$行车责任死亡率 = \frac{报告期行车责任事故致死人数}{同期营运车总行程(万车公里)} \times 100\% \qquad (8-3)$$

D.旅客安全运输率。旅客安全运输率是指报告期内安全运送的旅客人次与同期客运总人次的比值。计算公式为:

$$旅客安全运输率 = \frac{报告期客运总人数 - 旅客伤亡人次}{同期客运总人数} \times 100\% \qquad (8-4)$$

E.货物运输货损率。货物运输货损指因企业责任而造成的货物损坏(包括破损、湿损、污染、变质、灭失等),运输过程中的货物运输损失率有两种表示方式,一种是以货物损失总价值与所运输货物的总价值进行比较,另一种方式是以货物运输损失赔偿金额与运输业务收入额来反映。公式分别如下:

$$货物运输损失率 = \frac{报告期损失货物的总价值}{同期运输货物总价值} \times 100\% \qquad (8-5)$$

或

$$货物运输损失率 = \frac{报告期货物运输损失赔偿金额}{同期货物运输业务收入总额} \times 100\% \qquad (8-6)$$

F.货物运输货差率。货物运输中的错装、错卸、错交、错交等差错称为货差。货差率按运次计算[零担运输可按件(吨)数计算],即货差运次与同期总运次的比率,计算公式如下:

$$货物运输货差率 = \frac{报告期货差运次(或件数、吨数)}{同期总运次(或件数、吨数)} \times 100\% \qquad (8-7)$$

②可靠性指标。运输的可靠性是指满足客户所需要的最佳运输时间。衡量运输可靠性指标主要有客运正点率、客车正班率、货运及时率等。

A.客运正点率。这是一项反映正班客车按照班次时刻表要求而正点发车的指标,是旅客运输可靠性评价的主要指标。公路行业管理部门规定：开车时间及滞后2min以内发出的班车为正点班次，超过2min发出的班车为误点班次。计算公式为：

$$客运正点率 = \frac{报告期班次数 - 报告期误点班次数}{同期班次数} \times 100\% \quad (8-8)$$

B. 客车正班率。能够按照线路计划当班的班次是正班班次。客运正班率是报告期正班班次与计划班次的百分比，计算公式如下：

$$客运正班率 = \frac{报告期计划班次数 - 缺班班次数}{同期计划班次数} \times 100\% \quad (8-9)$$

C. 货运及时率。指按运输合同规定期限，实际运达的货物吨（件）数与应该运达的货物吨（件）数的比值。计算公式如下：

$$货运及时率 = \frac{报告期实际运达的货物吨（件）数}{同期应该运达的货物吨（件）数} \times 100\% \quad (8-10)$$

③ 方便性指标。方便性是指运输需求者能够便利地享受运输服务的特征。衡量运输方便性的指标可用运输可达性来表示。可达性是指利用给定的交通系统，出行者从出发地至目的地的方便程度，表示克服空间阻隔（距离、出行时间或出行费）的难易程度，可用直达率来表示。其计算公式如下：

$$直达率 = \frac{报告期直达票号数}{同期票号总数} \times 100\% \quad (8-11)$$

④ 一票运输率。货主经一次购票（办理托运手续）后，由企业全程负责，提供货物中转直至将货物送达最终目的地的运输服务，这被称为一票运输。该指标反映了联合运输或一体化服务程度的高低。其计算公式如下：

$$一票运输率 = \frac{报告期一票运输票号数}{同期票号总数} \times 100\% \quad (8-12)$$

⑤ 意见处理率。它反映了对客户信息的及时处理能力，通常采用设置意见箱收集货主意见的办法进行操作。其计算公式如下：

$$意见处理率 = \frac{报告期已处理的意见数}{同期客户提出的意见总数} \times 100\% \quad (8-13)$$

⑥ 客户满意率。客户满意率是运输服务质量综合指标，它反映客户的满意程度。客户满意率一般通过调查表和随机抽样调查取得，其计算公式如下：

$$客户满意率 = \frac{报告期调查满意的客户人数}{同期调查的客户人数} \times 100\% \quad (8-14)$$

（3）运输效率指标。运输效率指标主要指的是车（船）利用效率指标，可以从多个方面（如时间、速度、行程及载质量等）反映运输工具的利用率。时间、速度、行程、载质量等利用程度具体指标及计算方法见本书3.2.2节。

（4）运输成本指标。

① 燃料消耗指标。燃料消耗是运输费用中的重要支出，评价燃料消耗的指标主要有单位实际消耗和燃料消耗定额比。燃料消耗量定额比反映驾驶人员消耗燃料是否合理，促进企业加强对燃料消耗的管理。计算公式如下：

$$单位实际油耗 = \frac{报告期实际油耗}{同期运输吨公里数} \quad (8-15)$$

$$燃料消耗量定额比 = \frac{报告期百千米燃料实耗量}{同期百千米燃料定额量} \quad (8-16)$$

②单位运输费用。单位运输费用指标可用来评价运输企业效益高低及综合管理水平。运输费用主要包括:燃料、各种配件、工资、维修、折旧及其他费用支出。计算公式如下:

$$单位运输费用 = \frac{报告期运输费用总额}{同期运输总周转量} \quad (8-17)$$

(5)运输效益指标。运输效益是经济活动中投入产出的比值。运输经济效益的高低不仅关系到企业自我积累和生存发展,而且涉及运输行业的可持续发展。因此,经济效益是评价运输组织效果的重要内容。主要指标有:车吨(客)利润、人均利润、资金利润率、资产增值率以及社会环境效益。

①车吨(客)利润。指报告期企业利润总额与营运车辆总吨(客)位之比。计算公式为:

$$车吨(客)利润 = \frac{报告期企业利润总额}{同期营运车辆总吨(客)位} \quad (8-18)$$

②人均利润。指报告期企业利润总额与企业职工人数之比。计算公式为:

$$人均利润 = \frac{报告期企业利润总额}{同期企业职工总人数} \quad (8-19)$$

③资金利润率。指报告期企业利润总额与企业期全部资金总额之比。计算公式为:

$$资金利润率 = \frac{报告期企业利润总额}{企业期全部资金总额} \times 100\% \quad (8-20)$$

④资产增值率。指报告期企业资产增值百分比。计算公式为:

$$资产增值率 = \left(\frac{报告期企业期末资产总值}{同期期初资产总值} - 1 \right) \times 100\% \quad (8-21)$$

⑤社会环境效益。它主要是衡量运输活动的外部性影响。鉴于目前对运输活动的社会评价着重于宏观评价,且环境评价的指标过于专业,所以在这里可以更多地从定性的角度对企业具体的运输活动进行评价,如运输活动中是否采用清洁能源的车辆、运输时间是否考虑避开城市交通高峰等。

8.3 运输组织绩效评价方法

现代评价方法众多,一些新兴的方法如模糊数学、人工神经网络技术、灰色系统理论等都引入到多目标综合评价中来。依据运输组织评价的特点,本节主要介绍多目标评分综合评价方法、模糊综合评价法和层次分析法的原理和实际应用。

8.3.1 多目标评分综合评价方法

(1)评价步骤。在进行多目标综合评价时,往往会遇到这些问题,不同目标的指标性质不同,难以相互比较,比如耐久与美观;不同指标的计量单位互异,难以彼此换算,比如钢材和木材的计量单位;用不同指标衡量同一个方案可能会得出相反的结论等。因此,为了把定性的指标定量化,并使性质和计量单位不同的多指标能够进行综合评价,最基本易行的方法是多目标评分综合评价法。

多目标评分综合评价法的基本思路是使不同的指标具有运算性,将多指标转化为一个综合单指标,以总评分值的大小作为评价的依据。多目标评分综合评价法的步骤如下:

①根据不同方案对各个指标所规定的标准的满足程度,采用百分制、十分制、五分制或某种比数予以评分。

②根据各个指标在综合评价中的重要程度赋予权重值。
③采用某种计算方法得出每个方案的单指标评分值。
④根据综合单指标分值的大小选优。

综合单指标评分值的计算是为达到综合评价的目标,数值本身并无实际意义。

(2)计算综合单指标评分值的一般方法。

①加法。运用加法的计算公式为:

$$F_1 = \sum_{i=1}^{n} \omega_i f_i \tag{8-22}$$

或

$$\overline{F}_1 = \frac{1}{n} \sum_{i=1}^{n} \omega_i f_i \tag{8-23}$$

式中:f_i——第 i 项指标得分;
ω_i——第 i 项指标的权重值;
n——评价指标数目;
F_1、$\overline{F}_1$——加法综合单指标评分值。

用加法计算综合单指标评分值,适用于各项指标重要程度和得分差异都不大,或者重要程度差异很大而得分差异程度不大的情况。

【例8-1】 某运输企业对下属单位的运输组织绩效考核,评价指标为运输成本、运输及时性、客户满意度和效益,权重分别为 0.25,0.2,0.25,0.3,每项指标分值为 0~10 分。运用加法评分值法,该下属单位的评价结果见表8-1。

评 价 结 果 　　　　　　　　　　　　　表8-1

评价指标	运输成本	运输及时性	客户满意度	运输效益	综合评价值
加权值	0.25	0.2	0.25	0.3	
评价值	8	7	9	8	8.05

②乘法。运用乘法的计算公式为:

$$F_2 = \prod_{i=1}^{n} \omega_i f_i \tag{8-24}$$

或

$$\overline{F}_2 = \sqrt[n]{\prod_{i=1}^{n} \omega_i f_i} \tag{8-25}$$

式中:F_2、$\overline{F}_2$——乘法综合单指标评分值。

用乘法计算综合单指标评分值,适合于各项指标重要程度和得分差异都不大,或者重要程度差异不大而得分差异程度较大的情况。因为采用乘法计算,即使各项指标的权重值差距很小,综合单指标评分值所受的影响仍很敏感。另外,若某个方案有某项指标得分为零,其综合单指标评分值必为零,就等于该方案被否定。

③加乘混合法。加乘混合法的计算公式为:

$$F_3 = F_1 + F_2 \tag{8-26}$$

或

$$\overline{F}_3 = \overline{F}_1 + \overline{F}_2 \tag{8-27}$$

式中:F_3、$\overline{F}_3$——加乘混合法综合单指标评分值。

用加乘混合法计算综合单指标评分值,兼有加法和乘法的优点,故适用于各种情况。尤其是当各项指标的重要程度和得分差异都很大时,更宜采用这种方法。

④除法。在设置多项指标对绩效进行综合评价时,常常有一些指标要求越大越好,如反映使用价值的指标,而另一些指标要求越小越好,如反映劳动消耗和劳动占用的指标。在这种情况下,采用除法计算综合单指标评分值,能更加直观地反映评分值的大小。计算公式为:

$$F_4 = \frac{\sum_{i=1}^{m} \omega_i f_i}{\sum_{j=1}^{n} \omega_j f_j} \tag{8-28}$$

式中:F_4——除法综合单指标评分值;

f_i、ω_i——分别表示要求越大越好的指标的得分和权重值;

f_j、ω_j——分别表示要求越小越好的指标的得分和权重值;

m、n——分别表示要求越大越好和要求越小越好的指标的数目。

采用除法计算综合单指标评分值,评价方案的指标应能区分出越大越好和越小越好两类。

⑤最小二乘法。这种方法先对每个指标设定一个理想值,然后按照下式计算综合单指标评分值。计算结果数值越小,说明方案越好。

$$F_5 = \sqrt{\sum_{i=1}^{n} \omega_i \left(\frac{A_i - A_{i0}}{A_{i0}} \right)^2} \tag{8-29}$$

式中:F_5——最小二乘法综合单指标评分值;

A_{i0}、A_i——分别表示第 i 项指标的理想值和实际值。

最小二乘法既反映了指标的重要程度,又反映了指标实际值与理想值之间的差距,用来进行方案综合评价是比较准确的。但是这种方法要求各目标都得预先确定出理想值。

在综合评价时,应根据具体情况灵活运用以上所介绍的方法,按照评价对象的性质,选择综合单指标评分值最大或最小的方案。

(3)权重值的确定。由于每个指标在具体评价中的权重值对评价结果的影响很大,因此,必须正确选择衡量系统中各项指标相对重要性的方法,以便确定它们的相对权重。下面介绍两种简单易行、适应性广的方法。

①04评分法。将所有指标一对一地进行比较,非常重要的一方得4分,另一方得0分;比较重要的一方得3分,另一方得1分;双方同样重要,各得2分。以上每种情况里双方都共得4分。然后按每一指标的得分值占所有指标评分总和的百分比确定其权重。

【例8-2】 系统中有 A、B、C、D、E 五项评价指标,用04评分法确定相对权重见表8-2。例如,D 和 E 比,D 得3分,记在表中 D 行 E 列位置上;E 得1分,记在表中 E 行 D 列位置上。

表8-2 04评分法确定相对权重

指标	一对一比较结果					评分值	权重值
	A	B	C	D	E		
A	—	3	2	2	1	8	0.200
B	1	—	2	3	4	10	0.250
C	2	2	—	2	3	9	0.225
D	2	1	2	—	3	8	0.200
E	3	0	1	1	—	5	0.125
合计						40	1.000

②比例分配法。用比例分配法确定权重时,采用五级分制或十级分制评分。当用五级分制时,两个指标是通过对比按其重要程度分别打分,但两个指标得分之和必须为5分。相对权重确定的步骤是:先以第一个指标与其他指标对比,将每组中两个指标按其重要程度分别打分,并算出每组指标的比值;然后用同样的方法确定其他指标与以后各指标的比值,如遇小数需要四舍五入以简化计算;最后以每个指标与其他指标对比所得总分占所有指标得分之和的比重确定其权重。

【例8-3】 系统中有A、B、C、D、E五项评价指标,按五级分制对比其相对重要性。指标A与指标B、C、D、E对比打分分别为2:3、1:4、4:1、3:2。采用比例分配法确定所有指标相对权重如下:

已知指标A与其他指标的比值,只需计算其他指标与以后指标的比值:

因为 $\dfrac{B}{C} = \dfrac{A}{C} \times \dfrac{B}{A} = \dfrac{1}{4} \times \dfrac{3}{2} = \dfrac{3}{8}$ 所以 $B = \dfrac{3}{3+8} \times 5 = 1; C = 4$

因为 $\dfrac{B}{D} = \dfrac{A}{D} \times \dfrac{B}{A} = \dfrac{4}{1} \times \dfrac{3}{2} = \dfrac{6}{1}$ 所以 $B = \dfrac{6}{1+6} \times 5 = 4; D = 1$

因为 $\dfrac{B}{E} = \dfrac{A}{E} \times \dfrac{B}{A} = \dfrac{3}{2} \times \dfrac{3}{2} = \dfrac{9}{4}$ 所以 $B = \dfrac{9}{4+9} \times 5 = 3; E = 2$

因为 $\dfrac{C}{D} = \dfrac{A}{D} \times \dfrac{C}{A} = \dfrac{4}{1} \times \dfrac{4}{1} = \dfrac{16}{1}$ 所以 $C = \dfrac{16}{1+16} \times 5 = 5; D = 0$

因为 $\dfrac{C}{E} = \dfrac{A}{E} \times \dfrac{C}{A} = \dfrac{3}{2} \times \dfrac{4}{1} = \dfrac{6}{1}$ 所以 $C = \dfrac{6}{1+6} \times 5 = 4; E = 1$

因为 $\dfrac{D}{E} = \dfrac{A}{E} \times \dfrac{D}{A} = \dfrac{3}{2} \times \dfrac{1}{4} = \dfrac{3}{8}$ 所以 $D = \dfrac{3}{3+8} \times 5 = 1; E = 4$

权重值确定结果见表8-3。

比例分配法确定相对权重　　　　　　　　　　　表8-3

指标	A	B	C	D	E	评分值	权重值
A	—	2	1	4	3	10	0.20
B	3	—	1	4	3	11	0.34
C	4	4	—	5	4	11	0.22
D	1	1	0	—	1	9	0.18
E	2	2	1	4	—	3	0.06
合计						50	1.00

8.3.2 模糊综合评价方法

(1)模糊综合评价原理。在客观世界中存在许多不确定的现象,"模糊性"就是其中一种不确定的表现。模糊性是指某些事物或者概念的边界不清楚,这种边界的不清楚,不是由于人的主观认识达不到客观实际造成的,而是事物的一种客观属性,是事物差异之间存在的中间过渡过程的结果。

当对一个方案进行评价时,有时很难作出肯定或否定的回答,比如说在"较好"和"一般"之间就没有一个确定的界限。这种外延的不确定性称为模糊性。要表达这些模糊概念,以解决具有模糊性的实际问题,就要以模糊数学为基础,应用模糊关系合成的原理,将一些边界不清楚、不易定量的因素定量化,从多个因素对被评价方案状况进行综合评价。

模糊综合评价主要分为两步:第一步先按每个因素单独评价;第二步再按所有因素综合评价,尤其对多因素、多层次的复杂问题评价效果较好。

①模糊矩阵概念。矩阵 $R = (r_{ij})_{n \times m}$ 称为一个模糊矩阵,对于任意的 $i \leq n$ 及 $j \leq m$ 都有 $r_{ij} \in [0,1]$。

②模糊矩阵的合成。定义:一个 n 行 m 列模糊矩阵 $Q = (q_{ij})_{n \times m}$ 对一个 m 行 l 列模糊矩阵 $R = (r_{jk})_{m \times l}$ 的合成 $Q \circ R$ 为一个 n 行 l 列的模糊矩阵 S,S 的第 i 行 k 列的元素等于 Q 的第 i 行元素与 R 的第 k 列元素的对应元素两两先取小者,然后再在所得的结果中取较大者,即:

$$S_{ik} = \bigvee_{j=1}^{m} q_{ij} \wedge r_{jk} \qquad \begin{pmatrix} 1 \leq i \leq n \\ 1 \leq j \leq 1 \end{pmatrix} \tag{8-30}$$

其中,"∧"、"∨"均为扎德算子,"∨"表示取最大,"∧"表示取最小。"∘"为代数积运算符,模糊矩阵的合成 $Q \circ R$ 称 Q 对 R 的模糊乘积。

③隶属度的概念。要对 u_0 是否属于 A_* 做 n 次模糊统计试验(如对"60 岁的人"是否属于"老年人"做一次意见调查),可以得出 u_0 对 A_* 的隶属频率 $\Delta = \dfrac{u_0 \in A_* \text{的次数}}{n}$。只要试验次数 n 足够大,该隶属度频率就会稳定的趋于某一个值,这个值就称为 u_0 对 A_* 的隶属度,记为 $\mu A_*(u_0)$。

最大隶属度原则:若有 $i \in \{1,2,\cdots,n\}$,使 $\mu A_i(u_0) = \max[\mu A_1(u_0),\cdots,\mu A_n(u_0)]$,认为 u_0 隶属于 A_i。

(2)模糊综合评价方法。模糊综合评价就是一个模糊变换,其模型可分为一级和多级模型。

①一级模糊。

利用一级模糊进行综合评价的步骤大致如下:

A. 确定评价对象的因素集。

确定评价对象的因素集 $X = \{x_1, x_2, \cdots, x_n\}$,即确定指标体系。

例如,对某运输组织绩效进行评价时,单纯从运输效益、运输质量、运输效率等方面考虑,并对其进行相应的调查分析,可以建立如下的评价指标集合。

运输效益:
$$x_1 = \{\text{车吨利润、人均利润、资金利润率、资产增值率、社会环境效益}\}$$

运输质量:
$$x_2 = \{\text{货损率、一票运输率、意见处理率、客户满意率}\}$$

运输效率:
$$x_3 = \{\text{车辆工作率、吨位利用率、里程利用率}\}$$

B. 确定评价集。

评价集 $Y = \{y_1, y_2, \cdots, y_m\}$,又称决策集、评语集,就是对各项指标的满足程度确定可能出现的几种不同的评价等级。

例如:
$$Y = \{\text{优,良,中,差}\}$$

C. 单因素模糊评价。

单因素模糊评价就是建立一个从 X 到 Y 的模糊映射 f:

$$X \to f(Y)$$

$$x_i \xrightarrow{f} \frac{r_{i1}}{y_1} + \frac{r_{i2}}{y_2} + \cdots + \frac{r_{im}}{y_m} \quad (0 \leq r_{ij} \leq 1, i=1,2,\cdots,n; j=1,2,\cdots,m)$$

由 f 可诱导出模糊关系,用矩阵 $R = \begin{bmatrix} r_{11} & r_{12} & \cdots & r_{1m} \\ r_{21} & r_{22} & \cdots & r_{2m} \\ \cdots & \cdots & \cdots & \cdots \\ r_{n1} & r_{n2} & \cdots & r_{nm} \end{bmatrix}$ 表示,称 R 为单因素模糊评价矩阵。

例如,针对前面某运输组织绩效进行评价时,可邀请若干有经验的人员进行单因素评价。比如对货损率这项指标,有 50% 的人认为优,30% 的人认为良,20% 的人认为中,没有人认为差,则得出统计结果为货损率→(0.5,0.3,0.2,0)。

若对一票运输率、意见处理率、客户满意率三项指标的统计结果为:

一票运输率→(0.6,0.6,0.1,0.1);
意见处理率→(0.3,0.3,0.4,0.1);
客户满意率→(0.2,0.3,0.2,0.3)。

可以得到单因素模糊评价矩阵:

$$R = \begin{bmatrix} 0.5 & 0.3 & 0.2 & 0 \\ 0.6 & 0.2 & 0.1 & 0.1 \\ 0.3 & 0.2 & 0.4 & 0.1 \\ 0.2 & 0.3 & 0.2 & 0.3 \end{bmatrix}$$

D. 确定权重值。

确定权重值指对因素集中的各因素(即指标体系中的各项指标)的重要程度作出权重分配。按照上例采用前面的权重值确定方法得知,从运输质量考虑的权重分配为:

$$A \to (0.2, 0.4, 0.2, 0.2)$$

对应因素集:

$$X_2 = \{货损率、一票运输率、意见处理率、客户满意率\}$$

E. 模糊综合评价。

按照模糊综合评价数学模型进行模糊合成,则可得出评价结果。

前例中,从运输质量方面进行评价结果为:

$$B_1 = A_1 \cdot R_1 = (0.2, 0.4, 0.2, 0.2) \cdot \begin{bmatrix} 0.5 & 0.3 & 0.2 & 0 \\ 0.6 & 0.2 & 0.1 & 0.1 \\ 0.3 & 0.2 & 0.4 & 0.1 \\ 0.2 & 0.3 & 0.2 & 0.3 \end{bmatrix} = (0.4, 0.2, 0.2, 0.2)$$

由于 $\max(0.4, 0.2, 0.2, 0.2) = 0.4$,即对"优"这一评价的隶属度最大。根据最大隶属度原则,得到该企业运输组织运输质量评价结果为"优"。

②多级模型。

A. 问题的提出。

在运输组织绩效评价的过程中,例如,运输组织其绩效由 9 项指标 $(x_1, x_2, \cdots, x_9)$ 确定,组织绩效分为优、良、中、差 4 个等级。由有关专家、专业人员、用户组成一个单因素评价小组,得到单因素模糊评价矩阵,其中:

$$R_1 = \begin{bmatrix} 0.36 & 0.24 & 0.13 & 0.27 \\ 0.20 & 0.32 & 0.25 & 0.23 \\ 0.40 & 0.22 & 0.26 & 0.12 \end{bmatrix} \quad R_2 = \begin{bmatrix} 0.30 & 0.28 & 0.24 & 0.18 \\ 0.26 & 0.36 & 0.12 & 0.26 \\ 0.22 & 0.42 & 0.16 & 0.20 \end{bmatrix}$$

$$R_3 = \begin{bmatrix} 0.38 & 0.24 & 0.18 & 0.20 \\ 0.34 & 0.25 & 0.30 & 0.11 \\ 0.24 & 0.28 & 0.30 & 0.18 \end{bmatrix} \quad R = \begin{bmatrix} R_1 \\ R_2 \\ R_3 \end{bmatrix}$$

若按指标的重要性给出的权重分配为：
$$A = (0.10, 0.12, 0.09, 0.16, 0.10, 0.10, 0.10, 0.10, 0.13)$$

采用一级模型,得到 $B = A \circ R = (0.18, 0.18, 0.18, 0.18)$,显然得不出结果。

这是因为 B 是由 A 和 R 的对应行列先取小、后取大得到的,而权重 A 的因素必须满足 $\sum_{i=1}^{9} a_i = 1$,当指标数量多时,要使各指标间的权重分配做到合理比较困难。

B. 多级模型进行模糊综合评价的一般步骤。

Step1：将因素集 X 按某种属性分成 S 个子集,记为 $X_1, X_2, \cdots, X_s$,满足 $\cup_{i=1}^{s} X_i = X, X_i \cap X_j = \varphi(i \neq j)$,"∪"、"∩"分别为集合运算中并和交的运算符号,"ϕ"表示空集,即 X_i 与 X_j 不相交。

设每个子集 $X_i = \{x_{i1}, x_{i2}, \cdots, x_{in_i}\}, (i = 1, 2 \cdots s)$:
$$\sum_{i=1}^{n} n_i = n \tag{8-31}$$

式中: n——全部因素数目。

对每个子集 X_i 利用一级模型分别进行模糊综合评价。

假定评价集 $Y = \{y_1, y_2, \cdots, y_m\}$, x_i 中的各指标的权重分配为 $A_i = \{a_{i1}, a_{i2}, \cdots, a_{in_i}\}$,这里只要求:
$$\sum_{j=1}^{n_i} a_{ij} = 1 \tag{8-32}$$

x_i 的单因素模糊综合评价矩阵为 R_i,于是第一级模糊综合评价为:
$$B_i = A_i \circ R_i = (b_{i1}, b_{i2}, \cdots, b_{im}) \quad (i = 1, 2, \cdots, s) \tag{8-33}$$

Step2：进行多级模糊综合评价。

将每个 X_i 当作一个因素对待,用 $\tilde{A} = \begin{bmatrix} B_1 \\ B_2 \\ \vdots \\ B_s \end{bmatrix} = (b_{ij})_{s \times m}$ 作为 $\{X_1, X_2, \cdots, X_s\}$ 的单因素模糊综合评价矩阵,而每个 X_i 作为 X 中的一部分,反应 X 的某种属性,并按相对重要性给出权重分配,于是二级模糊综合评价为:
$$B = A \cdot R \tag{8-34}$$

对于三级、四级以至更多级的模糊综合评价,均是在 R_i 的基础上再细分来完成的。此时可将指标利用模糊集类分析先进行分类,然后从最低一级评价逐步做到最高一级评价,从而得出结论。

现将前面所述运输组织绩效评价问题改用多级模型来解决。该问题的因素集 $X = \{x_1, x_2, \cdots, x_n\}$,评价集 $Y = \{优, 良, 中, 差\}$,单因素模糊评价矩阵 $R = \begin{bmatrix} R_1 \\ R_2 \\ R_3 \end{bmatrix}_{9 \times 4}$。

假定按某种属性将 X 分为 $X_1=\{x_1,x_2,x_3\}$，$X_2=\{x_4,x_5,x_6\}$，$X_3=\{x_7,x_8,x_9\}$，它们所对应的单因素模糊综合评价矩阵为 R_1、R_2、R_3，得出第一级模糊综合评价结果见表8-4。

组织绩效评价的第一级模糊综合评价　　　　　表8-4

因素集	权重分配	第一级模糊综合评价
X_1	$A_1=(0.30,0.32,0.38)$	$B_1=A_1\cdot R_1=(0.30,0.32,0.26,0.27)$
X_2	$A_1=(0.20,0.50,0.30)$	$B_2=A_2\cdot R_2=(0.26,0.36,0.20,0.20)$
X_3	$A_3=(0.30,0.30,0.40)$	$B_3=A_3\cdot R_3=(0.30,0.28,0.30,0.20)$

取 $R=\begin{bmatrix}R_1\\R_2\\R_3\end{bmatrix}$ 为 $X=\{X_1,X_2,X_3\}$ 的单因素模糊综合评价矩阵，采用前面的权重值确定方法得出权重分配 $A=(0.20,0.35,0.45)$。

第二级综合评价为：

$$B=A\cdot R=(0.20,0.35,0.45)\cdot\begin{bmatrix}0.30 & 0.32 & 0.26 & 0.27\\0.26 & 0.36 & 0.20 & 0.20\\0.30 & 0.28 & 0.30 & 0.20\end{bmatrix}=(0.30,0.35,0.30,0.20)$$

根据最大隶属度原则，该企业运输组织绩效评价的结果为良。

8.3.3　层次分析法

层次分析法（Analytic Hierarchy Process，AHP）是由美国学者 T. L. Saaty 于20世纪70年代末提出的多层次权重解析方法，是一种定性与定量分析相结合、多目标结合的决策分析方法。

层次分析法的基本过程是：首先，把复杂问题分解成各个组成因素，按支配关系将这些因素分组、分层，其方法是形成有序的递阶层次结构，构造一个各因素之间相互连接的层次结构模型；通常把这些因素按照目标层、准则层和方案层进行自上而下的分类；在此基础上，通过两两比较方式判断各层次中各因素的重要性，然后综合这些判断计算单准则排序和层次总排序，从而确定各因素在决策中的权重，进而对评价对象进行评价。层次分析法的计算步骤如下：

（1）构造判别矩阵 P。根据层次结构模型每层中各因素的相对重要性，给出判断数值列表，形成判断矩阵。判断矩阵表示对上一层某一因素，本层与之有关因素相对重要性的比较。若 A 层次中因素 A_k 与下层次 $B_1,B_2,\cdots B_n$ 有联系，则层次分析法中的判断矩阵 P 表示为：

$$p=\begin{bmatrix}b_{11} & b_{12} & \cdots & b_{1n}\\b_{21} & b_{22} & \cdots & b_{2n}\\\cdots & \cdots & \cdots & \cdots\\b_{n1} & b_{n2} & \cdots & b_{nn}\end{bmatrix}$$

b_{ij} 是判断矩阵 P 的因素，表示对因素 A_k 而言，B_i 对 B_j 相对重要性的数值。b_{ij} 的数值由专家调查法确定，为了量化各个因素间两两比较结果，引入 1~9 标度，见表8-5。

层次分析法的因素重要性比值表　　　　　表8-5

标度 b_{ij}	定义	标度 b_{ij}	定义
1	i 与 j 因素同等重要	9	i 比 j 因素极端重要
3	i 比 j 因素稍微重要	2,4,6,8	介于以上两种判断之间的状态的标度
5	i 比 j 因素明显重要	倒数	若 j 因素与 i 因素比较，得到的结果为 $a_{ji}=1/a_{ij}$
7	i 比 j 因素强烈重要		

(2)层次单排序,得到权重向量。根据判断矩阵,计算本层次与上层某因素有联系的因素的权重值,即计算判断矩阵的最大特征值及对应的特征向量,将特征向量归一化就得到权重。

(3)层次单排序—致性检验。最大特征值为 λ_{max}、判断矩阵为 n 阶时,定义一致性指标为:

$$CI = \frac{\lambda_{max} - n}{n - 1} \tag{8-35}$$

当完全一致时,$\lambda_{max} = n$,$CI = 0$;CI 值越大,判断矩阵的一致性越差。一般只要 $CI \leq 0.1$,则判断的一致性可以接受,否则需重新进行两两比较判断。

评价因素越多,即判断矩阵的维数 n 越大,判断的一致性将越差,故应放宽对高维判断矩阵一致性的要求。于是引入修正值 RI,见表 8-6。修正后的一致性指标用 CR 表示,则:

$$CR = \frac{CI}{RI} \tag{8-36}$$

平均随机一致性指标 RI   表 8-6

维数	1	2	3	4	5	6	7	8	9
RI	0	0	0.58	0.96	1.12	1.24	1.32	1.41	1.45

(4)层次总排序。若上层 A 有 m 个因素,总排序权值为 $a_1, a_2, \cdots, a_m$,本层 B 有 n 个因素,它们对于上一层第 j 个因素的单排序权值为 $b_{1j}, b_{2j}, \cdots, b_{nj}$,则此时因素的总排序权值为:

$$B_i = \sum_{j=1}^{m} a_j b_{ij} \quad (i = 1, 2, \cdots, n) \tag{8-37}$$

(5)自下而上组合评价。在对某个评价对象进行评价时,其评价指标体系的量化评价值等于每个指标的量化值乘以其权重的和,即:

$$S = \sum_{i=1}^{n} B_i x_i \tag{8-38}$$

式中:S——评价对象的总评价值;

   B_i——第 i 个指标的权重;

   x_i——第 i 个指标的量化值。

层次分析法是在判断因素结构复杂并且缺乏必要数据的情况下,能把其他方法难以量化的评价因素通过两两比较加以量化,把复杂的评价因素构成简化成层次性结构,能有效确定多因素评价中各因素的相对重要程度,从而进行评价。但层次分析法在进行方案的总体评价时,缺乏一个统一的、具体的指标量化方法,因而在实际使用中,人们大都只采用它进行指标权重的分析,然后用其他方法进行指标值的量化和归一化计算。

8.4 低碳运输

8.4.1 低碳运输概念

交通运输不仅对自然资源具有高度依赖性和消耗性,而且对环境产生巨大的负效应。低碳运输是以节约资源和减少排放、实现社会经济的可持续发展、遏制全球气候变暖、保护人类赖以生存的环境为根本出发点,实现交通运输方式结构优化、交通需求合理控制、单种交通工具的能耗降低、交通运行效率提升等目标,最终建立一个通达、有序、安全、舒适、低能耗、低污染的运输体系。

交通运输业的低碳化是一个相对"减碳"的过程。由于运输工具必须依赖能源,除非使用如氢燃料等洁净能源,否则难以实现交通运输的无碳化,只能是一个相对减碳的过程。从低碳化的经济性考虑,应把"减排"放在首位,同时注重节能。

8.4.2 交通碳排放指标及测算方法

(1)交通碳排放指标。用以衡量交通碳排放的指标有很多,如人均排放指标、GDP 碳排放强度、交通 CO_2 排放总量、交通 CO_2 排放强度等。GDP 碳排放强度是指一个国家或地区在一定时期内 GDP 的 CO_2 排放量,它是衡量的一个国家能源利用效率和减缓 CO_2 排放效果方面的综合性指标。交通 CO_2 排放总量和交通 CO_2 排放强度是直观衡量交通运输碳排放的微观指标。

(2)交通碳排放测算方法。CO_2 排放测算方法主要有基于交通燃料消耗和基于交通行驶里程的计算方法两种。

① 基于交通燃料消耗的计算方法(自上而下法)。

计算步骤:

A. 采用统计部门搜集交通燃料消费总量;

B. 查阅 IPCC(政府间气候变化专门委员会)发布的该燃料的 CO_2 排放因子;

C. 根据公式直接计算交通碳排放量。计算公式为:

$$E_m = \sum_{i=1} F_i EF_i \tag{8-39}$$

式中:i——交通运输业的燃料类型,如柴油、汽油、天然气、液化石油气等;

F_i——交通运输 i 燃料的消耗量,J;

EF_i——i 燃料的 CO_2 排放因子,kg/J;

E_m——交通运输的 CO_2 的排放量。

对 CO_2 排放最重要的影响因子是燃料燃烧的氧化率。随着机动车辆技术的提高,以及使用的燃料大都是液体的,燃烧效率较高,燃料燃烧的氧化率基本达到了 100%。因此可默认载运工具源的氧化率为 1。不同燃料 C、CO_2 排放因子及其排放系数见表 8-7。

载运工具各燃料的碳排放系数 表 8-7

燃料类型	C 排放因子 (kgC/GJ)	CO_2 排放因子 (kgCO_2/TJ)	碳排放系数 (kgCO_2/L)
汽油	18.9	69300	2.26
柴油	20.2	74100	2.73
煤油	19.6	71900	2.56
液化石油气	17.2	63100	1.75
液化天然气		56100	2.33

该种计算方法的优点是由于成品油的生产和供应垄断性高,油耗数据较准确,计算碳排放总量的精度高;缺点是无法区分不同类型车辆的燃油消耗。

② 基于交通行驶里程的计算方法(自下而上法)。

计算步骤:

A. 确定车辆类型;

B. 搜集各类型机动车的保有量和行驶里程;

C. 确定城市中各类型车的油耗量;

D. 根据公式直接估算交通碳排放量。计算公式为:

$$E_m = \sum_{i,j} F_{ij} M_{ij} EF_i L_{ij} \tag{8-40}$$

式中：i——交通运输业的燃料类型,如柴油、汽油、天然气、液化石油气等；

j——交通的车辆类型,公共交通、小汽车等；

M_{ij}——使用 i 燃料 j 类型车的数量,辆；

L_{ij}——使用 i 燃料的 j 类型车年均行驶里程,km；

F_{ij}——使用 i 燃料的 j 类型车平均消耗,L/km；

EF_i——i 燃料的 CO_2 排放因子,kg/J；

E_m——交通运输的 CO_2 的排放量。

该种计算方法的优点是机动车的保有量数据较准确,能够区分不同类型车辆的燃油消耗；缺点是每种类型车辆的行驶里程和百公里油耗的数据准确性相对较低,估算的碳排放总量的精度低。

(3) 碳排放强度计算模型。交通 CO_2 排放强度是衡量交通运输碳排放重要的指标之一。能源消耗总量与运输周转量的比值是能耗强度,用来衡量交通能源利用水平的经济水平,计算公式见式(8-41)。由于 CO_2 排放量与车辆燃油消耗量存在着映射关系,因此,交通 CO_2 排放强度计算与能耗强度类似,与运输周转量密切相关,一定时期内的交通 CO_2 排放强度可用式(8-42)计算。

$$E_{cs} = \frac{E_{cm}}{T_c} \tag{8-41}$$

$$T_{cd} = \frac{T_{cm}}{T_c} \tag{8-42}$$

式中：E_{cs}——能耗强度；

T_{cd}——交通 CO_2 排放强度；

E_{cm}——能源消耗总量；

T_{cm}——交通 CO_2 总量；

T_c——运输周转量。

8.4.3 运输节能减排方式

运输业是能源消耗的大户,加大运输业节能减排力度,对节约石油资源、缓解石油消费增长压力、减少碳排放和提高环境质量等产生重大影响。我国运输业基础设施建设、系统结构、服务水平、管理水平都还相对落后,因此实施道路运输节能减排工作必须在促进运输发展的前提下积极推进。运输节能减排的方式主要体现在结构性减排、技术性减排和管理性减排三个方面,具体分析如图 8-3 所示。

(1) 结构性减排。

是通过一体化的基础设施系统和集约运输组织提高运输效率,优化运输结构,减少运输时间来降低交通碳排放。通过运输路径优化,可以提高运输企业的运作效率、降低运输成本；通过合理的运输组织,可提高运输工具实载率,减少空车调度,避免无效运输,从而达到减排的目的。

(2) 技术性减排：技术性减排可从三个方面入手。

①建立先进的智能交通系统。先进的智能交通系统可以大幅度提高交通网络的运行效率和服务水平,可以为运输需求者提供交通方式选择、路径指引、车辆换乘、实时动态路况等交通出行信息服务,使交通设施、运输能力供给均衡利用,从而提高交通服务的水平和效率,减少碳排放。据美国机构相关研究,依靠交通信息化以及 ITS 可使整个路网的通行能力提

高 20%～30%,车辆燃油消耗降低 25%～50%。加快智能交通系统的建设,促进城市交通行业向低能耗、低排放、低污染、高能效的低碳交通发展。

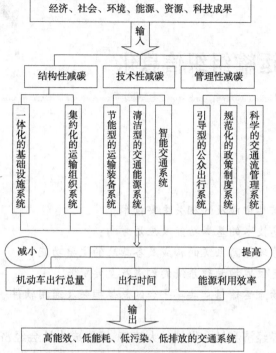

图 8-3 节能减排方式框图

②开发节能的运输装备系统。运输装备减排技术是直接影响交通碳排放量的关键因素。车辆减排技术主要体现在车身质量、发动机、制动能耗回收和附属设备耗能等方面。加大对车辆技术的投入,提高各交通工具能源利用效率,是实现低碳交通的有效路径。

③使用清洁能源。在交通运输业中广泛使用可替代化石能源的清洁能源,将大大降低交通业的能耗水平和碳排放水平。

(3)管理性减排。

交通政策对促进低碳交通的发展主要体现在对交通系统的宏观调节和引导上,即可以政策的引导来改变人们的出行方式和出行习惯,有效减少碳排放,促进交通的低碳发展。

1. 简述运输组织绩效评价概念。
2. 运输组织绩效评价的步骤是什么?
3. 运输组织绩效评价的影响因素有哪些?
4. 建立运输组织绩效评价指标体系的原则是什么?
5. 运输组织绩效评价指标体系类型有哪些?
6. 利用多级模型进行模糊综合评判的步骤有哪些?
7. 层次分析法的基本思想是什么?
8. 节能减排的方式有哪几种?
9. 调查一个运输企业,建立其运输组织效果评价指标体系并进行评价。

第 9 章 运输组织信息化

 学习目标

1. 熟悉运输组织信息化涉及的相关主要技术;
2. 掌握各主要信息技术的基本功能及应用方向;
3. 掌握道路客运管理信息系统的构成及各模块的主要功能;
4. 掌握道路车辆定位监控管理系统的构成及主要功能;
5. 熟悉国家交通物流运输信息共享平台的总体框架及通用软件。

信息化是当今世界经济和社会发展的大趋势,已经成为社会经济发展的主要推动力之一,正在改变着传统的生产和经营方式乃至生活方式。交通运输作为国民经济基础性产业,信息技术已逐步渗透到运输生产内部各环节。运输组织信息化对于推动运输生产力的快速发展、提高运输质量与运输效益,实现运输组织管理的现代化具有十分重要的意义。

9.1 运输组织信息化的技术基础

运输组织包括运输调查与预测,运输计划编制,运输车船配载与客货站场组织,运输车辆调度与路径优化,运输过程跟踪、定位与监控以及多方式联运协调等一系列运输活动。运输组织信息化渗透于运输生产各环节,涵盖电子技术、网络技术、通信技术在生产中的应用,具有软件、硬件、标准等形态表现形式。运输组织信息化的关键技术基础,主要包括 GPS/GIS 技术、RFID 技术、EDI 技术、通信网络技术等。

9.1.1 全球定位系统(GPS)

(1)全球定位系统的组成。全球定位系统是美军 20 世纪 70 年代初在"子午仪卫星导航定位"技术上发展而起的具有全球性、全能性(陆地、海洋、航空与航天)、全天候性优势的导航定位、定时、测速系统。它由空间卫星系统、地面监控系统和用户接收系统三大子系统构成,如图 9-1 所示。

空间卫星系统由 24 颗高度约 2.02 万 km 的卫星组成,分布在 6 个轨道平面,其中 21 颗为导航卫星,3 颗为备用星;地面监控系统由主控站(负责管理、协调整个地面控制系统的工作)、地面天线(在主控站的控制下,向卫星注入寻电文)、监测站(数据自动收集中心)及通信辅助系统(数据传输)组成;用户接收系统由 GPS 接收机和天线组成。

我国于1994年开始建设的北斗卫星导航系统(BDS)，是我国自行研制的全球卫星导航系统，是继美国全球定位系统(GPS)、俄罗斯格洛纳斯卫星导航系统(GLONASS)之后第三个成熟的卫星导航系统。

（2）全球定位系统的功能。具体说来，GPS主要有以下几个方面的功能：

①自动导航。GPS的主要功能是自动导航，可用于武器导航、车辆导航、船舶导航、飞机导航、星际导航和个人导航。GPS通过接收终端向用户提供位置、时间信息，也可结合电子地图进行移动平台航迹显示、行驶线路规划和行驶时间估算。

图9-1　GPS系统构成

②指挥、监控和跟踪。GPS的导航定位和数字短报文通信基本功能可有机组合，利用系统特殊的定位机制，将移动目标的位置信息和其他有关信息传至管理中心，完成移动目标的动态可视化显示和指挥指令的发送，实现移动目标的指挥、监控和跟踪。

③信息传递和查询。利用GPS，管理中心可对车辆、船舶等移动目标提供相关的气象、交通、指挥等信息；而行驶中的车辆、船舶也可将移动信息传递给管理中心，实现信息的双向交流。

④报警功能。通过GPS，能及时掌握移动目标的异常情况，接受求救信息和报警信息，实现紧急救援。例如，对于运输车辆，当遇到突发紧急情况时，驾驶人可通过求助按钮向监控中心发出求救信号，监控中心可根据实际情况，对车辆采取监听、锁闭车门、遥控熄火等操作，确保人员、车辆、货物的安全。

（3）全球定位系统的特点。

①定位精度高。应用实践表明，GPS单机定位精度优于10m，采用差分定位，精度可达厘米级和毫米级。

②定位快速、高效。随着GPS系统软件的不断更新，实时定位所需的时间也越来越短。目前，20km以内相对静态定位，仅需15～20min；快速静态相对定位测量时，当每个流动站与基准站相距在15km以内时，流动站观测时间只需1～2min，然后可随时定位，每站观测只需几秒。

③功能多、用途广。GPS系统不仅可用于测量、导航，还可用于测速、测时，测速的精度可达0.1m/s，测时的精度可达几十纳秒。GPS可广泛应用于农业、林业、水利、交通、航空、测绘、安全防范、军事、电力、通信、城市多个领域，尤其以地面移动目标监控在GPS应用方面最具代表性和前瞻性。

④测算三维坐标。常用的大地测量方式是将平面与高程采用不同方法分别施测，而GPS可同时精确测定测站点的三维坐标。目前GPS甚至可满足四等水准测量的精度。

⑤操作简单。随着GPS接收机不断改进，自动化程度越来越高，极大简化了操作步骤，使用起来更方便；接收机的体积越来越小，质量越来越轻，在很大程度上也减轻了使用者劳动强度和工作压力，使工作变得更加轻松简单。

⑥全天候，不受天气影响。由于GPS卫星数目多且分布合理，所以在地球上任何地点均可同时连续观测到4颗卫星，从而保障了全球、全天候连续实时导航与定位的需要。目前

GPS 观测可在一天 24h 内的任何时间进行,不受不良气候的影响。

9.1.2 地理信息系统(GIS)

(1)地理信息系统的组成。地理信息系统是 20 世纪 60 年代后期发展起来的融合计算机图形和数据库于一体的,具有强大的数据管理、地学过程模拟和空间分析能力的空间信息处理技术。其应用领域由自动制图、资源管理、土地利用等发展到与地理相关的交通、邮电、军事等领域。GIS 由以下五部分组成,如图 9-2 所示。

图 9-2　GIS 系统构成

①系统硬件。由主机、外部设备和网络设备组成,用于存储、处理、传输和显示空间数据。GIS 主机包括大型、中型、小型机,工作站/服务器和微型计算机,其中各种类型的工作站/服务器成为 GIS 的主流;GIS 外部设备包括各种输入(如图形数字化仪、图形扫描仪、解析和数字摄影测量设备等)和输出设备(如各种绘图仪、图形显示终端和打印机);GIS 网络设备包括布线系统、网桥、路由器和交换机等。

②系统软件:由系统管理软件、数据库软件和基础 GIS 软件组成,用于执行 GIS 功能的数据采集、存储、管理、处理、分析、建模和可视化输出等操作。

③空间数据。是指以空间位置为参照的自然、社会和人文等空间数据,可以是图形、图像、文字、表格和数字等,通过遥感卫星、数码产品、数字化仪及相关专业软件等设备输入 GIS 系统,是系统程序作用的对象,是 GIS 所表达的现实世界经过模型抽象的实质性内容。

④应用人员:GIS 服务的对象,包括系统开发人员和 GIS 技术的最终用户。

⑤应用模型:解决某一专门应用的应用模型,是 GIS 技术产生社会经济效益的关键所在。

(2)地理信息系统的基本功能。GIS 主要有以下几个方面的功能:

①数据采集与编辑。包括图形数据采集与编辑和属性数据编辑与分析。

②数据存储和管理。地理信息数据库管理系统是数据存储和管理的高新技术,包括数据库定义、数据库的建立与维护、数据库操作、通信功能等。

③制图功能。根据 GIS 的数据结构及绘图仪的类型,用户可获得矢量地图或栅格地图。地理信息系统不仅可以为用户输出全要素地图,而且可以根据用户需要分层输出各种专题地图,如行政区划图、道路交通图等。

④空间查询与空间分析。包括拓扑空间查询、缓冲区分析、叠置分析、空间集合分析等。

⑤二次开发和编程。用户可以在自己的编程环境中调用 GIS 的命令和函数,或者 GIS 系统将某些功能做成专门的控件供用户开发使用。

(3)地理信息系统的特征。地理信息系统具有以下三个方面的特征:

①具有采集、管理、分析和显示多种地理信息的能力,具有空间性和动态性。

②由计算机系统支持进行空间地理数据管理,并由计算机程序模拟常规的或专门的地理分析方法,作用于空间数据,产生有用信息,完成人类难以完成的任务。

③GIS 各种功能的实现,依赖于计算机软、硬件系统的支持,使得地理信息系统能以快速、精确、综合地对复杂的地理系统进行空间定位和过程动态分析,为信息使用者提供直观、

全面、清晰、实时的信息表达方式,有利于提高决策和管理的科学性、及时性。

9.1.3 FRID 技术

(1) RFID 系统的组成。RFID 即射频识别技术,是 20 世纪 90 年代开始兴起的一种非接触式的自动识别技术。RFID 系统一般由射频标签、天线、读写器、计算机等构成。射频标签为数据载体,读写器是标签信息的读取装置。RFID 技术是利用无线射频方式在读写器和射频标签之间进行非接触双向数据传输,以达到目标识别和数据交换目的。

RFID 的基本原理基于电磁理论。标签进入磁场后,接收读写器发出的射频信号,凭借感应电流所获得的能量发送出存储在芯片中的产品信息,或者由标签主动发送某一频率的信号,读写器读取信息并解码后,送至中央信息系统进行有关数据处理,如图 9-3 所示。

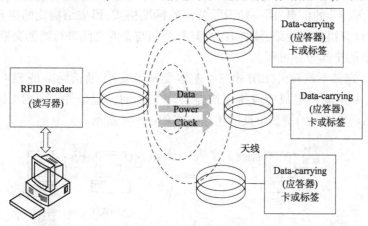

图 9-3 FRID 工作原理

(2) RFID 技术特点。RFID 是一种易于操作,简单实用且特别适用于自动化控制的灵活应用技术,识别工作无须人工干预,既可支持只读工作模式,也可支持读写工作模式,且无须接触和瞄准,并且可胜任各种恶劣环境,其所具备的独特优势是其他识别技术无法企及的。RFID 技术主要特点如下:

①读取方便快捷。读取数据时无须光源,甚至可以穿透外包装进行。有效识别距离更大,采用自带电源的主动标签时,有效识别距离可达 30m 以上。

②识别速度快。标签一进入磁场,解读器就可以即时读取其中的信息,而且能够同时处理多个标签,实现批量识别。

③数据容量大。数据容量最大的二维条形码(PDF417),最多也只能存储 2725 个数字;若包含字母,存储量则会更少;RFID 标签则可以根据用户的需要扩充到数 10K。

④使用寿命长,应用范围广。其无线电通信方式,使其可以应用于粉尘、油污等高污染环境和放射性环境,而且其封闭式包装使得其寿命大大超过印刷的条形码。

⑤标签数据可动态更改。利用编程器可以向其写入数据,从而赋予 RFID 标签交互式便携数据文件的功能,而且写入时间相比打印条形码更少。

⑥更好的安全性。RFID 标签不仅可以嵌入或附着在不同形状、类型的产品上,而且可以为标签数据的读写设置密码保护,从而具有更高的安全性。

⑦动态实时通信。RFID 标签以与每秒 50~100 次的频率与解读器进行通信,所以只要 RFID 标签所附着的物体出现在解读器的有效识别范围内,就可以对其位置进行动态的追踪和监控。

RFID 作为一种新兴的自动识别技术,目前在工业生产线自动化、仓储、供应链、防伪以及车辆、人员、物品的跟踪方面得到广泛应用,并且取得了良好的社会效益和经济效益,其应用前景为业内人士一致看好。美国倡导的集装箱安全协议(Container Security Initiative, CSI),将所有输美集装箱安装电子封条,由 RFID 监控读取器进行集装箱运输全程监控就是 FRID 在集装箱运输安全管理上的一项具体应用。

9.1.4 电子数据交换(EDI)技术

(1)EDI 系统的组成。

EDI 是 20 世纪 80 年代发展起来的、融现代计算机技术和远程通信技术为一体的一种利用计算机进行商务处理的方式,是电子商业贸易的一种工具。它主要是将贸易、运输、保险、银行和海关等行业的信息,用一种国际公认的标准格式,形成结构化的事务处理的报文数据格式,通过计算机通信网络,使各有关部门、公司与企业之间进行数据交换与处理,并完成以贸易为中心的全部业务过程。

从上述 EDI 定义不难看出,EDI 由三个基本要素组成:①通信网络是 EDI 应用的基础。②计算机硬件、专用软件组成的应用系统是实现 EDI 的前提条件。③EDI 标准化是实现 EDI 的关键。EDI 条件下的贸易单证的传递方式如图 9-4 所示。

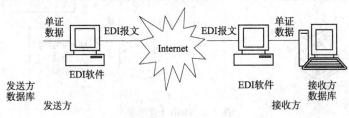

图 9-4　EDI 条件下的贸易单证的传递方式

(2)EDI 的特点。

①EDI 的使用对象是具有固定格式的业务信息和具有经常性联系的业务单位。

②EDI 所传送的资料是一般业务资料,如发票、订单等,而不是指一般性的通知。

③EDI 传输的报文是格式化的,是符合国际标准的,这是计算机能够自动处理报文的基本前提。

④数据传输由收送双方的计算机系统直接传送、交换资料,不需要人工介入操作。

EDI 应用最多的是商贸行业,在其他行业和部门中也飞速发展,工商、税务、保险、银行、商检、邮电等领域都已运用 EDI 方式开展业务。在运输组织领域,通过 EDI 技术的运用,实现货运单证的电子数据传输,有利于充分利用运输设备、仓位,加强各种运输方式各自的应用系统的联系,从而解决传统单证传输过程中的处理时间长、效率低等问题,为客户提供高层次和快捷的服务。

9.1.5 通信技术

(1)通信系统的一般结构。通信就是信息的传输和交换。通信中所传递的信息,有各种不同的形式,如符号、文字、语音、数据、视频等,因而根据所传递信息的类别,通信业务可分为电报、电话、数据传输及可视电话等多种形式。按信息传递所用的传输媒质,通信又可分为有线通信和无线通信两种方式。所谓有线通信是指传输媒质为导线、电缆、光缆等通信方式,其特点是媒质能看得见,摸得着。所谓无线通信,是指传输媒质为自由空间,例如电磁波、光波等;无线通信常见的方式有微波通信、短波通信、移动通信、卫星通信、散射通信等。

通信系统由发信终端设备、传输信道、交换设备、收信终端设备组成。图9-5为实际通信系统的一般结构图。

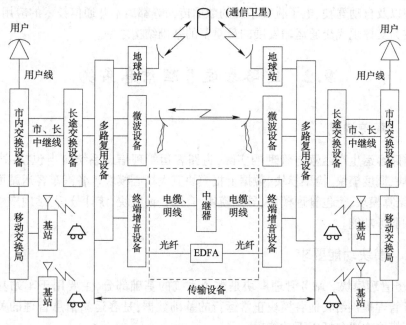

图9-5 通信系统的一般结构图

通信技术和通信产业是20世纪80年代以来发展最快的领域之一,不论是在国际还是在国内都是如此。这是人类进入信息社会的重要标志之一。

(2)通信技术的发展趋势。现代通信与传统通信最重要的区别是现代通信技术与现代计算机技术以及互联网技术的紧密结合,其技术发展总的趋势表现为以下方面:

①综合化。综合化具有双重含义。其一是技术的综合化,即无论是传输、交换以及通信处理功能都采用数字技术,实现数字传输与数字交换的综合,使网络技术,如电话网、数据网、电视网一体化。其二是业务的综合,即把来自各种信息源的通信业务综合在同一网内传输和处理,并可在不同的业务终端之间实现互通。

②宽带化。宽带化是指通信系统能传输的频率范围越宽越好,即每单位时间内传输的信息越多越好。由于通信干线已经或正在向数字化转变,宽带化实际是指通信线路能够传输的数字信号的比特率越高越好。而要传输极宽频带的信号,非光纤莫属。据计算,人类有史以来积累起来的知识,在一条单模光纤里,用 3~5min 即可传毕。

③智能化。智能化主要指在现代通信中,大量采用了计算机及其软件技术,使网络与终端,业务与管理都充满智能。在信息处理、传输与交换、监控管理及维护中引进更多的智能,形成所谓的智能网—通信网智能化,从而提高网络业务应变能力,随时提供满足各类用户对各种业务需求的服务。

④个人化。个人化即每个人将有一个识别号,而不是每一个终端设备(如现在的电话、传真机等)有一个号码。现在的通信,如拨电话、发传真,只是拨向某一设备(话机、传真机等),而不是拨向某人,如果被叫的人外出或到远方去,则不能与该人通话。而未来的通信只需拨该人的识别号,不论该人在任何时间任何地点,均可拨至该人并与之进行各种业务的通信。

现代社会,经济高速发展,社会日益前进,广阔的经济前景离不开通信的发展。特别是卫星通信、光纤通信、数字程控交换技术等的不断进步,以及国际互联网络等通信网的建设,通信作为社会发展的基础设施和发展经济的基本要素,越来越受到世界各国的高度重视和大力发展。

在交通运输领域,车辆调度管理、运输跟踪与实时监控、旅行信息服务、转运(乘)服务、停车场管理以及自动驾驶、电子收费系统的数据传输等都离不开通信技术的应用,现代通信技术已经成为支撑现代交通运输发展的最重要的基础结构之一。

9.2 道路客运管理信息系统

9.2.1 系统构成

根据道路客运生产经营与管理的实际,道路客运管理信息系统应当包括:站务管理模块、售票模块、调度模块、检票模块、数据上报模块五大核心模块。各汽车客运站可在自身需求下设计:结算模块、行包管理模块、导乘模块、自助查询模块、统计分析、站内广播等模块以增强系统的服务功能。

9.2.2 模块功能要求

(1)站务管理模块。站务管理模块是整个系统的基础部分,主要用于车站基础数据的维护。站务管理提供给其他各模块正常运行的基础数据,是客运站信息管理的关键模块之一。站务子模块主要包括以下功能项:

①线路站点管理:完成生产经营范围内的物理线路以及线路相关站点的增加、删除及修改。

②班次管理:在相关的物理线路的基础上,根据运输生产计划和车辆运行作业计划的要求,完成生产班次的增加、删除及修改。

③票价管理:在相关班次以及相关站点的基础上,完成该班次到该站点的票价的定义,并支持票价在一段时间内的浮动管理。

④车辆管理:完成对参营单位及其所属车辆基本信息的新建、修改和删除。车辆基本信息主要包括车辆建档日期、车辆型号、额定客位、发动机号、牌照号、车辆原值、车辆管理单位、营运证号、车辆保险、车辆事故信息等。

⑤票据管理:完成车票入库、出库管理以及其他票据的管理。

⑥信息查询:能依据一定的查询条件,实现对客运相关基础信息的查询。如线路、班次、承运车型、票价等。

(2)售票模块。购票是旅客获得出行权利的必要手段,售票是旅客运输经营者收入的来源。售票模块主要用于车站日常的票务处理,同时也是客运管理信息系统业务数据的主要来源,直接影响运输结算、站务检票、营运调度等系统。售票模块主要完成售票、废票、退票、补票、换车改签以及相关的信息查询等功能。

①售票功能:售票功能要求能完成窗口售票、代理点售票、网上售票等多样化的售票形式。由于目前道路旅客运输还没有采用实名制售票方式,为满足未来实名制售票的要求,在客运管理信息系统的开发设计时,应预留实名制售票数据字段。

A.车站/代理点售票:由售票员根据乘客所要购买的班线车票的上车站点、到达站点、乘车日期、票种、张数,打印出相关班线的车票。

B.网上售票:由乘客通过互联网登录系统,根据出行需要自行设定条件,查询车票信息,选定预定的日期、班次、票务数量,并通过网银认证支付完成车票购买。支付成功后,系统通过短信发送订单号及票务信息给用户。网上订票省时省力,已成为不少人的首选。

②废票功能:由于意外情况造成的错误,进行作废处理。

③退票功能:根据相应的退票规定,由售票员根据乘客所要退的班线车票,选择对应的购票记录进行退票处理,并能够根据退票规则自动计算出相应的应退票款。

④补票功能:在班车发车前,正常售票已停止后,由客运经营者对未购票的乘客按照相关规定进行补票,并把补票信息汇总给客运站的售票人员,由售票人员输入补票信息。客运补票可使用热敏式便携带移动补票机,此机器既可方便地打印客票,也可方便地与计算机连接进行数据上传和下载。补票功能应预留实名制售票数据字段。

⑤换车改签:对于已售车票,如旅客需要换车改签,由售票员根据换车改签规定进行换车以及改签。

⑥票务查询:提供按时间段、班线等条件查询出相关班线的已售票和余票情况。

⑦售票参数配置:能完成对售票模块业务参数的维护,如车票价格组成、退票条件、预售天数、停售时间、补票时间、订票预留时间、手续费比率等。

⑧统计与分析:能自动统计售票金额并形成各种相关统计报表。如分线路(路段)、分班次、分时期的售票统计报表等。

(3)调度模块。调度模块是客运站综合管理信息系统的核心模块,指挥着整个车站的运作。包括制订排班计划,调度管理,车辆报班。调度模块主要包括以下功能项:

①排班计划管理:安排在某个时间段内的班次发车计划,具有临时加班、班次合并、改乘、延时、脱班、暂停、车型及座位调整等功能,该功能与售票、检票管理联动进行。如调度进行临时加班处理后,票房就可以对新增加的班次进行售票,无须人工通知。而班次延时或晚点的执行,又使对应班次的售票、检票时间也相应延长。

②车辆报班管理:对到班的车辆进行报班,报班后才能进行调度和售票。车辆报班应当具有IC卡报班接口,接口设计应符合交通运输部颁发的IC卡相关标准。

③车辆调度管理:实现加班、停班、复班、换车、延时、脱班、售票许可等功能。

④信息查询:对调度相关的信息进行查询。如:发车计划,按时间段、班次等条件查询班次的载客量、发车时间、发车站、到达站等信息。

⑤报表管理:对相关的报表进行统计,查询。

⑥排班调度参数配置:完成调度模块相关参数的维护,如延时条件、售票许可条件等。

(4)检票模块。检票模块主要处理旅客乘车前的检票工作,应采用条形码扫描设备检查车票的合法性以及准确性。检票模块主要包括以下功能项:

①检票功能:有人值守检票口启动合乎条件的检票任务,逐一对旅客进行检票。在特别需要时还可以实现旅客个人信息登记工作。

②退检功能:由于特殊原因,可以取消车票的检票状态,使车票处于未检票状态。

③检票情况查询:实时查询相关线路班次车辆的车票检票情况。

(5)数据上报模块。作为旅客运输业务数据产生单位的汽车客运站,依据相关规定,应承担按照规定的数据接口,向行业主管部门上报客运业务数据的任务,为行业主管部门统筹规划、统计分析提供基础数据。数据上报模块要求具有和行业道路运输管理系统兼容的数据结构和统一的数据接口。

需要上报的数据包括已产生的业务数据和生产计划数据。已产生业务数据包括：①线路车票销售数据：客运站编号、线路编号、售票数、票款总额等；②线路旅客发送情况数据：客运站编号、线路编号、旅客数等；③线路发车情况数据：客运站编号、线路编号、发车辆数等；④事故情况数据：客运站编号、线路编号、车牌号、事故日期、事故描述、责任人、处理结果等。

生产计划数据主要是指线路发车计划数据：客运站编号、线路编号、发车计划数等。

(6) 结算模块。结算模块包括售票员结算和单位车辆结算两部分。结算模块是道路客运信息管理的账务管理的关键部分。结算模块主要包括以下功能项：

①售票员领取与结算：完成前台业务人员票据和现金的领用以及交接班结算。

②单位车辆结算：完成参营单位以及车辆的票款结算，根据结算规则、结算对象，生成一定时期内的票款清分表。单位车辆结算可采用按单位结算和按车辆结算两种方式，以及电子结算和票根结算两种结算模式。

③结算信息查询：实现对以往的结算数据的统计分析和各种查询，并支持在线打印。

(7) 行包管理模块。行包管理模块涉及行包的受理、改签、签发、行包费用、行包领取、基本信息维护和信息查询等功能。行包管理模块主要包括以下功能项：

①行包受理：根据客户是否持有该车次的车票，行包受理分为有票受理和无票受理，其基本处理过程完全相同，但在计算运费时其单价不同。受理过程中，系统自动根据受理类型、行包质量、里程数等信息，根据相应的计算公式自动计算出相应的行包费用，并进行相应的收费处理和行包单、发票打印。

②行包存放管理：对行包的存放地点、标签进行管理。

③行包签发：对行包的配载车次进行签发。

④改签功能：由于特殊原因，对行包进行改签处理。

⑤转运功能：行包到达站非行包的终点站，需再次托运，对相关的信息进行登记，并安排相应的车次。

⑥行包领取管理：根据相应的行包单进行行包的领取，完成该笔业务。

⑦基础信息维护：对行包管理中的基础信息（如单价、站点、车次）进行维护。

⑧信息查询：对相关的行包信息进行查询。

⑨报表统计：对与行包相关的报表进行统计、查询、打印。

大型道路客运站班线四通八达，班车发车频率高，旅客运输具有足够的覆盖广度和通达深度。近年来，随着高速公路网的完善，道路小件货物的同网快运业务发展迅速。道路小件货物同网快运是在售票业务和小件行包业务的基础上发展起来的，是利用客车的货仓来运送小件货物的业务。道路小件货物快速运输的服务对象，主要为小批量、多品种、高附加值、高时效性的货物，诸如医药、食品、电子产品、时装、印刷品、化妆品以及用户要求快运的小件物品等，被物流专家誉为物流面包上的奶酪。通过实现道路小件货物的同网快运（必要时可与兄弟公司之间密切配合），既满足了社会对运输的需求，又提高了运输企业的综合效益。小件货物同网快运可按无票行包管理模式进行，要求满足对小件托运的受理、电子跟踪、短信领取通知等电子化功能，实现对小件托运中的业务流程电子化，保障小件托运业务的顺利开展和提高效率。

①受理托运：能根据营运范围内的线路、站点、运距、中转车站、各车站的装卸能力、货物的性质及受运限制等业务规则和有关规定接受办理公众小件物品托运，并根据具体情况

（目的地、货物质量、货物体积、件数等）计算费用,打印托运单。

②发货库存:托运受理后能根据货物的类别和流向,安排库存仓库和货架,并能查询物品的库存及位置。

③签发托运:能结合客运站内实时班车信息,为托运货物选择最适合的班车进行运输,即系统能对运输路线、中转站、运输班次自动给出选择。

④跟踪与查询:能根据托运单号、受理时间段、联系电话等条件查询小件托运的状态。

⑤到货库存:小件物品到达后,放入暂放仓库,能合理安排库存仓库和货架,并能查询物品的库存及位置。

⑥通知领取:小件物品到达时可以根据管理人员的设置,通过自动发送短信通知领取。

(8) 导乘模块。导乘模块用于客运基础信息和票务票据信息的对外发布(可借助 LED 导视屏和客服广播等),方便旅客了解相关客运信息、及时掌握班次发车以及票务信息。导乘模块主要包括以下功能项:

①基础信息发布管理:包括开通的线路、站点,各线路上的班次情况包括发车时间、车辆类型、票价信息等信息的发布。

②实时发车信息公布:公布各班线班次开始售票的售票情况和最终发车情况(如最终发车时间、检票口等),通知旅客及时乘车。

③插播应急信息:能够插播应急通知等信息,完成应急或临时信息发布。

(9) 自助查询模块。自助查询模块是客运站综合管理信息系统的有益补充,主要实现旅客在大厅触摸机上的自助查询功能,能够实现常规数据如线路、班次、票价信息的查询,以及当前售票情况、发车情况的实时查询。

(10) 统计分析模块。统计分析模块主要实现对一段时间内的业务数据的汇总统计并打印统计报表,为客运站决策支持提供最直接的依据。统计分析模块主要包括以下功能项:

①客流统计:能够实现在一段时间内各个线路班次上的旅客流量;获取线路、班次、时间等方面的旅客饱满度数据,为发车计划提供有用的依据。

②工作统计:能够实现对前台业务部门的工作统计,如售票窗口售票统计等,客运站可依据工作统计资料调整日常工作。

9.2.3 系统模式要求

道路客运管理信息系统应采用 C/S 软件系统模式,系统由客户端、业务中间层、数据库三层组成。客户端主要实现各种信息的综合显示、数据的录入、外设硬件(如打票机、IC 卡机、条码机等)的操控功能,完成向业务中间层提交业务申请。业务中间层是系统的业务处理关键件和数据通信关键件,负责响应客户端的各种业务请求,完成数据库数据的维护工作;在权限支持下,业务中间件对各客户端链接情况也应具有一定的控制能力。

9.3 道路车辆定位监控管理系统

9.3.1 系统组成

道路车辆定位监控管理系统是道路运输组织管理信息化发展的必然结果,是集全球卫星定位系统(GPS)、地理信息系统(GIS)以及无线通信技术于一体的软、硬件综合系统,实现对道路运输车辆进行统一调度、集中管理和实时监控。道路车辆定位监控管理系统的实施对合理配置运输资源,提高道路车辆营运效率,防止长途车辆"三超(超速、超载、驾驶人超时疲劳驾驶)、三私(私自组客,私收票款,私拉乱运)",降低企业运营安全风险,提高企业管理效益具有重要的意义。

道路车辆定位监控管理系统主要由车载终端、传输系统和监控中心三部分组成。车辆定位监控管理系统网络结构图如图9-6所示。

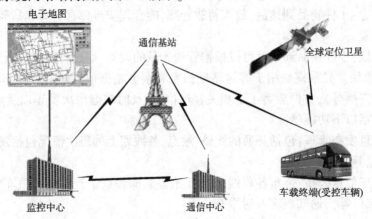

图9-6　车辆定位监控管理系统网络结构图

(1)车载终端部分主要是安装在车辆上的GPS主机及其他一些附属设备,如LCD显示器、有线通话手柄、无线报警器等。主要完成发送车辆位置信息、报警数据的采集与转发,响应远程客户端的各种指令以实现对车辆的管理和控制。

(2)传输系统主要由GPRS/GSM网络、短信中心、GSM前置机、交换机、网络电缆组成,它负责车载终端与监控中心之间的数据、语音、图像等信息的传输。

(3)监控中心是整个系统的核心,由通信服务器、GIS服务器、监控终端(或监控显示屏)等主要硬件和相应的软件平台组成。服务器的软件平台主要完成对车载终端定位信息和报警信息的采集、处理、存储和转发,对客户端的指令响应与处理,以及实现平台数据的管理。监控终端用于中心服务人员对车辆的监视、控制操作,监控客户端软件平台主要完成对车辆的实时监控与各类历史数据查询以及设置、接收和处理车辆报警等功能。

9.3.2　系统主要功能及描述

(1)基本功能。

①实时定位。车载设备接收GPS卫星信号,获得车辆实时位置(经度、纬度),并向监控中心发送位置、行驶速度、方向和状态数据,实现车辆实时定位。

②实时监控。监控中心可对选定车辆进行追踪监控,被追踪的车辆在新创建的独立的地图窗口中显示,行驶轨迹自动标注,从而实现车辆实时监控,追踪车辆地图窗口和全部车辆地图窗口可自由切换。融合3G视频、图像监控技术,结合车载摄像头可实现车辆内部全过程可视监控。

③历史轨迹回放。监控中心可随时从数据交换中心获取定位数据,对车辆进行历史轨迹回放。轨迹回放模式、回放时间、回放速度均可随意设置。回放的轨迹可以通过图片或Excel表格形式直接导出(打印)。该功能的现实意义在于监控人员随时可调取所需历史轨

迹，查看车辆是否按最有利于完成公司既定任务的路线（用时最短、距离最近或规定的路线）行驶，查看中途停车地点和停车时间，查看车辆是否有长时间怠速停车情况，查看车辆是否有绕路、非正常停车等情况。

④在线测距。监控中心可以用鼠标在电子地图上测量任意两点间的大致距离（曲线或直线距离），从而估算车辆到达目的地的大致时间和费用。

⑤区域查车。监控中心可以用鼠标在电子地图上任选区域（矩形或圆形）查找在线车辆。被查到的车辆信息（位置信息和状态信息）以表格窗口形式弹出。该功能的现实意义在于方便调度人员在特定区域查找所需车辆及对某一区域车辆的整体调配，调高车辆的使用率，避免压车。

⑥分组管理。客户管理软件可以对不同部门或不同用途的车辆实行分组管理，车队管理部门或监控中心可以整体掌控所有车辆，各个部门也可以分别监控管理本部门的车辆。该功能使得车辆管理更有针对性，体现了车辆统一管理和分散调度相结合的车辆管理方式，更有利于车辆的监控和调度。

⑦远程终端自检复位。监控中心可以远程检测终端设备状态参数，从而判断设备是否运行正常，必要时可以运用远程设备复位操作，排除故障。

⑧系统权限管理。权限管理主要体现在系统能够监控车辆的数量和系统功能的使用，权限分级，有利于定位监控数据的安全和保密。

（2）报警功能。

①超速报警。监控中心可对不同等级道路或不同气候条件设置不同限速值，当车辆速度超过设定值时，终端设备会立即发出超速报警数据，监控中心收到报警信息后，系统会弹出报警窗口（包含报警车辆、报警状态、报警时间、报警地点等信息）显示该车行驶超速，车辆会出现语音提示，防止驾驶人超速行驶。

②电子围栏报警。监控中心可以设定一个或者多个不规则区域（矩形、圆形或不规则多边形）和报警进出属性，当车辆驶入或者驶出设定的区域范围时，终端设备将提示进入报警区域，同时触发超越设定区域报警，对越界车辆及时提醒，防止越界。

③路线偏离报警。监控中心可以设定一条或者多条行车路线，来限定车辆行驶路线，当车辆驶离了设定的行驶路线时，终端设备会立即提醒驾驶人，同时触发偏离路线报警，防止车辆偏离既定路线行驶。

④停车超时报警。当用户需要停车超时报警功能时，终端设备可根据预设的时间来检测ACC（钥匙门）关闭时间长度，当ACC关闭时间超过用户所设定的时间时，设备会立即向监控中心发送停车超时报警信息，防止司乘人员没必要的长时间停车休息。

⑤疲劳驾驶报警。按照《道路旅客运输企业安全管理规范》，长途客车连续驾驶时间不得超过4h，每次停车休息时间不少于20min。该功能是在平台上设置开启或关闭按钮，终端设备按ACC开启/关闭来判断车辆累计行驶时间，当连续驾驶4h时，设备会立即向所监控中心发送疲劳驾驶报警信息，终端设备会立即提醒驾驶人，防止疲劳驾驶，确保行车安全。

⑥超时怠速报警。当用户需要超时怠速报警功能时，可根据实际情况设置超时怠速时长，开启超时怠速报警功能。终端设备根据预设时间来判断在ACC开启状态下速度为0时的时长，当ACC打开的情况下速度为0的时间超过用户所设定的时间时，终端设备将会立即向所中心发送超时怠速报警信息，该功能的现实意义在于防止驾驶人长时间着车停车，控制司乘人员长时间停车开暖风或空调。

⑦GPS天线短路开路报警。当终端设备GPS天线损坏造成隔断开路时,终端设备会自动上报GPS天线开路报警。当终端设备GPS天线损坏造成天线短路,终端设备会自动上报GPS天线短路报警。该功能的现实意义在于防止司乘人员人为拧掉天线,破坏定位系统,也有助于判断设备故障。

⑧紧急求助报警。当遭遇紧急情况或求助时,驾驶人可触按终端设备配备的紧急报警开关,触发紧急报警,监控中心接收到报警信息后立即以声音和文字提示信息通知管理人员,配合电子地图上位置信息为管理人员提供及时完整的报警信息和处理流程。该功能的现实意义在于紧急求助报警,也是车辆发生故障时,司乘人员与公司建立联系的一种渠道。

(3)统计分析功能。

① 里程统计。车载终端可连接原车的速度传感器统计车辆行驶的里程,并把车辆行驶的里程数据上传到监控中心,经过数据交换中心数据处理后,监控中心可根据需要随时查询任意时间段(一趟、一天、一周、一个月等时间段)的车辆行驶里程。该功能方便监控中心对车辆的日常运营情况进行统计和分析。

②油耗统计。车载终端可连接原车的油耗传感器统计车辆的耗油量,并把车辆耗油量数据上传到监控中心,监控中心也可通过车辆的行驶里程和车型理论油耗估算车辆的实际耗油量,该功能方便监控中心对车辆的油耗监测。

(4)远程控制功能。

①远程断油断电。监控中心可对指定车辆进行远程断油断电,该功能有助于非出车时间的车辆管理以及危急时刻防盗、防抢应急处理。

②远程监听。监控中心平台可设定监听回拨通信号码,发送"监听"指令,终端收到该指令后自动回拨电话进行监听操作。该功能的现实意义在于危急时刻监听车内对话情况。

③智能防拆。当有恶意破坏GPS的行为时,在GPS相关电源功能线被破坏后机器会自动执行锁车命令,让车辆无法起动,防止他人强行拆除GPS。

(5)信息发布功能。

监控终端可向全部、部分或单个车辆发送中文信息(如调度命令、交通信息等),并在车载终端的显示器上显示出来,接收到短消息时有声音提示,另一方面是根据需要在车载终端内设定某些固定短语,如路阻、车辆故障等,便于驾驶人遇到情况时,能通过简单方便的操作告知公司或监控中心。

车辆定位监控管理系统主要功能演示界面(部分)如图9-7~图9-10所示。

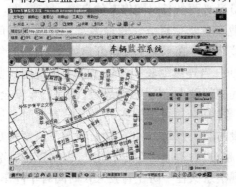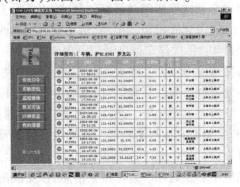

图9-7 车辆状态反馈

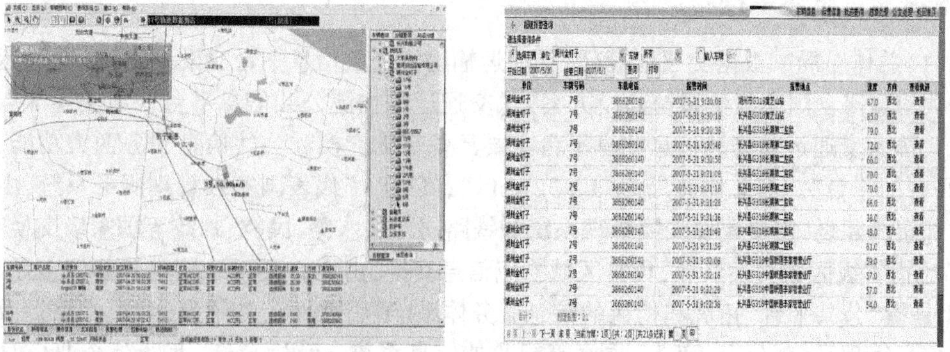

图 9-8 车辆超速报警

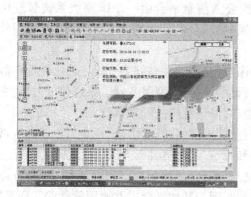

图 9-9 车辆定位

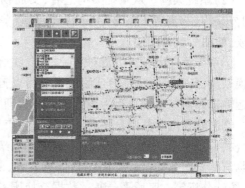

图 9-10 路径回放

9.4 国家交通物流运输信息共享平台

9.4.1 建设作用

国家交通运输物流信息共享平台是由国家交通运输部和各省交通部门共同推进,相关科研单位、物流企业、IT 企业等多方参与,共同建设,以解决物流信息交换,服务共享问题,满足物流行业信息化发展要求,提升物流行业的建设和管理水平的一个框架性平台。国家交通运输物流信息共享平台免费向社会开放,是服务于社会的政府公共性和公益性基础,不仅为交通运输服务,更是为全过程物流供应链服务。其主要作用为:

(1) 通过政府建设实现物流公共信息交换的公益性和公用性,消除信息孤岛。

(2) 统一全国各省市交通运输主管部门、科研单位、物流企业、IT 企业等多方资源,有效避免运输物流信息平台重复建设带来的资源浪费。

(3) 能够尽快形成物流信息交换的标准体系,实现物流信息互联互通,使物流资源在更大范围内实现优化配置,提升物流效率,降低物流成本。

(4) 通过提供免费应用软件,加快物流行业及企业信息化进程,促进中小物流企业信息化水平的提高,推动传统运输行业向现代物流转型,为发展现代物流和服务社会经济发展提供更大助力。

9.4.2 总体架构

(1) 总体布局。根据交通运输部《交通运输物流公共信息平台建设纲要》、《交通运输物流公共信息平台国家服务系统建设方案》、《交通运输物流公共信息平台区域交换节点建设指南》，国家交通运输物流信息共享平台主要具备基础交换和公共信息服务两大功能，定位为"平台的平台"。其总体布局为"1+32+nX"，其中"1"代表国家级管理服务系统，由交通运输部组织建设，主要建设交换管理系统和铁路、公路、水路、民航、邮政等国家级交换节点；"32"泛指省级区域交换节点，负责区域物流信息交换，由地方交通运输主管部门主导建设；"nX"是指"公共平台"拓展和衔接的信息服务体系（通用软件），如道路运政、水路运政等行业内信息管理系统，公安、商务、质检等行业外信息系统，运输、仓储、商贸等企业信息系统等，这些系统依托平台开展各类互联应用。

(2) 系统架构。从系统架构上看，交通物流公共信息平台由一个国家级系统管理中心（对外又称"物流电子枢纽"）、若干个区域（省级）物流公共信息平台、若干个物流通用软件组成，如图9-11所示。

①系统管理中心。负责对系统标准、注册用户、交换路由等进行管理，向社会发布数据交换软件，各区域物流平台或物流企业可以自行部署数据交换服务器。系统建成以后，在交通运输部和浙江省设立互为镜像的系统管理中心，保证系统的可靠运行。

②区域物流公共信息平台。各省、区、市行业管理部门、行业协会、企业可以建设区域物流公共信息平台，平台在管理中心规定的框架和标准上，根据本区域的实际情况，向社会提供物流信息服务。这些应用包括信息发布、SAAS平台、货物跟踪、信用、运输交易、行业监管、统计分析等。区域平台通过数据交换服务器实现与其他平台以及通用软件的互联互通。

③物流通用软件。是物流软件开发商在系统框架和标准下为物流企业提供的普通运输、集装箱、物流基地、仓储、货代、供应链管理计划与执行系统（SCP、SCE）等企业应用软件。通用软件经过简单配置即可直接使用，不需要做个性化改造，通用软件通过数据交换服务器实现和区域平台及供应链上企业数据互联互通。

至2014年，使用平台物流管理软件企业已有1.2万余家，包括阿里巴巴、顺丰快递、新华书店等数家大型企业，连接了20万家企业。企业通过平台实现交换数据量累计超过6.5亿条，日交换量高达300万条。

9.4.3 主要通用软件介绍

交通运输物流公共信息平台通用软件，涉及不同的业务和服务范围，包括集装箱运输、散货运输、小件快运、仓储、货物运输代理、物流基地等，还提供货物跟踪、车货交易、公共信息发布、信用中心、危险品运输监管、园区通、订舱报文传递等一系列应用和服务，为了实现各系统之间互联互通，制定了一系列的标准和规范，供参与方开发系统和接入平台时遵循。主要通用软件介绍如下：

(1) 普通运输通用软件。普通运输通用软件包括基础信息管理、运力管理、运输管理、计费管理、结算管理、系统管理等模块。整车、零担、危险货物等道路运输企业均可采用此软件进行管理，软件可以通过数据交换服务器实现与供应链上下游企业的对接，客户可以及时了解货运状态；与公共应用中心对接，实现公共信息、信用查询、车货交易等公共服务；与站场、仓储等其他通用软件对接，及时了解站场、库存等信息；实现和电子口岸、GPS系统的互

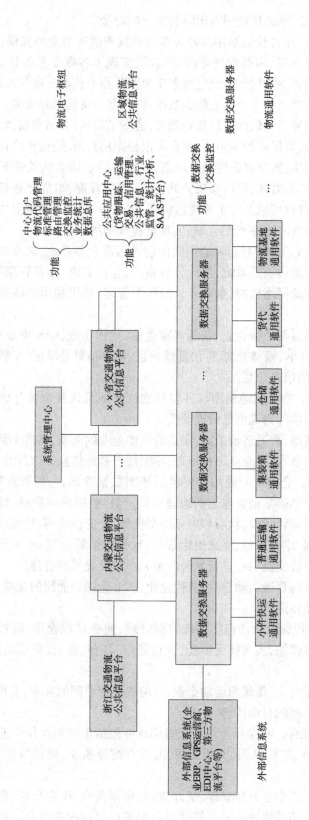

图 9-11 交通物流公共信息平台系统架构

联,实现全方位全程货物跟踪,完成货物国内国际的物流链对接。

(2) 小件快运通用软件。小件快运通用软件为客运班线车辆带货业务提供标准信息化服务,它是由小件发货、小件到货、内部配送等模块组成,实现了各票业务的计磅、开票、装卸、交付、保管、配送等流程的计算机管理,通过数据交换服务器上传和下载与本站有关的小件快运信息,做到各个站点之间、各个企业之间的数据共享,方便货物跟踪查询。

所有小件快运业务均可采用此软件进行运输管理,囊括了门到门、站到站、站到门、同城配送等多种业务服务模式,具有很好的通用性,并且可以根据用户需求,做个性化改造。

与小件快运协会系统对接,能掌握业内最新动态,同时在行业协会的监管下,使得业务运转更加顺畅;与公共应用中心对接,可以实现公共信息、信用查询、车货交易等公共服务;与供应链上下游企业对接,客户可以及时了解货运状态;与站场、仓储等其他通用软件对接,及时了解站场、库存等信息;与GPS系统的互联,实现全程货物跟踪。

(3) 集装箱运输通用软件。集装箱运输通用软件包含运输业务系统、运单跟踪系统、车辆管理系统、配件仓库系统、费用核算系统、统计分析系统、客户管理、内部管理等模块。软件将帮助企业实现运输业务的网络监控、企业人员的科学管理、费用利润的高效核算、上下游企业的无纸化沟通。

集装箱运输通用软件通过与堆场企业、普通运输企业、货代企业、GPS中心和电子口岸EDI中心的互联,实现货运订单、箱型查询、进出基地信息、箱号箱封号反馈、车辆跟踪、港内作业信息、码头船期数据等的信息交互。

(4) 物流基地通用软件。物流基地通用软件包括物流基地及入驻企业管理、场站信息发布、进出场货运车辆管理、国际物流信息管理等模块。

软件通过与其他物流基地、普通运输企业、集装箱运输企业的互联,实现车辆违规信息、车源/货源信息、车辆动态信息、入驻企业考核信息、车辆进出基地信息等信息的共享。

(5) 仓储管理通用软件。仓储管理通用软件包括基础数据管理、仓储管理功能和数据交换接口管理等模块。其中基础数据管理包括地理区域资料、组织机构资料、货主资料、客户资料、物料分类资料、物料资料、物料状态和事务类型资料、仓储位资料、物流供应商资料;仓储管理功能包括入库管理、库存管理、拣选出库管理、计费和结算管理、报表分析管理;数据交换接口管理包括对与系统交换中心进行互联的相关参数设置等的管理。

仓储管理通用软件通过与普通运输企业、货代企业、其他仓储企业间的互联,实现出/入库通知单、出/入库单的自动传递。

(6) 货代通用软件。货代通用软件包括基础数据管理、业务过程管理、运费结算、客户管理、用户管理、运价管理等模块,实现接受委托、进仓通知、订仓、报关、费用结算等一系列的业务流程。

货代通用软件通过与船公司、集装箱运输企业、其他货代企业间的互联,实现订舱报文、运输委托单据及其他业务单据的自动传递。

(7) 堆场、配送等通用软件。集装箱堆场管理通用软件包括集装箱操作管理(集装箱进场、出场等操作及箱态更改)、修箱管理、费用管理、远程查询等模块,可根据客户的实际业务进行定制。

物流配送通用软件由配送中心业务管理、统计查询、库存盘点、库存分析、货位调整、保质期管理、账目管理、条码打印等模块组成。软件向各配送点提供配送信息,根据订货查询库存及配送能力,发出配送指令,发出结算指令及发货通知,汇总及反馈配送信息。

思考与练习

1. 简述 GPS/GIS 系统构成及基本功能。
2. 简述 RFID/EDI 系统组成及特点。
3. 简述现代通信技术的发展趋势。
4. 简述道路客运管理信息系统构成及主要功能模块。
5. 简述道路车辆定位监控管理系统构成及主要功能。
6. 简述国家交通物流运输信息共享平台建设的作用及总体框架。
7. 进行危险货物运输信息需求分析,设计危险货物运输监控信息系统解决方案。

参考文献

[1] 戴彤焱,孙学琴.运输组织学[M].北京:机械工业出版社,2012.
[2] 马天山.现代汽车运输企业管理[M].北京:人民交通出版社,2009.
[3] 李维斌.公路运输组织学[M].北京:人民交通出版社,2008.
[4] 王效俐.运输组织学[M].上海:立信会计出版社,2008.
[5] 孟祥如.运输组织学[M].北京:北京大学出版社,2014.
[6] 王小霞.运输组织学[M].北京:北京大学出版社,2013.
[7] 鲍香台,何杰.运输组织学[M].南京:东南大学出版社,2009.
[8] 卢佐安,薛锋.交通运输组织学[M].成都:西南交通大学出版社,2014.
[9] 《运筹学》教材编写组.运筹学[M].北京:清华大学出版社,2012.
[10] 洪卫,马天山,周骞.运输经济(公路)专业知识与实务[M].北京:中国人事出版社,2015.
[11] 杨浩.铁路运输组织学[M].北京:中国铁道出版社,2011.
[12] 高福军.公路运输计划与调度实训教程[M].北京:北京大学出版社,2014.
[13] 莫露全,刘毅,蓝相格.城市公共交通运营管理[M].北京:机械工业出版社,2004.
[14] 王静霞,张国华,黎明.城市智能公共交通管理系统[M].北京:中国建筑工业出版社,2008.
[15] 交通运输部.交通运输物流公共信息平台建设纲要[S].北京:交通运输部,2013.
[16] 孙明,王学峰.多式联运组织与管理[M].上海:上海交通大学出版社,2011.
[17] 朱晓宁.集装箱运输与多式联运[M].北京:北京交通大学出版社,2012.
[18] 董千里.交通运输组织学[M].北京:人民交通出版社,2008.
[19] 骆勇,宇仁德.道路运输组织学[M].北京:人民交通出版社,2006.
[20] 路军.物流运输组织与管理[M].北京:国防工业出版社,2010.
[21] 高洪涛,李红启.道路甩挂运输组织理论与实践[M].北京:人民交通出版社,2010.
[22] 余群英.运输组织与管理[M].北京:机械工业出版社,2012.
[23] 崔书堂,朱艳茹.交通运输组织学[M].南京:东南大学出版社,2006.
[24] 王业军,关善勇.运输组织管理[M].北京:科学出版社,2009.
[25] 王述英.物流运输组织与管理[M].北京:电子工业出版社,2011.
[26] 王长琼.物流运输组织管理[M].武汉:华中科技大学出版社,2008.
[27] 李红启,高洪涛.甩挂运输操作技术与方法[M].北京:中国物资出版社,2012.